HISTÓRIA DA
FELICIDADE

Proibida a reprodução total ou parcial em qualquer mídia
sem a autorização escrita da editora.
Os infratores estão sujeitos às penas da lei.

A Editora não é responsável pelo conteúdo deste livro.
O Autor conhece os fatos narrados, pelos quais é responsável,
assim como se responsabiliza pelos juízos emitidos.

As imagens utilizadas no livro são reproduzidas de acordo com as licenças especificadas
pelos respectivos sites de origem, quando não são de domínio público nem identificadas
de outra forma, respeitando-se o item VIII do artigo 46 do capítulo IV da Lei n. 1610.

Consulte nosso catálogo completo e últimos lançamentos em **www.editoracontexto.com.br**.

Peter N. Stearns

HISTÓRIA DA FELICIDADE

Tradução
Roberto Cataldo

Copyright © 2021 Peter N. Stearns

Todos os direitos reservados.
Tradução autorizada da edição em inglês publicada
pela Routledge, membro da Taylor & Francis Group LLC

Ilustração de capa
Dança em casamento camponês, Pieter Bruegel, o Jovem (1607)

Montagem de capa e diagramação
Gustavo S. Vilas Boas

Coordenação de textos
Carla Bassanezi Pinsky

Preparação de textos
Lilian Aquino

Revisão
Bia Mendes

Dados Internacionais de Catalogação na Publicação (CIP)

Stearns, Peter N.
História da felicidade / Peter N. Stearns ; tradução de Roberto Cataldo – São Paulo : Contexto, 2022.
368 p.

Bibliografia
ISBN 978-65-5541-193-5
Título original: Happiness in World History

1. Felicidade 2. Felicidade – História
I. Título II. Cataldo, Roberto

22-5405   CDD 158.1

Angélica Ilacqua – Bibliotecária – CRB-8/7057

Índice para catálogo sistemático:
1. Felicidade

2022

Editora Contexto
Diretor editorial: *Jaime Pinsky*

Rua Dr. José Elias, 520 – Alto da Lapa
05083-030 – São Paulo – SP
PABX: (11) 3832 5838
contato@editoracontexto.com.br
www.editoracontexto.com.br

Sumário

Você é feliz? 7
Leandro Karnal

Introdução 9

As bases psicológicas 27

PARTE I

A era da agricultura 42

    Os primórdios da sociedade agrícola 45

    Dos filósofos: a felicidade no período clássico 71

    Das grandes religiões: felicidade – e esperança? 99

    Prazeres populares 127

PARTE II
A revolução da felicidade, 1700-1900 .... **152**

A revolução da felicidade no Ocidente 155

A expansão da felicidade? As novas expectativas
encontram a sociedade industrial 187

Mudanças globais nos séculos XVIII e XIX 229

PARTE III
**A felicidade na
história mundial contemporânea** **250**

Disputa pela felicidade, 1920-1945 253

Felicidade comunista 275

Comparando a felicidade nas sociedades contemporâneas 291

A sociedade ocidental na história contemporânea:
cada vez mais feliz? 313

A felicidade se globaliza 337

Conclusão 355

O autor 365

Agradecimentos 367

Você é feliz?

Leandro Karnal

Felicidade enche auditórios, vende livros e alavanca audiência. Casamos para buscar nossa felicidade pessoal e os empregos devem levar à alegria permanente. Supomos natural desistir de coisas certas e buscar duvidosas se... o resultado da troca for aumentar a felicidade. Pouca gente consegue pensar que a felicidade seja histórica.

O historiador Peter N. Stearns faz **uma reflexão fascinante sobre as raízes e a história da felicidade**. O conceito está inserido no tempo e no espaço. Uma pesquisa de 2022 coloca a Finlândia em primeiro lugar no *ranking* da felicidade nacional, seguida da Dinamarca e da Islândia. O frio escandinavo parece ter alimentado boa base da felicidade. Um ditado russo enfatiza a localização: quem sorri demais "é tolo ou é americano...".

Tantas questões... A Filosofia grega difere da tradição asiática sobre felicidade? Sociedades agrícolas seriam mais felizes do que as industriais? Felicidade estaria associada à esperança nas grandes religiões monoteístas? São temas que não escapam ao olhar do autor.

A grande revolução, como se acompanha no livro, está na Idade Contemporânea. O aumento da importância da felicidade é um fenômeno do século XVIII e XIX.

A felicidade se tornou global e a psicologia positiva enfatiza sua possibilidade. A pergunta "você e feliz?" não implica uma resposta uniforme. De onde veio nossa obsessão pela plena felicidade mesmo em meio a pandemias e crises econômicas e políticas? **Inserir a pergunta "você é feliz?" no tempo e no espaço pode nos dar um controle maior sobre a resposta e, talvez, aumentar nossa chance de uma felicidade fora das redes sociais.**

Introdução

No início do século XVIII, era comum que pessoas letradas na Grã-Bretanha e na América do Norte enfatizassem a importância de uma "conduta melancólica" diante de um Deus crítico e bastante desprovido de alegria. Certas pessoas chegavam a se desculpar, em cartas ou diários, por momentos de riso, admitindo que deveriam conviver com "gente mais circunspecta".

Avancemos algumas décadas até a metade do século para encontrar importantes intelectuais afirmando orgulhosamente: "Oh, felicidade! Finalidade e propósito do nosso ser" (Alexander Pope) ou "a melhor coisa que se pode fazer (é) estar sempre alegre e não padecer de qualquer mau humor" (John Byrom). E, não muito tempo depois, um grupo de revolucionários dos Estados Unidos proclamaria corajosamente "a busca da felicidade" como um direito humano básico. A postura em voga a respeito do tema estava passando por profundas transformações.

Outros exemplos, não tão impressionantes, sugerem padrões diferentes de mudança. À medida que suas religiões iam se consolidando, os líderes cristãos e muçulmanos procuravam convencer os fiéis de que a felicidade plena deveria aguardar a ida para o céu, questionando deliberadamente pretensões de ter prazer nesta vida. Em meados do século XIX, pais e mães de classe média na Grã-Bretanha e nos Estados Unidos começaram a estabelecer o costume de celebrar regularmente os aniversários dos filhos, por vários motivos, mas, sobretudo, porque buscavam uma nova maneira de proporcionar felicidade. No século XX, os governos comunistas se esforçaram muito para promover ideias sobre a felicidade que diferissem tanto dos conceitos religiosos quanto dos conceitos ocidentais dominantes. Foi um grande desafio.

A felicidade pode ser um objetivo humano constante (embora isso seja discutível), mas é certo que ela evolui. A forma como ela é definida, as expectativas e os julgamentos que provoca e – provavelmente – até que ponto as pessoas são de fato felizes são aspectos que podem mudar muito, a depender de uma combinação de ideias e condições materiais. Com frequência, a mudança é um tanto gradual, mas, como sugere o exemplo do século XVIII, pode ser muito rápida. Investigar historicamente esse processo pode revelar muito sobre o passado, mas também sobre como se formaram nossos próprios compromissos com a felicidade.

Este livro busca ampliar a compreensão da felicidade ao perguntar como as principais ideias e práticas destinadas a defini-la e alcançá-la mudaram ao longo do tempo, como diferentes culturas trataram o assunto e como os conceitos e as iniciativas atuais podem ser mais bem entendidos a partir da forma como eles surgiram no passado. Em certos momentos, ao longo do livro, também abordaremos a questão muito desafiadora sobre até que ponto as pessoas "realmente" eram felizes e o são hoje em dia.

* * *

A história da felicidade abarca muitas regiões diferentes do mundo e vários períodos distintos. Ela envolve uma mistura de ideias formais e pressupostos populares mais difusos. Inclui esforços explícitos para gerar felicidade, desde atividades como festivais tradicionais até o aparato do consumismo moderno e tentativas mais amplas de melhorar os níveis de saúde e conforto. Ela acompanha as formas como as pessoas definiram a felicidade, até que ponto elas tiveram de fato a expectativa de ser felizes em suas vidas e mesmo casos importantes em que, por motivos religiosos ou outros, prazeres aparentemente comuns foram vistos com desconfiança. O foco está sempre em compreender uma característica fundamental do passado e em aplicar essa compreensão à avaliação das buscas, muitas vezes ávidas, pela felicidade na sociedade de hoje.

No entanto, uma pergunta razoável para começarmos seria simplesmente: esse tema ao menos tem história? A felicidade não é uma característica básica do arsenal emocional humano, que não chega a estar sujeita a mudanças ou variações importantes? Por exemplo, os bebês de todos os lugares, independentemente da época ou da cultura, aprendem a sorrir quando chegam às quatro semanas de vida (e alguns especialistas afirmam que eles podem ser capazes disso ainda mais cedo). Portanto, eles conseguem expressar esse aspecto de seu humor e também manipular pais e mães, muitos dos quais não conseguem resistir ao sorriso de uma criança. Seria, portanto, difícil afirmar que há algo de histórico nisso. Além disso, psicólogos demonstraram que as pessoas, onde quer que vivam, costumam concordar com relação à aparência de um rosto feliz – o que reforça o argumento de que a felicidade é uma emoção humana básica.

Uma variante desse argumento, também muito vinculada à psicologia, admite que a felicidade tem várias gradações, mas enfatiza que são dependentes principalmente da personalidade individual. Algumas pessoas já nascem mais felizes do que outras. Um estudo afirma que até 80% da felicidade de uma pessoa é algo inato e, portanto, exigir que alguém seja mais feliz é o mesmo que exigir que a pessoa seja mais alta. Não há muito a fazer sobre isso, e com certeza não há razão para examinar a questão historicamente.

Ou, por fim, deixando a psicologia de lado e recorrendo ao que se pode considerar sabedoria popular, a felicidade é um mistério. Muitas vezes, temos dificuldade de descobrir se nós mesmos somos felizes, quanto mais outras pessoas ou gente do passado. Nós nos perguntamos se determinadas condições normalmente geram mais felicidade, mas não temos certeza – donde a velha discussão sobre o dinheiro "comprar" felicidade (muitas vezes acompanhada de uma esperança um tanto melancólica de que não compre). Ou podemos nos debruçar sobre o leque de gostos individuais: algumas pessoas ficam muito felizes ao ver seu time vencer, mas outras, na mesma sociedade, não dão bola para esportes. Nessa linha de pensamento, não há dúvida de que a felicidade é um tema interessante, mas simplesmente muito mal definido para justificar estudos históricos. Dan Gilbert, um psicólogo que diz muitas coisas interessantes sobre a felicidade, admite que nunca teremos um "felizômetro" que indique, sem erro, quanta felicidade existe ou mesmo o que é a felicidade – e, se isso é válido para o presente, é ainda mais verdadeiro para o passado. O historiador da felicidade pode aceitar todos esses argumentos – até certo ponto. A felicidade tem características inatas em qualquer época e lugar. No entanto, como mostraremos, até o sorriso é uma variável social, passível de mudança (pelo menos após a primeira infância) dependendo de pressupostos culturais e até da odontologia. E provavelmente é verdade que, em qualquer sociedade, algumas pessoas estão mais inclinadas à felicidade do que outras, mas isso não anula visões e pressupostos mais amplos que tornam algumas sociedades e algumas épocas diferentes de outras no que diz respeito à felicidade.

Por fim, podemos concordar que é muito difícil encontrar uma definição precisa de felicidade, e que gostos específicos divergem, mas uma das razões para essa confusão é o fato de que as ideias de uma sociedade sobre o que é felicidade e quanta felicidade devemos esperar mudam com o tempo. Em outras palavras, tudo isso quer dizer que escrever a História da felicidade é complicado, mas também que a análise histórica pode contribuir para entendermos essa emoção, tanto hoje quanto no passado. A dificuldade de se apresentar uma definição única de felicidade é, em certo sentido, um convite para identificar as várias concepções em diferentes regiões do mundo, como elas mudaram ao longo do tempo e como surgiram do passado as noções que são hoje muito difundidas. Considerando-se que uma História da felicidade não apenas explica as abordagens atuais, mas também contribui para uma avaliação pessoal do significado da felicidade, seu benefício é ainda maior.

* * *

Este livro problematiza ainda mais o estudo da felicidade ao considerá-la no contexto da História Mundial. O objetivo é relacionar o que sabemos sobre mudanças e variações na felicidade com uma estrutura global e, por sua vez, introduzir a diversidade regional ao tema em vários momentos. É uma tarefa difícil, ainda mais complicada pela heterogeneidade dos trabalhos disponíveis sobre o assunto: mais numerosos na Europa Ocidental, por exemplo, do que na América Latina; e também há mais na China do que na África. Além disso, como veremos, nos tempos recentes, pode ter havido mudanças mais fundamentais na abordagem ocidental relativa à felicidade do que na maioria das outras regiões, exceto no sentido de que as outras tentaram lidar com esse aspecto do exemplo ocidental. Mas isso não significa que a visão ocidental de felicidade seja a melhor versão imaginável (já vem com algumas desvantagens, como veremos), e não sugere que outras abordagens culturais tenham desaparecido de alguma forma. Na verdade, as interações entre vários padrões de felicidade são uma parte importante da história emocional contemporânea.

Existem imensas oportunidades para mais pesquisas sobre a história da felicidade, mesmo na tradição ocidental, e certamente no cenário mundial. Embora todos os tipos de pesquisa histórica abordem o tema da felicidade – desde estudos sobre os grandes filósofos até o trabalho sobre as condições materiais ou a mudança nos níveis de saúde –, a abrangência é menos explícita do que se poderia imaginar, em parte porque o tema pode parecer muito difuso. Assim, a felicidade é uma espécie de empreendimento histórico pioneiro. Ao mesmo tempo, já se fez trabalho preparatório suficiente, em várias sociedades diferentes e em várias épocas diferentes, para arriscar um apanhado breve. Os resultados contribuem com outras perspectivas, para além do que está disponível sobre uma única região, e ajudam a explicar as várias concepções contemporâneas envolvidas. E, se também ajudarem a abrir o apetite para mais trabalhos comparativos, tanto melhor.

* * *

Ditado russo: "Quem sorri muito é tolo ou é americano".

Uma maneira de começar a entender o estudo da felicidade, mas também suas complexidades gerais, é olhar para o fato contemporâneo fundamental de que a felicidade varia muito, hoje em dia, de uma região para outra – ou, pelo menos, as afirmações feitas acerca da felicidade variam muito. Desde 2012, a organização Gallup e a ONU têm patrocinado uma pesquisa anual internacional sobre a felicidade que, entre outras coisas, envolve entrevistas cuidadosas com uma amostra de indivíduos de cada país sobre como, em uma escala de 1 a 10, eles classificariam sua própria felicidade atualmente (a ideia de que vale a pena prestar esse tipo de atenção à felicidade internacional é, em si, um evento novo e intrigante).

As respostas mostram diferenças marcantes. Os países mais felizes (pelo menos segundo pesquisas baseadas em relatos das próprias pessoas) são, em sua maioria, bastante industrializados e ocidentais. No topo da lista costumam estar os países escandinavos, além de Suíça, Holanda, Canadá e Nova Zelândia. Não muito atrás vêm sociedades maiores e possivelmente mais complexas, como Reino Unido, Alemanha e Estados Unidos. No final da lista estão países não apenas muito pobres, mas também que costumam estar envolvidos em acirrados conflitos civis: Sudão do Sul, Iêmen, Afeganistão e Síria.

Com isso, surge a questão óbvia, mas importante: a felicidade das pessoas pode variar muito dependendo das circunstâncias políticas, militares, econômicas e epidemiológicas. Isso vale para hoje, e temos todos os motivos para supor que também tenha sido assim ao longo do tempo. Portanto, em termos históricos, é provável que algumas épocas tenham sido mais felizes do que outras: pessoas que viveram nos Impérios Romano ou Han (na China) em seus auges, com considerável prosperidade e paz interna, eram quase certamente mais felizes do que aquelas que viveram nessas mesmas sociedades por ocasião de invasões e doenças que contribuíram para derrubar as grandes estruturas imperiais. E talvez haja avaliações mais sutis sobre a relação entre circunstâncias e felicidade que também possam ser aplicadas ao registro histórico e ajudarão a explicar não apenas os níveis de felicidade, mas também as mudanças nas definições dessa condição.

Porém, os dados das pesquisas contemporâneas mostram outro tipo de diferenciação que é pelo menos tão interessante – e certamente mais desafiadora – quanto a relação entre felicidade e circunstâncias objetivas. Hoje em dia, um conjunto de sociedades está constantemente situado mais no meio da escala do que em seus níveis superiores, apesar de sua considerável prosperidade, sua boa saúde e seus baixos índices de criminalidade: Japão, Coreia do Sul e, na verdade, a maior parte do Leste da Ásia (na pesquisa de 2019, Taiwan e Cingapura sequer estiveram entre as 35 primeiras). Em contrapartida, outro grupo, embora não se encontre no topo da classificação, costuma obter pontuações muito boas, mesmo com desempenho econômico inferior: vários países latino-americanos ou caribenhos, tendo à frente Costa Rica, Panamá, México e Trinidad e Tobago.

O que acontece aqui? Com certeza, as condições culturais – ou seja, se a felicidade é considerada um valor explícito – cumprem um papel importante na determinação da resposta social ao questionário de um pesquisador. Alguns sistemas culturais incentivam as pessoas a querer se apresentar como felizes e, embora isso não supere circunstâncias materiais desesperadoras, pode gerar respostas positivas surpreendentes quando as condições são, pelo menos, relativamente neutras. Por outro lado, algumas sociedades com classificações bastante elevadas em termos mais amplos de bem-estar geram respostas muito mais ponderadas. O mais provável é que esse tipo de diferença vá além das respostas dadas em pesquisas e reflita divergências básicas nas avaliações individuais sobre o significado e o valor da felicidade.

Esse fenômeno foi amplamente estudado com relação aos Estados Unidos e ao Japão, duas sociedades que, objetivamente, podem ter classificações bastante parecidas. A cultura dos Estados Unidos está condicionada para a alegria e, embora os níveis tenham caído um pouco nos últimos anos, a capacidade de transmitir "positividade" é uma resposta profundamente arraigada. O Japão, por sua vez, é muito menos individualista. As avaliações pessoais dependem mais de um sentido de coesão familiar e comunitária, encontrando conforto no lugar da pessoa no grupo e não na máxima satisfação individual. Como afirma um estudo, "a ênfase está na relação com os outros, em 'encaixar' e na interdependência harmoniosa", o que não combina muito com um questionário de avaliações puramente pessoais. Já nos Estados Unidos, as pessoas se sentem muito confortáveis, em termos culturais, cuidando da sua própria vida. A distinção vai além da pesquisa e engloba diferenças mais profundas na forma como se define a satisfação. E isso também aparece em alguns dos comportamentos associados à felicidade que podem, à primeira vista, parecer bastante semelhantes em culturas de consumo. Por exemplo, estadunidenses e japoneses compram coisas quando saem de férias, embora os primeiros sejam um pouco mais ávidos. Mas os japoneses compram com mais frequência presentes para seus familiares e outras pessoas que ficaram em casa, enquanto os estadunidenses dedicam mais atenção a adquirir coisas para si próprios. Isso envolve diferentes escalas emocionais.

Esse tipo de diferenciação tem um papel muito importante na história da felicidade porque nos permite identificar a origem e a evolução das definições de felicidade em diferentes partes do mundo, no nível da filosofia e da religião formais, mas também, pelo menos em alguma medida, em termos de valores mais populares.

Isso porque os tipos de variáveis que se apresentam tão claramente nas diferenciações regionais também se aplicam, pelo menos em princípio, a prováveis mudanças ocorridas ao longo do tempo. Os próprios especialistas em sondagens fazem questão de destacar a importância das mudanças, mesmo durante os oito anos de sua atuação global (poderia haver menos razões para ler seus relatórios se as classificações nunca mudassem). E, na verdade, vale a pena avaliar a deterioração recente em lugares como os Estados Unidos, junto com o avanço impressionante (dentro da órbita escandinava) da Finlândia, hoje o lugar mais feliz do mundo. No entanto, muito mais importante é uma investigação histórica ampliada, que analise as mudanças nos padrões em um prazo muito mais longo, segundo o duplo critério que combina condições objetivas e motivações culturais.

É claro que não temos sobre o passado os dados abundantes que estão disponíveis com relação aos dias de hoje, e isso ficará óbvio nos capítulos que seguem. Não há pesquisas sobre felicidade, nem mesmo medições precisas de Produto Interno Bruto ou bem-estar físico e emocional que tenham sido feitas antes da época contemporânea. No entanto, há uma série de dados, principalmente no que diz respeito à cultura. Cada vez mais historiadores exploram vários aspectos das emoções e padrões de mudança do passado e, embora a atenção à felicidade não esteja no topo dessa lista, há vários estudos disponíveis. Na verdade, um enfoque histórico na felicidade pode ajudar a reunir alguns dos outros trabalhos sobre história das emoções, obviamente abordando padrões e mudanças na tristeza ou na inveja, e até mesmo se conectando a aspectos do amor ou do medo.

O pilar mais explícito para o estudo histórico da felicidade envolve a variedade de ideias sobre o tema que foi se tornando parte substancial da investigação filosófica e da orientação religiosa, pelo menos a partir das civilizações clássicas. Esse registro intelectual formal pode ser complementado por outras evidências sobre como as pessoas buscavam o prazer e, às vezes, comentavam diretamente sobre suas próprias concepções de felicidade. Esses materiais mais amplos se tornaram muito abundantes com relação à modernidade inaugurada no século XVIII, reforçados também por orientações mais populares – à medida que as sociedades começaram a produzir muitas recomendações sobre como as pessoas poderiam ser felizes, os políticos passaram a incluir a felicidade em seus discursos, e os anunciantes começaram a tentar vender produtos com base na contribuição que poderiam dar à felicidade. Tudo isso cria um eixo histórico central: como sociedades fundamentais tentaram definir o que é felicidade e como essas ideias e máximas mudaram ao longo do tempo. Ao mesmo tempo, este livro também irá, de forma mais experimental, retornar de quando em quando às questões da felicidade "real", para falar sobre como os valores culturais e as condições objetivas podem se entrelaçar para gerar tendências maiores.

Antes de tratarmos brevemente da organização do livro, é fundamental retornar à questão mais complexa levantada, mesmo que apenas implicitamente, pelos dados de pesquisas atuais, cujos aspectos culturais não apenas nos intrigam, mas nos deixam perplexos. É importante reconhecer que os estadunidenses estão mais dispostos a dizer que são felizes do que os japoneses ou os sul-coreanos, apesar de terem poucos motivos objetivos para fazê-lo. Mas será que eles são "realmente" mais felizes ou, para colocar a questão de forma mais provocativa, os japoneses, apesar de riqueza comparável, menos violência e expectativa de vida mais longa, são "realmente" menos felizes? É impossível dizer, pois as diferenças nos critérios culturais de cada sociedade impedem um julgamento único. Essa indefinição também atinge as avaliações históricas, ou seja, podemos trabalhar muito com as mudanças de valores e circunstâncias relevantes para a felicidade, mas nunca afirmar, com certeza absoluta, que captamos uma experiência emocional verdadeiramente objetiva. Por exemplo, trataremos de questões como: de modo geral, as pessoas modernas são mais felizes do que suas ancestrais pré-modernas? Além disso, estabeleceremos algumas probabilidades em torno de pressupostos culturais e condições objetivas, mas sempre deve haver espaço para debater se foi identificada uma qualidade comum.

Na verdade, embora seja frustrante, essa característica da felicidade (a falta de um padrão objetivo único) ajuda a justificar um esforço histórico que se estende por várias sociedades em diversas regiões. Repetindo, não se apresentará aqui uma determinação única de um fenômeno complexo; mostraremos a forma como várias sociedades abordaram a questão do que é felicidade e de quanto dela se deve esperar, e como os critérios atuais surgiram a partir de formulações anteriores e, muitas vezes, muito diferentes.

* * *

Não é de surpreender que, por se tratar de um estudo histórico, os capítulos a seguir procedam de maneira mais ou menos cronológica, mas com algumas pausas para examinar de forma comparativa questões em um único período e arriscar uma incursão inicial em considerações interdisciplinares.

O primeiro capítulo aprofunda a discussão acerca de algumas das conclusões e afirmações sobre a felicidade, oriundas particularmente da disciplina da Psicologia, que se desenvolveram em torno de evidências em sua maioria contemporâneas (e principalmente ocidentais). Os historiadores podem contestar alguns dos argumentos, a começar por aqueles que exageram ao afirmar a existência de uma experiência emocional universal ou básica, mas eles também podem fazer uso de uma série de conclusões. Em última análise, qualquer avaliação da felicidade deve incluir componentes interdisciplinares, e é fundamental partir disso, ainda que brevemente.

O capítulo "Os primórdios da sociedade agrícola" também é interdisciplinar, mas em um contexto histórico muito mais específico: os níveis de felicidade no primeiro tipo de sociedade humana – os caçadores-coletores – e do possível declínio da felicidade quando a caça e a coleta foram substituídas pela agricultura. Vários antropólogos aportaram ideias com relação a essa questão, no que é reconhecidamente uma arena um tanto especulativa, mas alguns historiadores também enfrentaram a tarefa.

Depois disso, vários capítulos tratam das condições de felicidade em diversas sociedades agrícolas e períodos em que a felicidade foi debatida abertamente, talvez, em parte, porque começaram a surgir muitas dificuldades óbvias. O capítulo "Dos filósofos: a felicidade no período clássico" trata de formulações clássicas de filósofos greco-romanos e confucionistas, que muito tinham a dizer sobre o assunto, além de algumas questões sobre até onde os filósofos eram influentes na sociedade como um todo. A seguir, no capítulo "Das grandes religiões: felicidade – e esperança?", o foco se volta para as principais visões religiosas, que desenvolveram várias abordagens influentes com relação à felicidade, ao mesmo tempo que costumavam argumentar que a felicidade verdadeira e duradoura só poderia ser encontrada para além deste plano terreno. O capítulo "Prazeres populares" trata de visões muito influenciadas pela religião, mas com tentativas mais ou menos independentes de busca da felicidade em festivais, em oportunidades para brincadeiras infantis e, muitas vezes, por meio de mudanças nos padrões do entretenimento urbano.

Os capítulos da Parte II tratam de condições mais modernas, começando no capítulo "A revolução da felicidade no Ocidente", com uma verdadeira revolução nas ideias sobre felicidade no mundo ocidental, que tomou forma no século XVIII. Não apenas o conteúdo e a amplitude das novas ideias exigem avaliação, mas também os fatores que as promoveram. O capítulo "A expansão da felicidade?" dá continuidade ao tema ao examinar as maneiras como essa abordagem revolucionária à felicidade começou a se estabelecer na vida cotidiana, bem como algumas das limitações e frustrações que também podem ter estado envolvidas, incluindo diferenças de classe social e gênero. O capítulo "Mudanças globais nos séculos XVIII e XIX" trata de algumas das complicações maiores das ideias ocidentais sobre felicidade nesse período, incluindo respostas e objeções em outras regiões do mundo. A "revolução" ocidental da felicidade sofreu influências mais amplas, mas não foi realmente dominante e provocou alguns debates intensos.

A Parte III trata dos eventos do século passado. O capítulo "Disputa pela felicidade, 1920-1945" analisa as várias correntes que existiram durante esse período conturbado, incluindo a exploração contínua do tema da felicidade ocidental, mas também ataques deliberados a ele nas sociedades fascistas, além de outras visões nacionalistas. O capítulo "Felicidade comunista" identifica os complicados esforços das sociedades comunistas, começando com a União Soviética, para desenvolver um enfoque diferenciado à felicidade, reconhecendo sua importância como objetivo, mas contestando a visão ocidental. O capítulo "Comparando a felicidade nas sociedades contemporâneas" retorna ao tema comparativo com relação às décadas do pós-guerra, aprofundando-se em algumas das diferenças sugeridas pelas pesquisas internacionais. O capítulo "A sociedade ocidental na história contemporânea: cada vez mais feliz?" retorna ao próprio Ocidente, com mais esforços para promover a felicidade, mas também com sinais crescentes de tensão, por exemplo, em definições mais claras do problema da depressão psicológica. O capítulo "A felicidade se globaliza" retoma mais especificamente o tema comparativo e global, entre outras coisas, introduzindo dados de pesquisa, mas também diferentes esforços para promover um novo tipo de psicologia positiva e sua influência internacional. Ou seja, a felicidade estava ganhando alguns novos componentes globais. A seguir, uma conclusão aborda brevemente as questões mais amplas sobre a felicidade ao longo da história e as implicações das descobertas históricas.

Cada seção trata de ideias sobre felicidade e, na medida do possível, da experiência popular e das interações entre os dois elementos, incluindo prováveis expectativas. Com frequência, as ideias oferecem as evidências mais claras em um determinado momento, mas nem sempre é fácil determinar sua influência real, principalmente em épocas não tão recentes. Em última análise, as mudanças nos valores associados à felicidade e às condições materiais interpretadas de forma ampla se combinam para moldar a história dessa emoção essencial.

* * *

O crescimento do trabalho histórico sobre felicidade provém de várias fontes. O assunto tem lugar de destaque em muitos sistemas filosóficos, o que justificou uma boa quantidade de pesquisa e síntese, apenas como parte da história intelectual básica, principalmente em termos da tradição greco-romana e do confucionismo chinês. Conforme observado, com o maior avanço dos estudos em história das emoções, o tópico também recebeu atenção e tratamento. Esse campo foi proposto há várias décadas, como parte da crença de que a psicologia humana era, em si, uma variável histórica, convidando a uma melhor compreensão dos diferentes pressupostos e condições que marcaram épocas no passado. Os historiadores das emoções argumentam, de forma convincente, que as emoções fundamentais são, em grande parte, construções culturais, e não produtos padronizados da biologia humana. Esse argumento se aplica muito claramente à felicidade, e a história da felicidade, por sua vez, ajuda a ilustrar o processo de construção cultural. Além disso, uma série de outras emoções está ligada aos padrões históricos de felicidade. Várias experiências emocionais relacionadas, como tédio e inveja, geraram pesquisas consideráveis, e alguns desses elementos secundários receberam mais atenção na história das emoções do que a própria felicidade, na qual há oportunidades abundantes para pesquisas futuras. Por fim, em uma época em que muitas pessoas estão avaliando ansiosamente a sua própria felicidade, há uma necessidade muito clara de uma perspectiva histórica.

Também é fundamental observar (conforme discutido adiante no capítulo "A felicidade se globaliza") que muitos países, e não apenas no Ocidente, desenvolveram um interesse novo e explícito pela felicidade nos últimos anos. A nação montanhosa do Butão foi pioneira na tentativa de medir o bem-estar nacional, enquanto os Emirados Árabes Unidos têm um ministério dedicado à felicidade, tema que também informa sua força policial. Claramente, aqui está outra base para pensar sobre a evolução da felicidade em escala global.

Por fim, embora esta seja uma questão correlata, a atenção recente à história da felicidade também tem sido associada ao interesse cada vez maior pela psicologia positiva e pelo bem-estar humano. Compreender como as condições históricas e até mesmo as diretrizes básicas para o bem-estar mudaram ao longo do tempo, e como esses interesses atuais – incluindo o próprio movimento pelo bem-estar – emergiram do passado, pode enriquecer as recomendações e impactar a defesa do bem-estar hoje em dia. Embora não determine com precisão o que é felicidade, a História proporciona uma base para avaliar alguns de nossos próprios pressupostos e limitações. Pensar historicamente sobre o tema pode contribuir para esforços construtivos de promoção do bem-estar, tanto sociais quanto individuais.

Anexo

Algumas classificações do Relatório Mundial da Felicidade 2022

Classificação	País
1	Finlândia
2	Dinamarca
3	Islândia
4	Suíça
5	Holanda
6	Luxemburgo
7	Suécia
8	Noruega
9	Israel
10	Nova Zelândia
11	Áustria
12	Austrália
13	Irlanda
14	Alemanha
15	Canadá
16	Estados Unidos
17	Reino Unido
18	República Tcheca
19	Bélgica
20	França
23	Costa Rica
24	Emirados Árabes Unidos

Classificação	País
25	Arábia Saudita
26	Taiwan
37	Panamá
38	Brasil
39	Guatemala
46	México
54	Japão
59	Coreia do Sul
72	China
80	Rússia
112	Turquia
132	Iêmen
136	Índia
138	Malaui
139	Tanzânia
140	Serra Leoa
141	Lesoto
142	Botswana
143	Ruanda
144	Zimbábue
145	Líbano
146	Afeganistão

Helliwell et al. (2022).

LEITURAS (E UM FILME) COMPLEMENTARES

Um panorama rico, com foco principal no Ocidente:

McMahon, Darrin. *Happiness: A History* (New York: Atlantic Monthly Press, 2006).

Várias introduções ao crescente campo da história das emoções fornecem um contexto para o trabalho histórico sobre a felicidade:

Boddice, Rob. *The History of Emotions* (Manchester: Manchester University Press, 2018).
Matt, Susan J., and Peter N. Stearns. *Doing Emotions History* (Champaign: University of Illinois Press, 2013).
Oatley, Keith. *Emotions: A Brief History* (Malden, MA: Blackwell, 2004).
Plamper, Jan, and Keith Tribe. *History of Emotions: An Introduction*. First edition (New York: Oxford University Press, 2015).
Reddy, William. *The Navigation of Feeling: A Framework for the History of Emotions* (Cambridge: Cambridge Univ. Press, 2001).
Rosenwein, Barbara H., and Riccardo Cristiani. *What Is the History of Emotions?* (Cambridge: Polity Press, 2018).

Sobre a questão da cultura japonesa e estadunidense:

Markus, Hazel R., and Shinobu Kitayama. "Culture and the Self." *Psychological Review* 98 (1991), 224-258.

Sobre definições de felicidade:

Gilbert, Dan. *Stumbling on Happiness* (New York: Knopf, 2006).

Sobre pesquisas de opinião internacionais:

Bruni, Luigino, and Pier Luigi Porta. *Handbook on the Economics of Happiness* (Cheltenham: Edward Elgar, 2007).
Helliwell, John F., Richard Layard, and Jeffrey Sachs. *World Happiness Report 2019* (New York: Sustainable Development Solutions Network, 2019).
Helliwell, John F., Richard Layard, Jeffrey Sachs, and Jan-Emmanuel De Neve, eds. *World Happiness Report 2020* (New York: Sustainable Development Solutions Network, 2020).
Helliwell, John F., Layard, R., Sachs, J. D., De Neve, J.-E., Aknin, L. B., & Wang, S. (Eds.). (2022). World Happiness Report 2022. New York: Sustainable Development Solutions Network.
Mathews, Gordon, and Carolina Izquierdo, eds. *Pursuits of Happiness: Well-Being in Anthropological Perspective* (New York: Berghahn Books, 2010).

Sobre contribuições históricas ao atual movimento do bem-estar (psicologia positiva):

McMahon, Darrin, ed., *History and Human Flourishing* (New York: Oxford University Press, 2020).
Stearns, Peter N. "History and Human Flourishing: Using the Past to Address the Present." In Louis Tay and James Pawelski (Eds.), *The Handbook of Positive Psychology on the Arts and Humanities: Theory and Research* (Oxford and New York: Oxford University Press, 2020).

Consulte também:

Happy. (*Simplesmente Feliz*). Dirigido por: Roko Belic (San Jose, CA: Wadi Rum Films, 2011).

As bases psicológicas

É difícil definir felicidade, mesmo em nossas próprias vidas. Ao longo de séculos de história humana, vários pensadores importantes comentaram sobre o quanto é difícil entender a emoção e o quanto sua definição varia de pessoa para pessoa. Isso é um desafio para qualquer um que estude a felicidade, mas há uma disciplina que, principalmente nas últimas décadas, tem trabalhado muito para chegar a uma precisão maior. Os psicólogos não resolveram todos os mistérios da felicidade – por exemplo, por que duas pessoas em situações objetivas muito semelhantes informam ter níveis muito diferentes de felicidade –, mas seu trabalho oferece alguma base para examinar o assunto. Há algum tempo, os estudiosos da disciplina vêm tentando definir as principais características da felicidade.

Um movimento das últimas décadas, denominado psicologia positiva, fez do assunto sua prioridade, argumentando que a disciplina vinha perdendo muito tempo com questões de saúde mental e emoções negativas. Voltaremos a isso no capítulo "A sociedade ocidental na história contemporânea: cada vez mais feliz?". Mas, mesmo antes disso, os psicólogos estabeleceram alguns parâmetros para uma compreensão da felicidade, que podem contribuir para outros tipos de investigação.

É certo que eles tiveram algumas conquistas. Por exemplo, uma das primeiras iniciativas no campo partia do pressuposto de que juventude e aspirações baixas eram pré-requisitos essenciais para a felicidade. Os jovens, argumentava-se, são particularmente saudáveis e talvez particularmente esperançosos. Não querer muito facilita estar contente (tema que encontraremos em vários momentos da história). No entanto, observações e experimentos mais cuidadosos lançaram dúvidas sobre as duas proposições. Os jovens costumam ser razoavelmente felizes, mas, para nossa surpresa, os idosos também o são, apesar de terem mais problemas de saúde e expectativas de vida mais limitadas. E, dependendo da constituição emocional e do tamanho da esperança, as pessoas que se esforçam muito para ir mais longe também podem ser felizes. Ao resumir alguns trabalhos psicológicos sobre a felicidade, este capítulo visa oferecer orientações iniciais sobre um assunto que pode ser difícil de definir, sem pretender caracterizações exaustivas e conclusivas. Os próprios psicólogos discordam ainda sobre questões fundamentais, por exemplo, a importância da predisposição genética para a experiência individual de felicidade. Além disso, em vez de se ater a uma única definição da experiência, uma história da felicidade deve enfatizar as maneiras pelas quais a emoção, e até mesmo expressões como sorrir ou rir, podem variar e mudar. A Psicologia, por sua vez, costuma sugerir um fenômeno humano bastante uniforme, ou variáveis puramente individuais. Ainda assim, a disciplina pode nortear algumas reflexões iniciais sobre o assunto, antes de nos dedicarmos às maiores complexidades do registro histórico.

Para que serve a felicidade?

Uma boa pergunta, menos óbvia do que pode parecer, envolve o simples propósito da felicidade. A maioria das pessoas pode querer ser feliz (veremos que representantes de muitas culturas afirmam isso, de uma forma ou de outra), o que não significa que conheçam necessariamente os benefícios disso. No entanto, pelo menos desde a obra de Charles Darwin, vários psicólogos têm se esforçado muito para descobrir de que forma emoções específicas ajudam a espécie humana, e este é um primeiro passo que pode ser útil para pensar sobre a felicidade.

Muitos psicólogos afirmam que há certas emoções "básicas", inerentes à espécie humana (e, possivelmente, também a alguns outros animais), que se revelam por meio de expressões faciais padronizadas. A felicidade está em todas as listas básicas, até porque existe uma forma clara de expressá-la, através do sorriso, e porque essa expressão, por sua vez, tem reconhecimento universal, qualquer que seja a cultura local. Supostamente, as expressões faciais já eram vitais para as interações humanas muito antes de a linguagem ser inventada, e ainda recorremos muito a elas.

Entender que a felicidade é algo básico torna a questão da função ainda mais importante. Sabemos para que serve o medo (para nos prepararmos para fugir do perigo) e conhecemos a função básica da raiva. Mas e a felicidade?

A resposta mais convincente é que a felicidade nos ajuda a perceber que algo que estamos fazendo está funcionando bem e devemos continuar fazendo aquilo, pelo menos de tempos em tempos, seja um relacionamento pessoal ou algum aspecto de um trabalho, uma atividade gratificante relacionada a esportes ou entretenimento, ou uma determinada forma de oração. A felicidade proporciona reforço emocional. Ela resulta da conquista de nossos objetivos – repetindo, em uma diversidade de categorias de vida – e incentiva mais iniciativas na mesma direção.

Da mesma forma, a felicidade ajuda a contrapor outras emoções, mais problemáticas, como o medo ou a raiva, que também são úteis, mas que, por definição, são perturbadoras. Na verdade, um aspecto central da pesquisa dos psicólogos sobre vários níveis de felicidade se concentra em como diferentes indivíduos conseguem lidar com emoções difíceis e mantê-las sob controle, gerando mais felicidade.

Outra ilustração dessa função de equilíbrio da felicidade é o fato de ela ajudar a baixar a pressão sanguínea.

Por fim, a felicidade pode ajudar as pessoas a se relacionar melhor com outras. Somos uma espécie sociável, e a felicidade pode facilitar os relacionamentos de que precisamos. Sorrir, por exemplo, pode ser uma maneira útil de se aproximar de estranhos, predispondo-os a interações construtivas. Veremos que algumas culturas enfatizam essa função da felicidade mais do que outras. Demasiada felicidade aleatória pode parecer algo estranho, dependendo do sistema de valores, mas provavelmente se pode atribuir à felicidade alguma função de sociabilidade.

Definição básica

Os psicólogos têm tentado ir além da proposição bastante óbvia de que pessoas felizes "se sentem bem". Uma pessoa feliz consegue maximizar certas emoções de apoio ou positivas, como alegria e orgulho, e minimizar emoções mais dolorosas. Mas essa conclusão, embora verdadeira, não necessariamente contribui para o entendimento.

Em geral, a felicidade envolve uma combinação de circunstâncias externas e internas e reações pessoais. Esse é um dos motivos pelos quais as emoções variam tanto de uma pessoa para outra. Algumas veem suas vidas dominadas pelo azar ou por um infortúnio específico, enquanto outras constroem estratégias ativas de enfrentamento. Um estudo examinou trabalhadores que faziam movimentos repetitivos em uma linha de montagem, reproduzindo sem cessar procedimentos que poderiam ser extremamente tediosos. Algumas dessas pessoas, em vez de ceder ao tédio, continuavam testando movimentos de mão mais eficientes ou desenvolviam um orgulho por exceder o ritmo esperado e ficavam muito felizes com o resultado. "É melhor do que qualquer outra coisa", relatou um trabalhador. "É melhor do que assistir TV". Na verdade, essa é uma visão bem antiga, pois os filósofos vêm trabalhando nela há muito tempo, diferenciando felicidade "hedônica" de "eudaimônica". O argumento hedônico vê a felicidade simplesmente como potencializar o prazer e evitar o máximo possível de sofrimento. Como cada indivíduo tem suas próprias definições de prazer e dor, essa visão é bastante subjetiva. Na visão de felicidade eudaimônica, no entanto, há algumas condições objetivas que fazem parte do verdadeiro sentido da felicidade, a despeito do gosto individual de uma pessoa. Asim, relacionamentos positivos com outras pessoas e atividades virtuosas são alguns exemplos. Muitos psicólogos, assim como muitos filósofos antes deles, acabam vendo a felicidade como uma combinação de ambas as visões.

Nas últimas décadas, diversos psicólogos, tentando tornar a felicidade mais mensurável em termos objetivos, introduziram a ideia de "bem-estar subjetivo", ou BES. Essa visão permite que se dê alguma atenção a circunstâncias objetivas, como o número de amigos de uma pessoa ou o quanto ela é saudável, mas se concentra em relatos das próprias pessoas, ou seja, o que elas dizem sobre sua felicidade ou o quanto um determinado tipo de experiência as torna felizes (o que ajuda a explicar a empolgação com os dados de pesquisas de opinião, que, afinal de contas, dependem principalmente de as pessoas declararem que estão felizes). Pesquisadores dessa linha admitem todos os tipos de problemas sobre a autodeclaração: as pessoas podem ter lembranças imprecisas, podem tentar agradar ao pesquisador (um problema crucial em culturas que dão muito valor a parecer ser alegre) ou seu humor pode variar de maneira imprevisível. Mas, em síntese, essa visão afirma que as declarações das pessoas sobre o quanto elas são felizes representam uma característica inescapável da pesquisa sobre felicidade.

Alguns pesquisadores diferenciam "satisfação com a vida" e BES. O bem-estar subjetivo reflete estados temporários, ou seja, se uma pessoa está se sentindo feliz em um determinado momento, ao passo que a satisfação com a vida envolve adquirir uma visão mais ampla e menos sujeita a flutuações. A "satisfação com a vida", além do fato de que muitas pessoas aprendem a enfrentar melhor as situações com o tempo (por exemplo, como lidar com a raiva), pode ajudar a explicar por que, em muitas sociedades atuais, os idosos estão entre as categorias etárias mais felizes.

Os psicólogos relatam outra constatação importante sobre a felicidade, embora também seja bastante óbvia: ninguém é feliz o tempo todo. Uma "vida feliz" sempre envolve flutuações e ajustes. A ênfase nas "estratégias de enfrentamento" de uma pessoa, como parte do BES, destaca a importância de reconhecer e lidar com experiências e emoções difíceis e não ser dominado por elas.

Muitos dos principais pesquisadores da felicidade, como Ed Diener, também argumentam que, na verdade, a maioria das pessoas é razoavelmente feliz e se situa em uma posição alta em uma escala de satisfação com a vida, em todas as culturas e circunstâncias objetivas, pelo menos no mundo contemporâneo. Em outras palavras, a maioria das pessoas está predisposta a ter pelo menos níveis moderados de humores positivos e felicidade. Um estudo, por exemplo, diz que, em 86% dos vários países estudados, as pessoas pontuam mais de 50% em uma escala de felicidade autodeclarada. Dito de outra forma: as pessoas têm uma capacidade impressionante de encontrar uma certa dose de felicidade, mesmo em situações difíceis, o que ajuda a explicar por que elas conseguem seguir adiante. Assim, por exemplo, pessoas que ficam paralisadas depois de um acidente de carro, após a depressão inicial, logo voltam ao seu nível de felicidade anterior.

Os pesquisadores da felicidade também tentaram lidar com questões interessantes sobre a relação entre felicidade e ação construtiva. Pode-se argumentar, por exemplo, que pessoas felizes são particularmente ingênuas e egoístas, ignorando os muitos problemas que assolam o mundo para privilegiar suas próprias agendas de prazer restritas. Por outro lado, os profissionais da psicologia positiva trabalham para demonstrar que as pessoas felizes são mais produtivas não apenas em termos de sucesso pessoal, mas também de resultados sociais. Elas são mais altruístas do que a média. É bem possível que muita gente feliz procure combinar prazer pessoal e responsabilidade social.

Essa questão remonta às funções sociais mais amplas da felicidade. Quem é feliz tende a tornar mais felizes os outros ao seu redor, tanto por ter um comportamento construtivo (ou mesmo virtuoso, para usar uma palavra que pode soar antiquada) *quanto* porque seus próprios humores são parcialmente contagiosos. A ideia de que a felicidade envolve servir aos outros remonta a antigas filosofias e religiões, mas também parece ter uma base empírica.

No entanto, há uma tensão entre ver a felicidade como uma emoção individual, centrada em potencializar o prazer e a realização individuais, e uma visão mais social. Quando a felicidade diz a um indivíduo que seus objetivos estão sendo alcançados e que ele deve seguir em frente, o aspecto individual pode predominar. Mas a felicidade também pode ter uma dimensão social básica, avaliada não apenas em termos de objetivos pessoais, mas também de relacionamentos eficazes. Neste último aspecto, a felicidade dirá a uma pessoa para continuar se associando às outras e demonstrando afeto. Nesse caso, o equilíbrio refletirá os valores pessoais, mas também será moldado pela cultura mais ampla, ou seja, até onde a cultura é individualista ou coletivista. Esse equilíbrio ou essa tensão ocupam um lugar importante na história da felicidade.

Genética

Os pesquisadores já passaram muito tempo discutindo sobre genética, ou até que ponto a predisposição de uma pessoa para a felicidade é incorporada à sua personalidade ao nascer. No limite, alguns deterministas genéticos afirmam que dizer a uma pessoa para ser feliz é um gesto inútil, cujo único resultado é fazer com que alguém não muito feliz se sinta ainda pior. É tudo uma questão de genes.

Nesse sentido, estudos com gêmeos idênticos revelam semelhanças impressionantes nos estados emocionais, incluindo níveis de felicidade, mesmo quando os indivíduos envolvidos foram criados separados e em circunstâncias muito diferentes. Um estudo com gêmeos holandeses afirmou que em torno de 80% do potencial para a felicidade eram determinados geneticamente.

Talvez essa conclusão seja um tanto pessimista, restando aos indivíduos quase nada a fazer em relação à felicidade, e por isso a maioria dos psicólogos de hoje não chega a esses extremos. Mesmo assim, a cifra de 50% de determinismo é bastante aceita como pré-condição do potencial de um indivíduo para a felicidade, a rabugice ou algo intermediário. Alguns observadores afirmaram que essa conclusão muito contemporânea é, de certa forma, uma versão atual de uma crença mais antiga de que a felicidade depende muito da sorte. Sejam genes ou sorte, não haveria muito o que fazer.

Que fique claro que os genes envolvidos não foram identificados, e é muito provável que haja uma quantidade considerável deles em jogo, complicando quaisquer afirmações sistemáticas. Até mesmo alguns pesquisadores do campo da genética já recuaram um pouco, argumentando que mesmo as pessoas nascidas com disposições mais negativas podem e devem tentar modificar seu destino. Alguns até entraram na onda de livros do tipo "como fazer" sobre a felicidade, que serão discutidos em mais detalhe no capítulo "A sociedade ocidental na história contemporânea: cada vez mais feliz?". Afinal, como já observaram os cínicos, é difícil vender um livro que simplesmente diga às pessoas que elas estão condenadas a cumprir seu destino genético. Na verdade, desde os anos 2000, tem havido uma rebelião considerável contra um pessimismo genético exagerado. Entre outras coisas, as pessoas constataram que medicamentos e outras terapias modernas podem modificar de forma significativa a herança emocional genética.

Para o historiador da felicidade, o debate genético se mostra interessante, mas também pode desviar a atenção ou enganar. É possível aceitar a importância da predisposição individual, mas seu papel é pequeno em uma agenda cujo foco está principalmente nos padrões coletivos mais amplos ao longo do tempo. Além disso, a visão baseada na genética pode não levar em conta a variedade de objetivos de felicidade que as sociedades humanas produziram. Pode um indivíduo não predisposto a muita "diversão" se desenvolver em uma cultura que destaca a felicidade na oração e na contemplação do divino?

A maioria dos psicólogos atuais, embora abra algum espaço aos geneticistas, dedica sua atenção fundamental a uma abordagem do tipo "como fazer", enfatizando o que sabemos sobre como as pessoas podem ser mais felizes. Muitas das conclusões deles repetem sabedorias antigas, como admitem os profissionais atuais mais eruditos e generosos. Algumas podem ser cultural ou historicamente mais específicas do que os psicólogos imaginam, por exemplo, quando se trata de questões como consumismo. Esse é um problema ao qual temos que retornar. Mas a lista convencional ainda pode ser útil tanto como indicação do estado do conhecimento psicológico atual quanto como uma lista de itens que, com a devida cautela, também pode servir como um guia histórico.

Desejos e estado de espírito

Enquanto debatem as melhores opções para conquistar a felicidade, os psicólogos se deparam com várias abordagens. Uma delas, chamada de teoria do desejo, amplia a explicação hedonista da felicidade. As pessoas mais felizes são aquelas que descobrem como maximizar seus desejos e limitar a frustração. Essa abordagem agrada a muitos economistas, que usam medidas de padrão de vida para determinar o bem-estar social. Ela também parece encontrar eco nas sociedades atuais, voltadas ao consumidor, e pode apelar à crença popular de que a melhor maneira de ser feliz é conseguir mais daquilo que se deseja. Além disso, essa visão atribui grande importância às circunstâncias externas, como níveis de riqueza, estado civil e assim por diante.

Contra isso, e mais uma vez refletindo muitas ênfases filosóficas e religiosas anteriores, outras autoridades apregoam a importância da disposição interna. Elas apontam para estudos que mostram como diferentes indivíduos registram níveis de felicidade muito diferentes, apesar de condições objetivas semelhantes – por exemplo, alunos reagindo à mesma nota em uma disciplina. Aqui, dentro do razoável, a felicidade depende menos do que nos acontece e mais de como reagimos. E, continua o argumento, há muitas coisas que as pessoas podem fazer para melhorar sua perspectiva mental, incluindo, como insistem os profissionais da psicologia positiva, aprender a prestar mais atenção às coisas boas que acontecem na vida.

Uma lista inicial

O catálogo dos fatores que contribuem para a felicidade sobre os quais os indivíduos têm alguma ingerência não é longo nem, em termos gerais, muito surpreendente, mas vale a pena tê-lo em mente antes de mergulhar na história da felicidade.

A saúde é um componente fundamental, com todos os acompanhamentos típicos em termos de hábitos alimentares, sono e níveis adequados de exercício. Os próximos itens da lista são autoestima, perspectiva positiva e disposição para perdoar os próprios erros. Mas, além do fato de que essa não é necessariamente uma categoria fácil de se trabalhar, também é preciso tomar cuidado com dar atenção demasiada ao *eu* – um problema antigo para muitas religiões que buscam enfatizar um tipo diferente e mais espiritual de felicidade.

Relacionamentos saudáveis com outras pessoas estão no topo da lista, envolvendo amigos e (frequentemente) parentes, além de vínculos emocionais positivos, estendendo-se também a questões emocionais, como amor e gratidão. Nesse caso, a solidão é uma inimiga, embora alguns historiadores estejam apontando que algumas culturas a consideram um atributo positivo. É um território complexo. A maioria dos psicólogos também acredita que o comportamento "virtuoso" – uma perspectiva altruísta em relação aos outros, generosidade desinteressada – também é um componente importante da felicidade, em contraste com os argumentos que enfatizam uma visão mais egoísta.

O fator religião, ou o que um psicólogo da felicidade chamou de "conexão com um além mais amplo", também entra na equação. Estudos realizados nos Estados Unidos costumam concluir que as pessoas que têm crenças e práticas religiosas são mais felizes do que as outras. Por outro lado, a maioria dos países mais felizes do mundo onde foram feitas pesquisas, como as nações escandinavas, são muito seculares. Esse é mais um enigma que merece atenção histórica, incluindo, obviamente, o tipo de religião envolvido. Voltaremos a essa tensão na conclusão do livro.

Esperança e aspiração

A maioria dos psicólogos que trabalham com felicidade acredita que existe uma conexão demonstrável entre esperança e felicidade. Certamente, muitas pessoas conseguem atravessar períodos desconfortáveis da vida com bastante alegria, munidas da firme esperança de que as coisas vão melhorar mais tarde. A capacidade de trocar felicidade no longo prazo por negação no curto prazo é um atributo importante. Por outro lado, a esperança pode ser vulnerável e, quando frustrada, pode levar a uma infelicidade maior. Além disso, a natureza da esperança é, em grande medida, uma variável histórica: esperança de salvação em uma vida futura? Esperança de uma sociedade melhor? Esperança de fama e fortuna pessoais?

Os psicólogos também demonstraram, de forma um tanto acidental, que a relação entre felicidade e esperança depende não apenas da personalidade, mas também da classe social. Um famoso experimento de 1972 deu a crianças a possibilidade de escolher entre comer um marshmallow imediatamente ou esperar dez minutos com o marshmallow já disponível (sem consumi-lo), e então a criança comedida receberia dois. Os resultados mostraram que algumas crianças conseguiam usar a esperança para superar a questão da satisfação de curto prazo e conquistar mais felicidade no longo prazo – e essas crianças provavelmente estariam fadadas a ter mais sucesso na vida. Mas, na verdade, trabalhos recentes mostram que o experimento provou outra coisa: as crianças da classe baixa consumiam o marshmallow imediatamente, porque a vida já havia ensinado a agarrar a felicidade sempre que possível, pois ela poderia não estar disponível mais tarde. Em outras palavras, a natureza e a possibilidade da esperança constituem uma variável social e não apenas pessoal, como outros aspectos da felicidade.

Os níveis de aspiração representam um enigma semelhante. Muitas culturas têm provocado as pessoas a se sentirem satisfeitas com o que possuem, e alguns psicólogos se perguntam se as aspirações reduzidas ajudam a evitar a decepção e, portanto, contribuem para a felicidade. Por outro lado, às vezes, uma sensação de estar construindo algo para o futuro, não apenas para si, mas também para os próprios filhos, pode ser um poderoso componente da felicidade. Em algumas culturas, a falta de aspiração pode ser vista como uma característica infeliz. Aqui, como acontece com a esperança, é quase certo que estamos lidando com uma variável cultural e histórica, embora também envolva alguns fatores individuais de personalidade.

Esperança e aspiração podem ser fatores sociais, bem como individuais. Algumas culturas não apenas definem esperanças diferenciadas, mas podem contar com diferentes níveis de esperança que, por sua vez, afetam a maneira como os indivíduos dentro daquela cultura avaliam sua própria felicidade. Nesse caso, os indivíduos são incentivados a sustentar sua felicidade por meio da crença de que toda a sociedade ou grupo obterá mais justiça ou maior iluminação religiosa mais tarde. De fato, a maioria dos fatores que constam da lista de contribuições para a felicidade tem uma dimensão social e uma pessoal, na medida em que, por exemplo, determinadas sociedades incentivam ativamente a saúde ou promovem o afeto familiar.

As desvantagens da felicidade

Os psicólogos que trabalham com a felicidade sugerem alguns cuidados, junto com suas tentativas de descobrir como promover resultados mais positivos. Esses resultados também refletem algumas características contemporâneas e ocidentais, mas são dignos de nota e podem ser úteis na avaliação dos desdobramentos históricos.

Isso porque a felicidade, como todas as emoções, exige algumas restrições. Um compromisso impensado com a felicidade, principalmente a felicidade sensual de curto prazo, pode levar a comportamentos de risco. Felicidade demais pode reduzir a criatividade e, embora costume melhorar as respostas a um ambiente social, também pode promover rotinas comportamentais em vez de estimular a inovação. Além disso, a felicidade pode simplesmente ser inadequada, por exemplo, em situações que exijam demonstrações de luto.

Mas é necessário ter cautela com o que muitos psicólogos consideram um esforço irreal de busca da felicidade de maneira demasiado regular e explícita, convidando à decepção. Na verdade, é contraproducente dar muita atenção à felicidade e questionar com frequência se alguém é feliz ou não. Com alguma ironia, diversos pesquisadores que se dedicam a entender a felicidade insistem em que muitas pessoas dificultam suas vidas ao pensar demais sobre ela.

Uma agenda para avançar

Muitos especialistas neste ramo da psicologia insistem que ainda há muito a aprender. As tensões no campo da felicidade – por exemplo, entre a abordagem hedonista e a mais altruísta – não foram de todo resolvidas. Qual equilíbrio gera a felicidade mais verdadeira? Vários experimentos levaram a conclusões bastante duvidosas. Por exemplo, alguns pesquisadores tentaram demonstrar recentemente que a felicidade envolve uma sintonia cuidadosa com o contexto emocional em que se está inserido. "Sentir-se bem", ou estar em sintonia com o grupo relevante, pode ser mais importante do que sentir prazer pessoal, e alguns experimentos sustentaram essa conclusão. Mas há um problema óbvio: e se o grupo envolvido for dominado pelo medo ou pelo ódio? A conformidade com esse tipo de contexto emocional pode representar uma felicidade muito destrutiva, talvez fazendo com que o conceito como um todo caia no ridículo.

Contudo, a agenda principal da atual pesquisa psicológica sobre a felicidade se concentra na construção de mais evidências empíricas sobre as atitudes e os comportamentos que irão potencializar a felicidade individual de forma mais previsível – em torno de qualidades como curiosidade (boa), resiliência (boa), gratidão (boa), tentativa de corrigir os próprios defeitos (provavelmente ruim, se não for equilibrada com uma atenção ainda maior às próprias qualidades). Algumas das conclusões em andamento são bastante previsíveis, mas outras avançam em direções inesperadas. Aqui, a pesquisa psicológica torna-se parte de uma abordagem contemporânea mais ampla e cada vez mais global a respeito da felicidade, à medida que mais e mais grupos e até governos buscam não apenas medir, mas gerar felicidade.

Psicologia e História

As investigações psicológicas e históricas sobre uma emoção como a felicidade têm um relacionamento complicado, mas potencialmente produtivo. Para um historiador, algumas conclusões da Psicologia parecem muito mais limitadas por tempos e lugares específicos do que os próprios psicólogos costumam imaginar. Portanto, é possível que muitas pessoas, hoje em dia, passem tempo demais se perguntando se são felizes, mas é improvável que essa tenha sido uma questão importante em muitas épocas passadas ou que seja em muitas outras culturas atuais, nas quais a felicidade simplesmente é discutida com menos frequência. Hoje, pessoas felizes têm mais probabilidades de atingir o sucesso pessoal, o que, por sua vez, favorece a felicidade. Mas será que era assim, digamos, no século XVII, ou na Índia de hoje, quando a felicidade é algo menos esperado no dia a dia ou é definida de outras maneiras? Abordagens históricas sobre felicidade acrescentam uma complexidade mais realista em algumas conclusões da Psicologia, além de explicar como certos padrões psicológicos atuais surgiram de um passado diferente e, nesse sentido, proporcionam mais compreensão do que a Psicologia por si só pode oferecer. Por outro lado, não há dúvida de que os historiadores também podem se beneficiar de muitas das conclusões e esclarecimentos sobre a felicidade apresentados pelas recentes pesquisas em Psicologia. E, no final, as duas disciplinas compartilham muitas das mesmas perguntas básicas sobre esse fenômeno de difícil definição.

LEITURAS COMPLEMENTARES

Biswas-Diener, Robert, Todd B. Kashdan, and Laura A. King. "Two Traditions of Happiness Research, Not Two Distinct Types of Happiness." *The Journal of Positive Psychology* 4, no. 3 (May 1, 2009): 208-211.

Diener, Ed, Eunkook M. Suh, Richard E. Lucas, and Heidi L. Smith. "Subjective Well-Being: Three Decades of Progress." *Psychological Bulletin* 125, no. 2 (1999): 276-302.

Diener, Ed, Satoshi Kanazawa, Eunkook M. Suh, and Shigehiro Oishi. "Why People Are in a Generally Good Mood." *Personality and Social Psychology Review* 19, no. 3 (August 2015): 235-256.

Diener, Ed, Samantha J. Heintzelman, Kostadin Kushlev, Louis Tay, Derrick Wirtz, Lesley D. Lutes, and Shigehiro Oishi. "Findings All Psychologists Should Know from the New Science on Subjective Well-Being." *Canadian Psychology/Psychologie Canadienne* 58, no. 2 (May 2017): 87-104.

Diener, Ed, Richard E. Lucas, and Shigehiro Oishi. "Advances and Open Questions in the Science of Subjective Well-Being." *Collabra: Psychology* 4, no. 1 (May 1, 2018): 15.

Fredrickson, Barbara L. "Positive Emotions Broaden and Build." In E. Ashby Plant & P. G. Devine (Eds.), *Advances on Experimental Social Psychology*, 47, 1-53. (Burlington: Academic Press, 2013).

Gruber, June, Iris B. Mauss, and Maya Tamir. "A Dark Side of Happiness? How, When, and Why Happiness Is Not Always Good." *Perspectives on Psychological Science* 6, no. 3 (May 2011): 222-233.

Lykken, David. *Happiness: The Nature and Nurture of Joy and Contentment.* (New York: St. Martin's, 1999).

Myers, David. *The Pursuit of Happiness: Who Is Happy, and Why* (New York: Morrow, 1992).

Ryff, Carol D. "Happiness Is Everything, or Is It? Explorations on the Meaning of Psychological Wellbeing." *Journal of Personality and Social Psychology* 57 (1989): 1069-1081.

PARTE I
A ERA DA AGRICULTURA

As economias agrícolas começaram a surgir há cerca de 11 mil anos e, embora só tenham ganhado terreno aos poucos, acabaram englobando a maior parte da população mundial. Como resultado, pelo menos 6 mil anos de experiência humana podem ser legitimamente agrupados sob o título de uma era da agricultura, quando a maioria das sociedades importantes foi moldada pela natureza da economia agrícola. Foi só há cerca de 300 anos que o domínio da agricultura começou a ceder ao surgimento de uma alternativa industrial.

Muitas pesquisas em História Mundial dividem a longa Era da Agricultura em vários períodos principais: um período formativo; o surgimento das primeiras civilizações hidráulicas; um período clássico, quando zonas culturais e políticas ampliadas se desenvolveram na China, na Índia, no Oriente Médio e no Mediterrâneo, de cerca de 600 a.e.c. a 500/600 e.c.; um período pós-clássico, depois do colapso dos grandes impérios clássicos dominados pelas fortes religiões missionárias, mas também pelo comércio crescente; e, por fim, o início do período moderno, de 1450 a 1750, caracterizado por um crescimento comercial ainda maior e pela inclusão das Américas no comércio inter-regional.

Essa periodização convencional contribui para o que sabemos sobre a história da felicidade, mas não a define totalmente. Os capítulos a seguir tratam de três divisões cronológicas muito genéricas: o surgimento da agricultura propriamente dita, o período clássico, quando vários grandes sistemas filosóficos trataram da definição de felicidade e, por fim (com dois capítulos), o impacto importante das grandes religiões, e também o maior desenvolvimento dos entretenimentos populares, estendendo-se de cerca de 300 e.c. até o século XVII.

Os primórdios da sociedade agrícola

Uma hipótese: além de provavelmente terem sido muito felizes, os primeiros humanos, que viviam em sociedades de caçadores-coletores, também eram mais felizes do que muitas pessoas de sociedades que surgiram depois, em meio a economias mais complexas. Mais especificamente, o surgimento da agricultura, embora tenha substituído aos poucos a caça e a coleta em muitas regiões, provavelmente piorou a condição humana em vários aspectos mensuráveis, criando novas possibilidades de infelicidade. E, se for assim, isso pode explicar dois tipos de desdobramentos posteriores. Em primeiro lugar, arranjos compensatórios que buscavam criar oportunidades de felicidade, em geral fora das restrições da vida cotidiana. Em segundo, uma nova necessidade de falar sobre o que realmente significa felicidade, que se tornaria uma preocupação considerável dos líderes intelectuais e religiosos em muitas civilizações em ascensão.

E esta é a complicação, antes de tratarmos das evidências: não podemos provar essa hipótese de forma conclusiva, pois não temos

45

registros diretos do estado emocional dos seres humanos antes da invenção da escrita ou da arte mais elaborada. Na verdade, é bastante provável que essas sociedades primitivas não tenham gerado uma ideia explícita de felicidade, já que, embora houvesse muitos problemas específicos, as condições normais de vida poderiam ser consideradas bastante satisfatórias, com pouca necessidade de destacar circunstâncias particularmente felizes. Não eram necessários esforços especiais nem conceitos formais. Essa também é a conclusão de vários antropólogos que estudam alguns grupos de caçadores-coletores que ainda sobrevivem: eles não têm palavras nem ideias sobre a felicidade, mas vivem em condições e com expectativas que são coerentes com uma felicidade considerável, na prática.

Esta não é a primeira vez que enfrentamos o dilema de tentar entender se as pessoas estão felizes, ainda que não o digam de maneira muito direta. Interpretar a satisfação contemporânea dos japoneses, apesar dos baixos índices de felicidade nas pesquisas, envolve um pouco de imaginação. Os padrões ocidentais contemporâneos criam expectativas de que as pessoas felizes devem estar dispostas a falar sobre sua felicidade e, quando não o fazem, pelo menos de forma tão vigorosa quanto os ocidentais, surge uma espécie de dilema. Ainda assim, no primeiro capítulo, sugeriu-se resumidamente que os japoneses podem muito bem ser tão felizes quanto os ocidentais, dadas as condições objetivas de suas vidas, apesar dos diferentes resultados das pesquisas. É a cultura, e não a "realidade", que cria uma impressão diferente, embora essas diferenças culturais dificultem a certeza.

O mesmo dilema, mas em uma escala muito mais ampla, se aplica à avaliação da felicidade em sociedades de caçadores-coletores, quando tentamos entender condições e atitudes muito diferentes das nossas. É fundamental se lembrar da quantidade de pura especulação envolvida em discussões sobre a experiência emocional de um grupo, inclusive quando não há afirmações explícitas, nem mesmo vocabulários explícitos. Mas vários historiadores, e com certeza muitos antropólogos, consideram plausível fazer uma avaliação da felicidade, o que, se for verdade, situa a história posterior da felicidade e os esforços para defini-la em uma perspectiva realmente nova.

Mais uma vez, o argumento básico é simples: muitos grupos de caçadores-coletores, embora carecessem de conceitos ou vocabulários claros sobre a felicidade, foram e são bastante felizes, muitas vezes livres de certos obstáculos à felicidade enfrentados por sociedades mais complexas.

UM PRIMEIRO RECORTE

Podemos começar com as especulações históricas (derivadas do trabalho em várias disciplinas). Aqui estão algumas das vantagens das sociedades de caçadores-coletores, pelo que podemos concluir a partir de registros arqueológicos e antropológicos. Suas populações tinham uma nutrição relativamente boa, rica em proteínas e livre de carboidratos refinados – portanto, melhor do que a dieta média nas sociedades agrícolas e industriais. A atual popularidade das dietas "paleo" entre pessoas preocupadas com a saúde atesta as vantagens (o que também nos faz questionar por que tantas pessoas hoje em dia, que teriam alternativas, acham que dietas não saudáveis as tornam mais felizes). Evidências baseadas em restos de ossos e dentes mostram que os caçadores-coletores tinham menos probabilidades de sofrer de desnutrição do que os camponeses quando a agricultura chegou. Também eram mais altos, em média. A expectativa de vida não era ruim se a pessoa sobrevivesse à primeira infância – o que, reconhecidamente, não era fácil; era comum haver pessoas que viviam até os 60 anos. As doenças infecciosas não afetavam muito esses grupos que se deslocavam em pequenos bandos, e as epidemias eram raras ou inexistentes. É claro que não havia intervenções médicas disponíveis em caso de doença, embora existisse um amplo conhecimento sobre remédios fitoterápicos. As guerras também eram raras, embora haja alguma divergência a esse respeito. As primeiras evidências claras de guerra datam de apenas 14 mil anos atrás, no final do período dos caçadores-coletores, quando as pessoas podem ter começado a se aglomerar em algumas regiões: um conjunto de restos mortais, todos em um único lugar, sugere conflito violento em um local no nordeste da África. Em geral, os caçadores-coletores reagiam à ameaça de violência simplesmente se mudando, já que operavam em espaços amplos. Deslocamentos em distâncias muito longas seriam complicados, mas, muitas vezes, era possível mudar para um território adjacente. Afinal, às vésperas da agricultura havia apenas cerca de 10 milhões de pessoas espalhadas por todo o mundo. A maioria dos grupos também desenvolveu uma série de práticas explícitas destinadas a manter a paz com os vizinhos, e trocas formais de presentes e casamentos mistos frequentes encabeçavam a lista. Embora costumassem estar dispersos, os bandos de caçadores-coletores em algumas sociedades podiam se reunir todos os anos para algumas cerimônias coletivas, geralmente para saudar o sol em seu ponto mais baixo ou mais alto do ano. Festivais anuais desse tipo, com banquetes, eram comuns em locais como Stonehenge, na Inglaterra. Essa era outra forma de promover relacionamentos positivos: boa alimentação, saúde razoável e uma paz significativa e provavelmente normal. A lista não é ruim.

As sociedades também eram relativamente igualitárias. Pode ter havido algumas diferenciações para determinados líderes, e foram descobertos esqueletos com joias ornamentais, que, é provável, não estavam disponíveis à maioria das pessoas. Mas havia poucas distinções sociais e pouca desigualdade econômica em geral. Isso pode muito bem ter minimizado a inveja e o ressentimento, e um dos tópicos a considerar em sociedades posteriores, incluindo a nossa, é até que ponto a desigualdade causa infelicidade ativa em estruturas mais complexas, o que não é uma questão fácil. Homens e mulheres cumpriam papéis econômicos diferentes, mas ambos extremamente importantes no suprimento de alimentos, sendo reconhecidos como tal. Com base nisso, as mulheres tinham alguma voz nos assuntos do grupo. É quase certo que as questões de gênero eram menos problemáticas do que viriam a se tornar mais tarde.

Alguns estudiosos vão mais longe e especulam que também existia uma liberdade considerável. Certamente, havia poucas restrições aos indivíduos que decidissem deixar um grupo e tentar a vida por conta própria, embora a sobrevivência pudesse ser difícil. Entre os aborígenes australianos, em uma tradição conhecida como *walkabout*, ou "caminhada", indivíduos decidiam sair por um tempo, por qualquer motivo, e depois voltar a seu grupo familiar. Normas coletivas poderiam restringir o comportamento nesses pequenos agrupamentos, embora alguns argumentem que o constrangimento das pessoas por parte do grupo, tão comum em sociedades mais complexas, pode ter sido menos intenso. Os hábitos sexuais, pelo menos em alguns casos, eram menos restritos do que viriam a ser mais tarde. Três advertências óbvias com relação a tudo isso: primeiro, há muita coisa que desconhecemos, embora esse esboço histórico esteja confirmado em sua essência e ampliado por estudos antropológicos mais contemporâneos, discutidos adiante. Podemos supor, por exemplo, que esses grupos costumavam passar relativamente pouco tempo trabalhando, dada a disponibilidade normal de alimentos, mas não sabemos disso por fontes diretas.

Em segundo lugar, certamente havia dificuldades na vida de caçador-coletor. A violência individual não era rara. Embora as sepulturas coletivas resultantes de guerras pareçam ter sido raras (embora possam apenas não ter sido encontradas), são comuns os esqueletos de indivíduos com cabeças esmagadas. Implementos específicos projetados principalmente para a violência também só surgem em um momento muito posterior do período dos caçadores-coletores (a primeira arma explícita, não muito usada para caça, foi um tacape), mas obviamente, utensílios de caça ou objetos encontrados, como rochas, podem ter sido usados antes. Também havia o perigo representado pelos animais, embora a invenção do fogo e a domesticação de cães – ambos ocorrendo bem antes do final desse período – tenham ajudado um pouco.

Dependendo da região, pode ter sido difícil enfrentar invernos rigorosos, mesmo que as evidências nutricionais sugiram um sucesso considerável. Em outras palavras, essa sociedade tinha uma série de vantagens mensuráveis, mas não era um paraíso, o que introduz complicações legítimas nas especulações sobre a felicidade.

Por fim: não sabemos se essas pessoas eram felizes. Não há evidências diretas disponíveis para tratar dessa questão. Podemos supor que estivessem razoavelmente satisfeitas, e é provável que tivessem pouca ideia das alternativas, o que pode ser um componente de certo tipo de felicidade. Os historiadores que traçaram os quadros mais positivos dessas sociedades costumam pressupor que seus habitantes estivessem muito contentes, mas provavelmente carecessem de qualquer conceito explícito de felicidade, já que não era necessário. Como regra geral, as condições eram razoáveis, e não havia nenhuma ideia concreta das alternativas e, portanto, pouca frustração. Mas essa imagem se baseia em hipóteses.

MAIS INFORMAÇÕES DOS ANTROPÓLOGOS

Observando os pequenos grupos de caçadores-coletores que existem ainda hoje, vários antropólogos dizem praticamente a mesma coisa que os historiadores, mas, por conseguir fazer uma observação mais direta, têm algumas evidências extras.

Aqui estão as principais conclusões de um estudo baseado em anos de observação sobre o povo khoisan, ou *bushman*, do deserto de Kalahari, onde hoje estão Namíbia e Botswana. A primeira questão enfatiza o equilíbrio entre trabalho e outras atividades: essas pessoas trabalham em média cerca de 15 horas por semana, deixando o resto do tempo livre para conviver com a família e amigos, não fazer nada e cochilar, e praticar diversos passatempos. As crianças também são relativamente livres de obrigações formais, ficando com muito tempo para brincar, com pouca supervisão. É claro que elas aprendem algumas habilidades e hábitos sociais, mas de maneira informal.

A vida não está livre de problemas. Existem tragédias e tristezas pessoais, incluindo a morte. Às vezes ocorrem brigas, principalmente depois de as pessoas beberem. Algumas estações são mais complicadas do que outras, em uma região onde há períodos consideráveis sem chuvas.

Contudo, as necessidades são relativamente poucas, e a maioria pode ser atendida com bastante facilidade. A sociedade desenvolveu grande habilidade para a caça e identificação das plantas que são úteis para alimentação e medicina. As pessoas são bem adaptadas ao seu ambiente e se sentem confortáveis em relação a ele. Também dão muita ênfase à solidariedade coletiva e deliberadamente minimizam realizações ou responsabilizações individuais. Ao retornar de uma caçada produtiva, por exemplo, o caçador minimizará seu êxito, em vez de tentar se mostrar melhor que os companheiros, e isso pode atenuar problemas de inveja ou ressentimento. A sociedade também é relativamente pouco estratificada, sem muitas gradações em termos de riqueza. Embora homens e mulheres sejam considerados diferentes, está claro que as contribuições das mulheres são reconhecidas e suas opiniões, valorizadas.

Como seria de esperar, grande parte disso confirma as conclusões dos historiadores, que já examinamos, mas os antropólogos podem acrescentar algumas outras questões a respeito das atitudes envolvidas. Há pouca sensação de esforço. Essas pessoas não pensam em termos de melhoria de vida e, na verdade, não pensam muito em felicidade. Elas têm palavras para alegria ou tristeza, mas não para "ser feliz" em qualquer sentido de longo prazo. A constância da vida é o tema dominante, e não a aspiração. Tudo está voltado ao presente, a atender às necessidades imediatas. As pessoas não se perguntam se estão se saindo melhor do que seus antepassados; na verdade, há pouco interesse neles. Elas tampouco se comparam a outros grupos ou indivíduos. O aspecto fundamental, claro, é uma cultura distinta, que proporciona um sentido de contentamento razoavelmente estável, sem o aparato formal que outras sociedades, incluindo a nossa, costumam associar à felicidade.

Outros antropólogos ampliam esse argumento de outras maneiras. Muito já foi dito, por exemplo, com relação à cultura aborígene australiana, sobre as profundas conexões com a natureza expressas nas religiões animistas – conexões que posteriormente muitas religiões, mais sofisticadas, perderiam de vista no desenvolvimento de ideias sobre deuses mais distantes e, às vezes, mais raivosos e exigentes. Antropólogos também lembram a importância da solidariedade coletiva e de um sentimento de pertencimento.

Essas caracterizações gerais não são consensuais. Em primeiro lugar, alguns antropólogos evitam caracterizar um tipo de sociedade como sendo mais feliz do que outro, argumentando que os julgamentos envolvidos são muito complexos e que a maioria das sociedades forja algumas noções válidas de felicidade. Em segundo, e mais especificamente, alguns estudiosos enfatizam as dificuldades da vida, as lutas constantes contra predadores, tanto animais quanto insetos, os surtos periódicos de violência coletiva em que alguns grupos contemporâneos se envolvem (dadas as maiores restrições de espaço, a guerra pode muito bem ser mais comum nas atuais sociedades de caçadores-coletores do que antes, embora alguns grupos ainda a evitem completamente). Muitos estudos recentes destacam a complexidade de algumas dessas sociedades, em oposição a generalizações que implicam um padrão de simplicidade primitiva. Na verdade, é bem possível que as generalizações sobre *todos* os grupos atuais de caçadores-coletores estejam erradas e que alguns sejam muito mais felizes e pacíficos do que outros. O assunto, obviamente, é complicado. E é fundamental lembrar que, mesmo nos argumentos mais positivos sobre a felicidade, estamos pressupondo experiências emocionais que os próprios grupos não formulam, e isso acarreta alguns riscos.

No entanto, parece claro que as velhas suposições sobre a maldade e a brutalidade predominantes no nosso passado de caçadores-coletores estão bem equivocadas. A vida podia ser bastante boa, principalmente porque as definições de necessidades eram mantidas em níveis modestos. As condições materiais tinham características positivas e era possível desenvolver uma cultura que promovesse a satisfação em detrimento da aspiração. Como sugerem os antropólogos mais otimistas, as pessoas em tempos recentes, procurando maneiras de se sentir mais felizes, criaram uma falsa percepção acerca dos primórdios da humanidade, afirmando que a vida seria (nas palavras do filósofo inglês Thomas Hobbes) "sórdida, brutal e curta". É hora de reconsiderarmos essa visão e fundamentarmos nossas ideias sobre a história da felicidade em um alicerce menos linear e simplista.

CARACTERÍSTICAS DAS SOCIEDADES AGRÍCOLAS

Isso, então, nos traz de volta à história e à questão básica: o que aconteceu com a felicidade quando, cerca de 12 mil anos atrás, alguns grupos começaram a abandonar a caça e a coleta e desenvolveram a agricultura, um sistema econômico totalmente novo que, embora de forma muito gradual, predominaria em muitas partes do mundo e passaria a promover maiores concentrações de pessoas.

A agricultura surgiu de forma separada em pelo menos três lugares (região do mar Negro, sul da China, América Central), o que sugere o aparecimento de algumas necessidades reais de mudança em várias regiões antes de caçadores-coletores. E, a partir desses três centros, os sistemas agrícolas se espalhariam amplamente. Inovações surgidas no extremo sul do mar Negro, por exemplo, acabaram alcançando não apenas todo o Oriente Médio, mas também o norte da África, o subcontinente indiano, o sul da Europa e, a partir desses pontos, acabaram indo ainda mais longe. Mas pode-se dizer que a propagação foi surpreendentemente lenta, e levaria vários milhares de anos, por exemplo, antes de o sul da Europa aderir, apesar de estar próximo, em termos geográficos, do centro agrícola inicial. Sem dúvida, uma das principais explicações para isso envolve o contato inter-regional ainda limitado e as dificuldades de transporte em longas distâncias. No entanto, é possível que esses atrasos refletissem a resistência consciente de muitos grupos de caçadores-coletores que conheciam a agricultura e simplesmente não queriam fazer a conversão. Essa resistência, é claro, poderia refletir simplesmente apegos teimosos, por exemplo, entre homens que não queriam trocar a emoção e o prestígio de viver da caça por uma vida agrícola que podia, em comparação, parecer prosaica. Mas também poderia expressar um receio real de que a agricultura, em muitos aspectos, piorasse a vida (possivelmente incluindo uma leve sensação de redução do contentamento humano).

Havia, de fato, uma série de desvantagens em comparação com as características da caça e da coleta. No nível mais básico, a dieta da maioria das pessoas se deteriorou (e, como resultado, sua estatura diminuiu). A agricultura produzia mais comida do que a caça e a coleta, mas de qualidade nutricional inferior: mais carboidratos de grãos e (nas Américas) de batata, mas muito menos proteína, mesmo com a domesticação de alguns animais. Os níveis de adoecimento aumentaram: a maior parte da agricultura envolveu comunidades assentadas que também eram um pouco maiores do que os bandos de caçadores-coletores. Consequentemente, mais oportunidades de contágio e poluição local. Como a maioria das sociedades agrícolas também começou a desenvolver algum comércio de longa distância (o que tinha suas vantagens em termos de ampliação da variedade de bens disponíveis), as pragas periódicas também passaram a ser uma característica normal da vida. E tudo isso envolve mudanças não apenas na existência material, mas também na vida emocional, principalmente na ampliação das oportunidades para o medo e a tristeza.

Trabalhar ficou mais difícil. A agricultura requer jornadas mais longas do que a caça, embora haja períodos de inatividade no inverno. Em alguns casos, as demandas físicas do plantio e da colheita também podiam ser mais intensas, o que representa uma enorme distinção.

As guerras se tornaram mais comuns. As sociedades agrícolas acumularam algum excedente, que se constituía em atrativos para ataques. Com o surgimento dos Estados formais, também vieram soldados profissionais e, em alguns casos, governantes ansiosos por deixar sua marca por meio da conquista. É claro que houve impulsos compensatórios: muitas comunidades agrícolas se esforçavam para construir defesas e muitos governantes buscavam a paz. A própria agricultura sofreu os impactos negativos da guerra. Esse foi um dos motivos pelos quais, nos primeiros séculos do novo sistema econômico, os soldados interrompiam as batalhas durante a época da colheita e iam para casa ajudar – uma gentileza que logo foi abandonada em favor dos objetivos militares.

Com a agricultura se disseminando a todos os lugares, aumentou muitíssimo a desigualdade, criando abismos cada vez maiores entre uma camada privilegiada e rica e as massas da população trabalhadora (que, em alguns casos, também podiam ser sobrecarregadas por sistemas compulsórios como a escravidão ou a servidão). Também surgiram diferenças entre moradores de áreas urbanas (embora fossem relativamente poucas) e a população rural. A desigualdade de gênero era, no mínimo, igualmente intensa, e talvez representasse um contraste ainda mais nítido com as condições dos caçadores-coletores. Por várias razões, todas as sociedades agrícolas introduziram sistemas patriarcais que consideravam as mulheres muito inferiores aos homens, tendiam a enfatizar seus papéis domésticos e confinamentos, e as proibiam (com exceções individuais) de exercer qualquer função pública ou política.

Não surpreende que alguns estudiosos, como Jerrod Diamond, tenham afirmado mais recentemente que a transição para a agricultura foi "o pior erro da história da raça humana". Tampouco surpreende que alguns dos historiadores que trataram da felicidade sustentem que, com toda probabilidade, a transição também reduziu o nível de contentamento humano, tornando a felicidade mais problemática do que havia sido nos tempos dos caçadores-coletores.

CAUSAS E COMPLEXIDADES

As desvantagens da agricultura eram muito reais, mas é claro que não representam a história toda. O quadro desolador esboçado aqui levanta a pergunta óbvia: se a agricultura criou tantos problemas, por que as pessoas passaram a praticá-la? Isso leva à segunda pergunta, mais sutil: que oportunidades as pessoas tinham para se adaptar e para buscar e encontrar a felicidade nessas novas condições?

Pode-se observar uma terceira questão: algumas das desvantagens da agricultura, principalmente em termos de alimentação e doenças, seriam enfrentadas mais tarde, com a industrialização, quando a estrutura material da existência humana começou claramente a melhorar, em média. Mas isso fica para mais tarde, quando tratarmos das complexas questões relativas a felicidade e modernidade.

Sobre a sociedade agrícola em si, existem várias perguntas. Primeiro, por que abandonar a caça e a coleta? Os primeiros sistemas agrícolas podem ter se desenvolvido em parte por necessidade, sem grandes reflexões acerca dos impactos de longo prazo sobre a vida material ou emocional. Em algumas regiões, as mudanças climáticas podem ter reduzido a quantidade de grandes animais disponíveis para caça, e a própria caça excessiva pode ter contribuído, pois, embora fossem sensíveis ao meio ambiente, os caçadores-coletores conseguiam matar mais animais do que o sistema podia suportar. E, como coletoras, as mulheres pelo menos teriam aprendido o potencial do plantio deliberado de sementes, em vez de apenas coletá-las na natureza – uma opção que poderia ajudar a resolver qualquer crise da caça.

Sendo assim, qualquer que tenha sido o estímulo inicial, a agricultura trouxe um conjunto enorme de vantagens: as economias agrícolas conseguiam produzir uma quantidade muito maior de alimentos do que os grupos de caçadores-coletores podiam fornecer, o que levou, em pouco tempo, a um aumento sem precedentes na população humana. Há uma ironia aqui, é claro: o sistema gerou um número maior de pessoas que podem ter enfrentado muito mais problemas do que seus ancestrais, e pode ter havido falta de alimentos, com períodos recorrentes de fome intensa. Mas não há dúvidas sobre o básico: em termos de número de pessoas, houve um ganho enorme.

E isso leva a dois outros fatores que ajudam a explicar a disseminação gradual do sistema (apesar das constantes resistências em regiões que simplesmente não aderiram). Primeiro, populações grandes podem gerar força. Sabemos que a agricultura se espalhou na Europa, em parte, porque grupos do Oriente Médio, necessitando de mais espaço, migraram e forçaram a adoção do novo sistema, convertendo ou subjugando caçadores-coletores rivais, o que também ocorreria na América do Norte muito mais tarde. Não houve conversão nem qualquer avaliação cuidadosa de vantagens e desvantagens.

Em segundo lugar, é bem possível que muitas pessoas se orgulhassem do avanço da espécie e, mais especificamente, de suas próprias famílias ampliadas. Vangloriar-se de suas proezas reprodutivas (e constranger as famílias que não conseguissem se reproduzir) era uma característica comum das sociedades agrícolas, embora os homens fossem mais propensos a se gabar do que as mulheres, cujas vidas estavam mais diretamente envolvidas.

(É importante ressaltar que as economias agrícolas também facilitaram a produção de álcool, e alguns estudiosos, com certa razão, alegaram que isso pode ter sido importante para reduzir os fardos do novo sistema econômico, principalmente para os homens. O registro de receitas de produção de cerveja e destilados foi um dos usos iniciais da escrita em várias das primeiras civilizações. E a complexa relação entre bebida e felicidade se tornou um problema, desde as sociedades agrícolas primitivas até os dias de hoje.)

Mais adiante, a agricultura também possibilitaria a criação de pequenas cidades, sustentando uma parte da população disponível para fazer outros tipos de trabalho, como produzir ferramentas, ornamentos e até artes plásticas. Essas possíveis vantagens não explicam o surgimento da agricultura, pois estão no futuro, mas algumas inovações preliminares podem ter contribuído. Em termos mais imediatos, alguns estudiosos argumentam que, ao proporcionar oportunidades para que as pessoas se estabelecessem em um lugar, construíssem casas mais sólidas e comodidades, como poços, mesmo a agricultura mais antiga pode ter atraído alguns adeptos, mas não se sabe se pessoas acostumadas a vagar pelo mundo viram vantagem nisso.

Necessidade. Pressão. Alguns estímulos se combinaram para gerar a agricultura e facilitar sua disseminação. Ainda não se sabe onde os níveis de felicidade se encaixam nessa equação, já que não há nenhum registro explícito disponível, pelo menos até mais recentemente, quando podemos rastrear o enorme desconforto vivenciado por alguns grupos, por exemplo, entre os indígenas dos Estados Unidos, ao serem pressionados a abandonar a caça em favor da agricultura sedentária.

ADAPTAÇÕES E DESIGUALDADES

A maior parte da história da felicidade, de cerca de 9 mil anos a.e.c. até os séculos XVII ou XVIII e.c., é uma questão de tentar descobrir como as populações agrícolas enfrentaram as restrições de sua situação, capitalizaram as vantagens ou tentaram encontrar compensações entre esses dois extremos. Ainda com foco nas etapas iniciais da introdução da agricultura, dois pontos se destacam: novas diferenças de classe e a impressionante capacidade de adaptação das pessoas.

Em primeiro lugar, logo no início, uma minoria de indivíduos – maiores, mais vigorosos e mais agressivos, capazes de ocupar mais terras – começou a construir uma vida de camada privilegiada que era, em média, visivelmente diferente das condições de grande parte da população, até mesmo intencionalmente diferente. Um estudo histórico recente e decisivo apontou que, desde os primórdios da civilização agrícola, uma característica quase invariável da experiência social tem sido uma camada diferenciada.

A disponibilidade de alimentos era melhor para esse pequeno grupo, principalmente em termos de carne e proteína. Como resultado disso, os aristocratas e proprietários de terras eram fisicamente maiores do que as pessoas de classe baixa – vários centímetros mais altos, em média. Em lugares como a Grã-Bretanha, essa distinção de tamanho persistiria ainda na década de 1930. E a diferença podia gerar outras vantagens: pessoas maiores podem se ver e ser vistas como naturalmente superiores.

A doença também era um problema para as classes altas, e um problema mais difícil de contornar. Mas, logo no início, os grupos mais abastados tiveram oportunidades de fugir de pragas, e suas moradias, mais espaçosas, podiam fornecer alguma proteção contra as formas mais graves de contágio. As classes altas também podiam pagar por túmulos mais sofisticados, se eles proporcionassem algum consolo.

Elas costumavam tirar mais vantagem da oportunidade de ter famílias grandes, o que explica o orgulho masculino de exibir uma prole numerosa. As pessoas comuns, por sua vez, sem condições de sustentar muitos filhos, enfrentavam um dilema. Elas queriam filhos suficientes para servir de mão de obra familiar e dar continuidade à linhagem da família, e talvez também por uma questão de orgulho. Entretanto, ter filhos demais seria desastroso, pois poderia destruir a economia da família. Sendo assim, na maioria das sociedades agrícolas, as famílias comuns tinham de seis a oito filhos (metade dos quais morreria na primeira infância) e evitavam ultrapassar esse número (que, por sua vez, era cerca de metade do que uma família sem restrições econômicas *podia* manter). Períodos de abstinência sexual eram quase essenciais para manter os números em patamares administráveis, dada a ausência de dispositivos de controle. Mas, ainda assim, muitas famílias podiam ultrapassar essa quantidade, e uma resposta clara a essa tensão (repetindo: em muitas sociedades agrícolas, pelo menos até o último milênio) foi uma alta taxa de infanticídio.

A camada privilegiada, é claro, era a que também podia tirar o máximo proveito das novas oportunidades para adquirir joias, produtos artesanais finos e usufruir dos entretenimentos mais elaborados, embora as pessoas comuns, principalmente nas cidades, também pudessem ter algum acesso.

Mas, de modo geral, essa primeira consequência é fundamental: as restrições e oportunidades da agricultura geraram imensas desigualdades sociais. Uma minoria conseguiu ter vantagens especiais e, apesar de uma série de problemas, seus membros eram muito mais propensos a ser e se sentir felizes do que as pessoas em posições inferiores. Na verdade, a oportunidade de se sentir superior pode, por si só, ter gerado uma nova sensação de prazer.

Ao voltarmos nossa atenção à população em massa, o segundo item, relacionado à adaptação, é mais complexo e será abordado em vários dos capítulos seguintes. Aqui está um desafio analítico básico: segundo nossa avaliação retrospectiva e considerando o que sabemos sobre as comparações com a existência anterior dos caçadores-coletores, alguns dos problemas podem nem sempre ter parecido problemas para as pessoas envolvidas. Religiões mais complexas também poderiam ser levadas em consideração nas explicações populares para as desgraças da vida cotidiana, como veremos no capítulo "Das grandes religiões: felicidade – e esperança?" – e não devemos nos esquecer do possível orgulho de criar muitos filhos e ter uma sensação, embora vaga, de estar contribuindo com a espécie ou a linhagem familiar.

A questão da qualidade nutricional, por exemplo, é um problema que podemos ver com clareza em retrospecto, mas que provavelmente não era percebido de forma consciente, exceto em épocas de fome generalizada. E veremos que as pessoas dedicadas à agricultura geravam oportunidades periódicas, durante festivais, de comer com mais qualidade e abundância do que era possível normalmente, e esse contraste pode ter sido muito bom – o prazer periódico, em vez de mais rotineiro, pode ter sido uma característica importante da vida agrícola e ter possibilitado uma sensação ativa de felicidade por meio das expectativas e das lembranças.

O trabalho poderia ser considerado um fardo enorme, mesmo que seja provável que a memória de mais lazer nos tempos dos caçadores-coletores tenha desaparecido em pouco tempo. Mas, embora não se pudesse negar o fardo, quase todas as sociedades agrícolas definiram alguns feriados nos quais o trabalho poderia diminuir e, acima de tudo, introduziram alguma forma de fim de semana, a cada cinco, sete ou dez dias (a duração da semana variava). Essa unidade de tempo era totalmente artificial, sem nenhuma relação com os ciclos naturais, mas proporcionava um dia recorrente em que as pessoas podiam dedicar mais atenção ao culto religioso, ao comércio ou apenas a relaxar.

A desigualdade crescente e persistente pode parecer sinistra e se supõe que gerasse protestos sociais periódicos e infelicidade individual, mas também pode se revelar aceitável, por uma série de razões. A ideia de que os aristocratas eram melhores do que as outras pessoas e mereciam sua prosperidade relativa poderia ser amplamente bem aceita se a mensagem fosse transmitida com persistência. O mesmo se aplica à ideia de superioridade masculina, que muitos começavam a incorporar desde a primeira infância. Ou as pessoas podiam conseguir simplesmente ignorar a desigualdade radical na vida cotidiana, cuidando de suas próprias vidas. É claro que os aristocratas costumavam ser figuras distantes, e as mulheres às vezes descobriam maneiras de manter os homens afastados de suas rotinas cotidianas.

A questão principal é que os seres humanos são surpreendentemente adaptáveis e muitas vezes encontram motivos de satisfação e até dignidade, os quais preferem ao descontentamento persistente. É certo que a maioria das pessoas ficava feliz em procurar ter filhos, em seguir em frente. E, do ponto de vista da espécie, esse era o principal requisito. É importante não forçar nosso próprio sistema de valores sobre o passado e pressupor uma infelicidade ou uma insatisfação que as pessoas da época não sentiam.

Como veremos, em muitas civilizações antigas, havia todo tipo de observadores que falavam sobre o tênue equilíbrio entre sorte e azar, e a falta de controle que a maioria das pessoas tinha sobre seu próprio destino. Isso certamente sugeria algum grau de incerteza sobre a disponibilidade da felicidade. Os chineses, em particular, discutiam com frequência a aleatoriedade da sorte (embora reconhecessem que as pessoas deveriam desfrutar da boa sorte se a encontrassem). E havia visões ainda mais sombrias. Um pensador persa do século VI a.e.c. expressou um sentimento que pode muito bem ter sido compartilhado por muitas pessoas:

> Por mais curta que seja a vida humana, não existe um homem no mundo, aqui ou em qualquer outro lugar, que seja feliz o suficiente para não desejar – não apenas uma vez, mas repetidamente – estar morto em vez de vivo. Os problemas vêm, as doenças nos afligem, e isso faz com que a vida, apesar de sua brevidade, pareça longa demais.

Embora não tenhamos evidências diretas de nenhum dos locais para provar a afirmação de que as pessoas da época da introdução da agricultura eram menos felizes do que as da economia mais simples de caça e coleta, as probabilidades são claras. No mínimo, parece seguro afirmar que a felicidade se tornou cada vez mais problemática, o que é uma das razões pelas quais tantos dos primeiros intelectuais e figuras religiosas passaram a acreditar que precisavam abordar o assunto de forma direta.

O FASCÍNIO DE UMA ERA DE OURO QUE PASSOU

Em meio às inegáveis incertezas e à quantidade de especulação necessária, dada a falta de evidências explícitas sobre como as pessoas que vivenciaram a transição comparavam suas vidas agrícolas com as de seus ancestrais próximos, há um último tipo de dado que pode ser particularmente sugestivo de uma consciência da perda.

Quase todas as sociedades agrícolas, ao criarem histórias orais e depois escritas sobre as origens humanas, desenvolveram uma profunda crença em uma Era de Ouro no passado, muito superior à vida comum em seu próprio tempo e, em muitas versões, muitíssimo feliz. Ou seja, uma época a partir da qual a sociedade atual se deteriorou.

O escritor grego Hesíodo, no final do século VI a.e.c., traçou esse panorama em seu livro *Os trabalhos e os dias*. O primeiro período da humanidade, que ele chamou de era de ouro, apresentava pessoas e deuses convivendo em paz. As pessoas de fato viviam como deuses, sem "tristeza no coração", "longe da labuta e do sofrimento". Elas festejavam com alegria e envelheciam sem perder a aparência juvenil; quando a morte chegava, também era tranquila, como se fossem dormir. "E tinham todas as coisas boas, porque a terra fértil, sem ser forçada, dava-lhes frutos abundantes". Mas essa época não durou, e Hesíodo descreveu um declínio constante até as eras de prata, de bronze, dos heróis e de ferro (a sua). Os deuses abandonaram a convivência com o homem depois da era de prata, pois a ganância e a insensatez humanas se tornaram insuportáveis. Ali estava uma queda visível na qualidade de vida e na disponibilidade de felicidade.

Muitos escritores gregos posteriores, incluindo Platão, adotaram a ideia da Era de Ouro, que também foi fundamental em alguns dos escritos do principal poeta romano, Virgílio. Para ele, a primeira era, quando as pessoas descendiam diretamente dos deuses, também se caracterizava pela facilidade, mas havia mais. Não existia propriedade privada, e qualquer limite era "ímpio", porque a terra oferecia sua abundância gratuitamente. Outro escritor romano, Ovídio, acrescentou que esse período de êxtase não exigia governo nem punições, porque as pessoas buscavam o bem de forma natural.

Visões semelhantes surgiram em outras culturas. Nos ensinamentos hindus, também houve uma procissão de eras para a humanidade, embora também houvesse a crença de que elas poderiam ocorrer de forma cíclica. Uma era "primeira e perfeita" foi descrita no grande épico hindu *Mahabarata*. Não havia compra e venda, não havia "pobre nem rico". As doenças estavam ausentes, "não se piorava com os anos", "não havia tristeza, não havia medo". E as pessoas eram extremamente virtuosas, abandonando de pronto os desejos terrenos (um tema espiritual que não estava presente nas visões grega e romana). "Era o tempo em que todas as pessoas eram felizes."

Vários povos indígenas da América do Norte, como os cree e os navajo, também tinham ideias de um tempo passado em que os deuses viviam entre as pessoas e expunham verdades básicas sobre harmonia com a natureza, paz e igualdade. Nesse caso, o tom era mais otimista, sustentando que essas virtudes seriam recuperadas em algum momento futuro, à medida que as pessoas se reunissem para entender os antigos ensinamentos.

As histórias africanas sobre a criação costumavam incluir, mais uma vez, a ideia de uma existência primitiva que era próspera e pacífica. Algumas acrescentavam uma ênfase especial à harmonia inicial entre pessoas e animais, que depois era desfeita por ações humanas, como a invenção do fogo.

Confúcio, escrevendo em uma época de lutas internas e desordem política na China, também tinha os olhos em um passado melhor, enfatizando que ideias cruciais de harmonia e equilíbrio haviam sido desenvolvidas séculos antes. Sua visão era menos grandiosa do que as noções grega ou hindu sobre a era de ouro, mais voltadas à crença de que uma dinastia política anterior havia estabelecido uma ordem justa e pacífica, a partir da qual sua própria sociedade se deteriorara. Dentro dessa visão, embora fosse crucial voltar às ideias e modelos de um passado superior, elas poderiam ser recuperadas por meio de imitação adequada no presente.

Tradições do Oriente Médio enfatizaram a perfeição, mas também a perda, de uma era de ouro. A mitologia persa deu origem à crença de que, nos primeiros tempos, o mundo havia sido povoado por deuses que viviam em prosperidade e paz, em mais uma imagem de uma era de ouro perdida. Em princípio, a humanidade florescera em um jardim próspero e divinamente estabelecido, que era uma espécie de paraíso. Alguns estudiosos acreditam que essa noção foi apreendida depois, nos primórdios do judaísmo, e traduzida em uma das mais influentes de todas, o esquema da queda em relação à perfeição: o Jardim do Éden e a incapacidade humana de sustentar essa perfeição por causa da ganância, isto é, uma imagem clássica de como a felicidade pode ser estragada pela insatisfação irracional. A própria palavra "Éden" pode ter derivado de uma antiga palavra hebraica para prazer, sugerindo o tema dominante ali envolvido.

Isso porque a ideia do Éden, que seria transmitida do judaísmo para as outras religiões abraâmicas – o cristianismo e o islamismo –, enfatizava a facilidade e a abundância dessa primeira fase humana. Os bens materiais fluíam da natureza sem esforço. Curiosamente, e em contraste com visões de outras culturas cuja ênfase estava na harmonia com a natureza, o relato bíblico colocava a humanidade acima do restante da ordem natural, ordenando que criaturas inferiores provessem abundância. Na versão corânica, os primeiros seres humanos eram apenas informados de que podiam "comer das coisas abundantes, como quisessem". Para nossos propósitos, no entanto, o resultado foi o mesmo das outras visões de uma Era de Ouro: uma vida tranquila, livre de preocupações. Além disso, emoções negativas, como a vergonha, também estavam ausentes. Apenas a incapacidade humana de aceitar esse contentamento sem se perguntar se poderia haver mais, desobedecendo às ordens divinas, forçou as pessoas a sair desse estado ideal para a existência penosa que se seguiu.

* * *

A ideia de uma Era de Ouro perdida, de uma onipresença impressionante nas culturas que surgiram das sociedades agrícolas, não prova que as pessoas realmente se lembrassem de que suas condições haviam se deteriorado em tantos aspectos com o afastamento da caça e da coleta. Na verdade, algumas sociedades de caçadores-coletores deram elas mesmas origem a ideias de um passado ideal.

E a noção como um todo pode ter representado um impulso para conceber o que seria a perfeição, para dar asas à imaginação e, possivelmente (como na história bíblica) para encontrar maneiras de repreender as pessoas e pressioná-las a ter um comportamento melhor.

Mas o padrão é, no mínimo, sugestivo. Em muitas das histórias, várias das prováveis deteriorações observadas por historiadores e antropólogos são abordadas de forma específica, principalmente as mudanças em termos de trabalho e igualdade. As pessoas que tiveram de se esforçar mais na agricultura podem ter preservado alguma vaga lembrança de uma época anterior, quando esse nível de esforço era menos necessário. O mesmo se poderia dizer da necessidade de uma preocupação nova com doenças ou da existência de maior desigualdade. Não é implausível ler as histórias da Era de Ouro não apenas como delírios da imaginação, mas como uma lembrança vaga de coisas melhores do passado.

Sem dúvida, por fim, essas histórias incentivavam as pessoas a ver muitos defeitos em suas próprias existências, que estariam bem abaixo da perfeição imaginada, e também como, possivelmente, uma punição pela arrogância humana. As referências a uma Era de Ouro não foram formuladas para destacar a felicidade disponível na vida cotidiana.

* * *

Na maioria das sociedades, a transição para a agricultura ocorreu vários milênios atrás. As sociedades modernas, embora não tenham renunciado totalmente às histórias sobre a Era de Ouro, tendem a pensar no passado de maneira muito diferente, supondo que o progresso é a verdadeira trajetória histórica, e não a deterioração (embora algumas pessoas ainda estejam presas à ideia de que deve ter havido mais felicidade "naquela época", como sugerem as referências frequentes aos "bons tempos de antigamente"). A primeira história formal da felicidade, escrita em 1772 pelo marquês de Chastellux, foi construída em torno dessa suposição confiante: o que ele chamou de "felicidade pública" aumentou desde os primeiros dias da humanidade. Essa reformulação profunda fez parte do que Darrin McMahon chama de "revolução das expectativas", associada a uma visão da felicidade muito diferente da abordagem característica de quem escrevia na era da agricultura.

No entanto, como já vimos, a suposição de progresso linear desde as primeiras sociedades humanas é, no mínimo, muito questionável. As pessoas das sociedades agrícolas, diante de uma série de problemas quase certamente mais graves do que os encontrados nos grupos de caçadores-coletores e pelo menos um pouco cientes da deterioração, tiveram de pensar sobre felicidade de forma mais explícita do que seus ancestrais. Poucas delas, principalmente nas classes mais baixas, podiam ter alguma expectativa séria nesse sentido. As ideias a respeito da sorte ou do puro acaso eram muito importantes para a maioria das discussões formais sobre felicidade nas civilizações agrícolas. Na verdade, a palavra *happiness* na língua inglesa, derivada de um antigo termo nórdico para *sorte* e que surgiu no século XIV, enfatizava o acaso favorecido pela fortuna, só vindo a adquirir um sentido mais amplo de contentamento um pouco mais tarde.

Além disso, independentemente de ideias e significados de palavras, as pessoas da era da agricultura tiveram que criar novos modos de mitigar certas restrições que a maioria enfrentava ou encontrar algum tipo de compensação. Tudo isso era muito diferente da experiência implícita de felicidade, característica de muitos grupos de caçadores-coletores. O tipo de escrita sobre a felicidade que surgiu nas civilizações agrícolas – um claro legado dessa longa fase da experiência humana – foi, em parte, apenas resultado desse novo meio de expressão que não estava à disposição de nenhum dos grupos de caçadores-coletores. Mas foi também produto da nova necessidade de enfrentar essas restrições, de se questionar sobre alternativas, que talvez teriam sido desnecessárias antes do advento da agricultura.

LEITURAS COMPLEMENTARES

Dois ótimos esboços do argumento histórico:

Harari, Yuval N. *Sapiens: A Brief History of Humankind* (Toronto: Signal, 2014).

McMahon, Darrin. "From the Paleolithic to the Present: Three Revolutions in the Global History of Happiness." In E. Diener, S. Oishi, and L. Tay (Eds.), *Handbook of Well-Being* (Salt Lake City, UT: DEF Publishers, 2018).

Sobre questões de desigualdade:

Boehm, Christopher. *Hierarchy in the Forest: The Evolution of Egalitarian Behavior* (Cambridge, MA: Harvard University Press, 1999).

Flannery, Kent V., and Joyce Marcus. *The Creation of Inequality: How Our Prehistoric Ancestors Set the Stage for Monarchy, Slavery, and Empire* (Cambridge, MA: Harvard University Press, 2012).

Scheidel, Walter. *The Great Leveler: Violence and the History of Inequality from the Stone Age to the Twenty-First Century* (Princeton, NJ: Princeton University Press, 2017).

Trabalhos antropológicos relevantes:

Hill, Kim, and A. Magdalena Hurtado. *Aché Life History: The Ecology and Demography of a Foraging People* (New York: Aldine de Gruyter, 1996).

Poirier, Sylvie. *A World of Relationships: Itineraries, Dreams, and Events in the Australian Western Desert* (Toronto: University of Toronto Press, 2005).

Sahlins, Marshall. *Stone Age Economics* (Chicago, IL: Aldine-Atherton, 1972), principalmente o primeiro capítulo sobre "a sociedade afluente original".

Suzman, James. *Affluence without Abundance: The Disappearing World of the Bushmen* (New York: Bloomsbury USA, 2017).

Sobre as complexidades na avaliação de grupos contemporâneos, consulte, por exemplo:

Diamond, Jared. "The Worst Mistake in the History of the Human Race." *Discover Magazine* (May 1987).

Pascoe, Bruce. *Dark Emu: Black Seeds: Agriculture or Accident?* (Broome: Magabala Books Aboriginal, 2014).

Sobre a questão da guerra:

Kelly, Raymond C. (Raymond Case). *Warless Societies and the Origin of War* (Ann Arbor: University of Michigan Press, 2000).

Veja também:

Briggs, Jean L. *Never in Anger; Portrait of an Eskimo Family.* (Cambridge, MA: Harvard University Press, 1970).

Dos filósofos: a felicidade no período clássico

Não há registro relevante sobre felicidade nos vários séculos após as primeiras economias agrícolas tomarem forma. Podemos fazer suposições, conforme discutido no capítulo anterior, mas não mais do que isso. Sabemos que a produção de grãos era razoavelmente alta nos primeiros séculos da agricultura, pelo menos no norte do Oriente Médio, o que pode ter gerado alguma satisfação, junto com um índice de natalidade mais elevado. O modesto excedente agrícola também permitiu o estabelecimento das primeiras cidades pequenas (embora a vasta maioria da população permanecesse rural). Essas cidades também tinham algumas vantagens, mas igualmente podiam ser alvo de ataques, e suas condições relativas à saúde eram ruins, com índices de mortalidade bem mais altos do que a média (essa disparidade rural-urbana duraria até cerca de um século atrás). Mas tudo isso é disperso e vago em termos de níveis de felicidade ou dos critérios envolvidos.

71

O INÍCIO DA CIVILIZAÇÃO

As evidências começam a se ampliar no momento em que as primeiras civilizações passaram a se formar em alguns centros, a partir de cerca de 3500 a.e.c., gerando arte, escrita e governos formais mais elaborados. As civilizações tinham seus inconvenientes, como uma desigualdade ainda maior, e, por vezes, mais guerras. Mas podiam oferecer algumas compensações, mesmo que não fossem os mesmos prazeres desfrutados pelas camadas privilegiadas.

Os indícios do antigo Egito são muito interessantes. Sugerem que essa sociedade dava mais condições de as pessoas se sentirem felizes do que a maioria das civilizações antigas. Esse é um caso em que as condições objetivas e os sistemas de valores parecem ter se combinado para sustentar expectativas de felicidade. É um desafio interessante fazer uma comparação entre as várias civilizações hidráulicas, levando em conta a falta de amplas evidências diretas.

A sociedade egípcia oferecia várias vantagens objetivas, como períodos de paz relativamente longos, pois a região não era invadida com frequência e não tentava realizar novas conquistas de forma constante. Além disso, o Nilo era uma fonte bastante confiável de irrigação, o que, por sua vez, aumentava a oferta de alimentos. E, embora o Egito apresentasse considerável desigualdade, incluindo o sistema de gênero patriarcal, sua população escrava era relativamente limitada, e as mulheres eram tratadas um pouco melhor do que em muitas das civilizações antigas. Pelo menos em termos potenciais, era um ambiente propício à experiência da felicidade, além de um aviso de que não devemos ser muito radicais em nossas generalizações sobre as desvantagens das sociedades agrícolas.

A cultura egípcia estimulava um sentimento de gratidão aos deuses pelas qualidades básicas da vida, incluindo familiares e filhos, saúde adequada e sustento material, bem como garantia de um enterro adequado. Um governante egípcio resumiu essa ideia de felicidade ao citar "vida, prosperidade e saúde" depois de assinar seu nome em documentos oficiais. A inscrição em uma tumba dizia,

> Aquele que segue o caminho do deus passa toda a sua vida em alegria, cheio de riquezas, mais do que todos os seus semelhantes. Ele envelhece em sua cidade, é um homem honrado em sua casa, todas as partes do seu corpo são jovens como as de uma criança. Seus filhos estão diante dele, numerosos e seguindo uns aos outros, de geração em geração.

E um egípcio comum, ao lhe perguntarem do que sentiria mais falta quando morresse, respondeu: "minha esposa, meu filho, cerveja, meu cachorro, o rio". Os egípcios também criaram um amplo leque de diversões, embora mais para as classes superiores do que para outras: arco e flecha, vela, natação e vários jogos de tabuleiro criativos.

O testemunho mais interessante de uma crença egípcia na felicidade era uma ideia diferente da morte e da vida após a morte, sempre pressupondo um sepultamento adequado e um julgamento favorável por parte dos deuses. A vida no além era considerada uma extensão de padrões já vivenciados, mas sem doença, tristeza ou morte. Uma inscrição em uma tumba transmitia a seguinte mensagem: "que eu possa andar todos os dias às margens da água, que minha alma descanse nos galhos das árvores que plantei, que eu possa me refrescar sob a sombra de minha figueira". A noção de que a eternidade era, de certa forma, uma continuação da vida, embora sem as fragilidades do corpo, era uma sugestão inusitada de que não era preciso esperar a morte para encontrar uma quantidade razoável de contentamento. Por fim, o desprezo comum por quem não era egípcio e a falta de interesse geral em sair do Egito refletiam a visão de que eles próprios estavam vivendo a melhor vida possível.

O que sabemos sobre a civilização hidráulica mais comparável, na Mesopotâmia, sugere um contraste considerável – mais uma vez, provavelmente refletindo guerras mais frequentes e um ambiente menos confiável para a agricultura. Os deuses mesopotâmicos, muitas vezes zangados, inspiravam medo e obediência, exigindo serviço e sacrifício em vez de promover uma ênfase nas qualidades positivas da existência terrena. É claro que cultuar de forma adequada o próprio deus poderia gerar benefícios nesta vida, mas, no geral, a cultura religiosa inspirava uma considerável sensação de melancolia e apreensão. E, mais uma vez, em contraste com os egípcios, a vida após a morte era um período de trevas eternas, em vez de qualquer tipo de garantia. Assim como os egípcios, os mesopotâmicos desenvolveram vários jogos e formas de diversão, de modo que as impressões negativas não devem ser exageradas, mas muitos aspectos da cultura básica são caracterizados por um grau perceptível de pessimismo.

Na melhor das hipóteses, tudo isso é apenas sugestivo. Sabemos ainda menos sobre as concepções de felicidade em outras civilizações antigas, embora valha a pena lembrar que, na China, Confúcio mencionava um período em que os governantes garantiam harmonia e equilíbrio. O que se pode inferir das impressões do Egito e da Mesopotâmia sugere que há maneiras diferentes de condições objetivas e ideias se combinarem para produzir abordagens regionais relativas à felicidade, dentro das limitações maiores das sociedades agrícolas.

O MUNDO CLÁSSICO

A situação muda consideravelmente no período seguinte, importante época da história da civilização, embora ainda dentro do marco básico de uma economia agrícola. As sociedades que começaram a tomar forma no Mediterrâneo oriental e na China depois de cerca de 800 a.e.c. geraram registros muito mais amplos do que suas predecessoras e, com toda a probabilidade, uma vida intelectual mais ativa em termos gerais. Mais importante, nesses centros, e também na Índia, começaram a ser desenvolvidos sistemas filosóficos ou religiosos que se espalhariam muito em cada região e deixariam um legado cultural que se revelou surpreendentemente duradouro nessas áreas e, muitas vezes, também nos países vizinhos.

Os debates sobre a natureza da felicidade eram centrais para as culturas do mundo clássico. É importante lembrar que essas mesmas sociedades clássicas foram as primeiras a elaborar quadros complexos de uma Era de Ouro anterior, já sugerindo que os níveis disponíveis de felicidade poderiam ter se deteriorado de alguma forma, por meio da insensatez humana. E essas mesmas sociedades tendiam a vincular a felicidade pessoal a um forte elemento de pura sorte, outra restrição interessante.

Mas havia mais elementos envolvidos. As duas grandes tradições filosóficas que se formaram no período clássico, ambas entre os séculos VI e V a.e.c., dedicaram atenção explícita ao problema de definir e alcançar a felicidade (abordagens mais religiosas serão tratadas no próximo capítulo). Ambas as tradições, por sua vez, influenciaram muito os padrões regionais posteriores, ainda que mais especificamente na China e em seus vizinhos. Os valores confucionistas, interpretados de forma ampla, ainda ajudam a moldar expectativas e reações no leste da Ásia. As tradições grega e romana têm menos influência, embora ainda sejam consideradas parte da vida intelectual da Europa Ocidental e Oriental. Em sua época, exerceram grande influência.

A estrutura social

Pode parecer evidente por si só que, uma vez que se começasse a desenvolver uma investigação intelectual mais formal, as discussões sobre a natureza da felicidade humana ganhariam um lugar de destaque. Afinal, é um tópico excelente e fundamental. Também é possível que a vaga sensação de deterioração em relação a uma Era de Ouro anterior inspirasse comentários, mais obviamente com a ideia confucionista do passado.

Houve outra fonte de inspiração, diretamente vinculada às características básicas das civilizações agrícolas até onde elas haviam se desenvolvido naquele momento, que moldaria a discussão filosófica nesses dois centros principais: as opções de estilo de vida que agora estavam disponíveis aos homens da camada privilegiada.

Quaisquer que fossem as limitações das condições para a maioria da população, as camadas privilegiadas criaram algumas oportunidades diferenciadas de diversão. Havia o desejo de buscar uma riqueza ainda maior, simbolizada por governantes lendários, como Creso, na Grécia. Uma vida extravagante também poderia incluir vinho ou prazeres sexuais em quantidade incomum. Os gregos inclusive tinham deuses que representavam esse tipo de excesso, como Dionísio. Oportunidades desse tipo, tanto na vida real quanto na mitologia, sempre levantavam questões sobre sua relevância para a verdadeira felicidade, principalmente em sociedades nas quais as camadas privilegiadas também procuravam justificar sua existência exercendo liderança política construtiva. Filósofos chineses e gregos lidaram de forma bastante direta com as questões envolvidas nisso, chegando a conclusões um tanto semelhantes em torno desse foco específico. Alguns estudiosos inclusive veem os esforços desses pensadores essencialmente como uma rebelião contra os tipos de valores que haviam definido a vida da classe alta até aquele momento, na tentativa de alcançar um nível mais elevado de felicidade, que dependesse menos da sorte ou das circunstâncias e tivesse um sentido humano mais profundo.

Essa estrutura social também levantaria questões sobre a aplicabilidade desses conceitos filosóficos à vida para além da classe alta. Nesse aspecto, as visões grega e chinesa divergiam um pouco, o que também afetaria seu impacto social mais amplo.

A VISÃO GREGA

A começar por figuras fundamentais, como Sócrates e Platão, os filósofos gregos procuraram deixar claro que um foco predominante no material não poderia ser o cerne da felicidade humana. Um grau de conforto e sustento físicos, além de boa saúde, eram precondições importantes, mas a ênfase principal era outra. Ao trabalhar para esclarecer essa distinção, os pensadores gregos estabeleceram uma das primeiras tentativas de definir um campo de conhecimento em torno da natureza e da conquista da felicidade.

Sócrates deixou claro que a felicidade era um objetivo humano básico: "Que ser não desejaria a felicidade?" Mas Sócrates, e Platão em seu rastro, rapidamente estipularam que o prazer material ou sensual, por mais buscado que fosse, não era a substância da verdadeira felicidade. O desejo deve ser cuidadosamente limitado e cuidadosamente afastado da sensualidade pura, em um processo que exigiria muita disciplina. A felicidade não consiste – como as camadas privilegiadas gregas haviam acreditado por muito tempo – na riqueza, na bebida ou mesmo no poder, e sim nos "melhores elementos da mente". A busca da sabedoria pode trazer a verdadeira felicidade, não importando as dificuldades físicas ou os caprichos da fortuna. Segundo Platão, foi o próprio Sócrates, em busca da sabedoria e da harmonia, que conseguiu viver "como um deus" e encontrar a verdadeira felicidade. Aristóteles, seguindo os passos de Sócrates e Platão, escreveu ainda mais sobre a felicidade, em uma obra que se revelaria bastante influente ao longo do tempo. Embora fosse um pouco mais tolerante para com os prazeres terrenos do que seus antecessores, Aristóteles também insistia em que a verdadeira felicidade só poderia ser encontrada nos atributos que distinguem os seres humanos de todas as outras criaturas: razão e virtude. A felicidade era, na verdade, nada mais do que uma "atividade da alma expressando virtude".

Nessa visão, a busca do mero prazer físico era essencialmente uma forma de escravidão, mais semelhante a "animais pastando" do que às verdadeiras qualidades dos seres humanos. Riqueza, conforto, e mesmo amigos e família, embora válidos até certo ponto, não eram matéria da verdadeira felicidade, cuja busca poderia exigir algumas escolhas verdadeiramente difíceis.

Em sua obra mais influente sobre o assunto, *Ética a Nicômaco*, Aristóteles começou a tentar definir o propósito maior da existência humana. Ele se esforçava para distinguir a verdadeira felicidade dos prazeres fugazes que se originam de satisfações sensuais ou de interações com amigos. A felicidade seria o ponto culminante de uma vida inteira dedicada a se atingir todo o potencial como ser humano racional. "Pois assim como não é uma andorinha ou um dia bonito que faz a primavera, tampouco é um dia, ou um tempo curto, que torna um homem bem-aventurado e feliz." Por essa razão, as crianças, entre outras coisas, não podem ser consideradas felizes, porque seu potencial para uma vida humana plena ainda não foi realizado.

Em sua definição de felicidade, Aristóteles enfatizava constantemente a distinção entre seres humanos e animais. Era por isso que ele via a busca do prazer como um objetivo trivial que não valia a pena, pois era comum aos animais e ao homem. A capacidade racional é o que constitui a essência humana, e aperfeiçoar essa capacidade é o cerne da felicidade. O objetivo não é negar os impulsos físicos, e sim canalizá-los de maneiras adequadas ao exercício da razão. Como ele disse na *Ética*,

> A função do homem é viver um certo tipo de vida, e essa atividade sugere um princípio racional, e a função de um homem bom é uma realização boa e nobre (desse princípio), e se qualquer ação for bem realizada, ela é realizada com a excelência adequada. Se assim for, a felicidade acaba sendo uma atividade da alma, de acordo com a virtude.

No curto prazo, a busca da virtude talvez pareça sofrida, pois pode exigir o sacrifício de prazeres mais superficiais. Desenvolver um bom caráter exige esforço, mas é o caráter moral – o que Aristóteles chamou de "virtude completa" – que é essencial para a verdadeira felicidade. "Feliz é aquele que vive de acordo com a virtude completa e está equipado o suficiente com bens externos, não por algum período casual, mas por toda a vida." Até mesmo a amizade, que Aristóteles considerava parte da felicidade por combinar satisfações intelectuais e emocionais, deve estar enraizada na virtude, em querer o melhor para os amigos independentemente do mero prazer, buscando-se unir a eles na bondade e na moralidade.

A ênfase de Aristóteles na virtude racional como essência da felicidade envolvia a capacidade não apenas de pensar sobre fazer a coisa certa, mas também de realmente fazê-la, e essa qualidade não poderia ser apenas passiva. Mas o filósofo também enfatizou a importância da pura contemplação intelectual para uma vida verdadeiramente feliz. A expressão máxima da nossa natureza racional é a reflexão racional, incluindo a curiosidade ao longo de toda a vida. Essa capacidade, junto com a promoção do caráter virtuoso, deve ser o verdadeiro objetivo da educação.

Em tudo isso, Aristóteles, mais do que Sócrates e Platão, teve de reconhecer a crença grega mais ampla na importância do acaso ou da sorte, ou seja, o simples desejo de alcançar a virtude e exercer a razão não era suficiente. Mesmo uma vida moderada (outra ênfase aristotélica) podia não ser suficiente. Uma pessoa poderia buscar a virtude a vida toda e ainda se deparar com algum desastre na velhice, que estragasse todo o esforço. E era essencial ter meios econômicos adequados e boa saúde, e até mesmo ser fisicamente atraente, para cultivar a virtude e a razão. As pessoas não podem realizar "boas ações" sem recursos e não podem ter o "caráter de felicidade" se parecerem "totalmente repulsivas" ou se estiverem sozinhas ou sem filhos. Embora tenha sido otimista, em alguns momentos, sobre as oportunidades de alcançar a felicidade, Aristóteles também enfatizava uma série de limitações. As pré-condições necessárias não podiam ser criadas pelo indivíduo sozinho, e era necessário um pouco de boa sorte. Não há como escapar dessa ambiguidade. No final das contas, Aristóteles esperava que as pessoas felizes – virtuosas e racionais (e de sorte) – liderassem a sociedade, mas teve que admitir que elas poderiam ser poucas.

A maior realização de Aristóteles, embora ele partisse de seus antecessores, foi estabelecer a felicidade e sua concretização como objetivo filosófico central e distingui-la da satisfação meramente física. Sua influência (por muitos séculos ele seria conhecido como "o filósofo") se estenderia para além do Mediterrâneo, com impacto no Oriente Médio e na Europa.

Uma visão mais sombria: a tragédia grega

O legado cultural grego não foi apenas filosófico. A poderosa tradição dramática também deu sua contribuição, entre outras coisas, ao estabelecer uma divisão entre comédia e tragédia que teria implicações duradouras. Embora as apresentações de comédia cumprissem um papel importante, a tradição trágica era a que realmente merecia ênfase específica, contribuindo para um sentimento de ambivalência sobre a felicidade que, de modo geral, faltava na cultura chinesa do mesmo período.

Isso porque os temas da tragédia partiam do sentido da imprevisibilidade da felicidade, que até mesmo Aristóteles admitiu, mas com especificidades muito mais vívidas. Um filho mata o pai por engano e cega a si próprio como punição; um homem dorme com uma mulher que acaba por ser sua mãe, que então se mata por remorso. Em algumas dessas peças dramáticas, os deuses apenas brincam com mortais sem sorte. A vingança também é um tema comum e outra maneira pela qual os planos podem ser frustrados e a felicidade, negada. Em alguns casos, a insensatez humana causa os problemas, mas, com mais frequência, a situação sai de controle sem que nada de errado tenha sido feito. Como proclama o mensageiro de uma peça de Eurípides, "nenhum homem é feliz". Outra peça deplora a humanidade como sendo uma "raça infeliz", "condenada a uma sequência interminável de 'pesar e incomensurável angústia'".

A noção de uma série poderosa de peças dramáticas desprovidas daquilo que, em termos modernos, poderíamos chamar de finais felizes era um lembrete impressionante de que a felicidade que os filósofos buscavam era negada com frequência na cultura grega. O papel da sorte ou do acaso era inegável, remetendo dolorosamente a um dos temas que já apontamos como característicos das sociedades agrícolas.

Além dessa questão básica sobre falta de controle, alguns estudiosos especularam que as apresentações públicas das tragédias serviam como alívio emocional para o público, como catarse, sobretudo por permitir expressões inofensivas de medo ou piedade e por mostrar contrastes profundos que poderiam tornar a vida cotidiana um pouco mais palatável. Ou seja, pelo menos a maioria das pessoas não tinha filhos que precisassem se cegar. Também é verdade que muitas apresentações eram seguidas de uma peça breve, porém divertida – e então o público costumava beber um bom tanto de vinho durante a encenação. Não é fácil calcular o impacto geral sobre a experiência real ou as expectativas de felicidade.

Sucessores gregos e romanos

Filósofos gregos e romanos posteriores mantiveram muitas das ênfases das figuras fundadoras, mas acrescentaram outras importantes. Vários escritores afirmaram que as pessoas deveriam ser responsáveis por sua própria felicidade, em vez de servir como fantoches para o mero acaso ou ser condenadas a fins trágicos. A felicidade é, ou deveria ser, a única posse da qual os seres humanos podem ter certeza. Uma segunda ênfase está muito relacionada a essa questão do controle: a filosofia deve não apenas levar à felicidade, mas também ajudar a lidar com a dor e o sofrimento humanos. O político e escritor romano Cícero comparou a Filosofia à Medicina: assim como os médicos ajudam o corpo enfermo, a Filosofia deve tratar de uma alma enferma.

Uma escola de pensamento lançada por Epicuro no século IV rompeu ainda mais com a tradição anterior ao enfatizar a importância do prazer físico: "o prazer é o início e o objetivo de uma vida feliz". Assim, os epicuristas argumentavam que, em vez de lutar contra esse aspecto da natureza humana, as pessoas deveriam incentivá-lo. Mas isso não significava o tipo mais simples de hedonismo – na verdade, os epicuristas não eram tão radicais, embora possa ter havido abusos de suas ideias. Epicuro demoliu a "sensualidade" – "nem beber e festejar o tempo todo, nem se divertir com mulheres e meninos". Em vez disso, as pessoas deveriam basear suas vidas na razão e na virtude sóbria, pensando cuidadosamente em cada escolha que fazem na vida. Evitar o sofrimento desnecessário é um objetivo fundamental, e os epicuristas se esforçaram para dissipar temores desnecessários sobre a morte ou deuses raivosos. Satisfações imediatas devem ser ponderadas em relação à possibilidade de sofrimento no longo prazo. Na verdade, as necessidades básicas das pessoas são muito poucas: evitar frio, fome e sede. Com esses requisitos atendidos, uma pessoa pode ser tão feliz quanto os deuses. É fundamental manter as coisas simples: "quem não se contenta com pouco, não se contenta com nada".

A outra escola filosófica importante que passou dos gregos aos romanos – os estoicos – recomendava de forma ainda mais clara a importância de limitar o desejo. Na verdade, muitos escritores estoicos restringiram os ensinamentos de Aristóteles para enfatizar a virtude como única chave da felicidade. Riqueza, beleza e honra são irrelevantes. O escritor romano Sêneca insistiu em que "o homem feliz está contente com o que tem, seja o que for", embora, em outras passagens, ele próprio tenha admitido se deleitar com a riqueza e o luxo. Cícero chegou a argumentar que um homem perfeitamente virtuoso pode ser feliz mesmo sob tortura.

Essa ênfase na importância de limitar os desejos humanos – um impulso que seria levado adiante nas principais religiões, como o cristianismo – provavelmente respondia a dois ou três fatores. A ênfase lembrava, de forma implícita, algumas das limitações da vida nas sociedades agrícolas, onde fazia sentido insistir na importância de viver com pouco. Mais especificamente, tanto os epicuristas quanto os estoicos estavam tentando lidar com os problemas óbvios da visão grega anterior: o fato de a verdadeira felicidade, uma vida virtuosa que pressupunha prosperidade e boa saúde, estar disponível apenas a muito poucos, como até mesmo Aristóteles acabou admitindo. Era importante abrir um caminho de felicidade para as pessoas menos abençoadas pela boa sorte. Por fim, essas duas escolas filosóficas se desenvolveram depois que as cidades-Estados gregas se desorganizaram e a vida se tornou mais imprevisível. Parecia vital desenvolver uma abordagem que fosse menos vulnerável ao mundo externo, e aqui havia claramente muitas semelhanças com outras abordagens da felicidade posteriores, que buscariam limitar a dependência do indivíduo em relação ao entorno mais amplo.

Essa abordagem ampliaria o apelo social da Filosofia. O escritor estoico Epiteto foi um grego escravizado por um romano rico no século I e.c., que tinha permissão de seu dono para estudar. Ele assimilou a visão estoica de que, ao limitar os desejos, o indivíduo pode alcançar a felicidade, sejam quais forem as condições externas. "Aquele que é feliz", escreveu ele, "deve possuir tudo o que deseja", e isso significa sufocar todos os desejos e apetites. Essas ideias reduziram a dependência em relação aos confortos da vida da classe alta, embora tenham também atraído muitas pessoas privilegiadas, como o imperador romano Marco Aurélio. Mas, ao estreitar o alcance da felicidade, essa forma de estoicismo também exigia uma autodisciplina incomum. Epiteto teria dito: "Não temos poder sobre as coisas externas, e o bem que deveria ser o objeto de nossa busca sincera só será encontrado dentro de nós mesmos". Ele próprio, mesmo depois de ganhar a liberdade, viveu uma vida rigorosamente simples.

Apesar de algumas divergências óbvias e importantes, uma convergência básica unia as visões grega e romana. A felicidade continuava sendo um objetivo humano básico, não dependendo de interpretações apenas subjetivas e sendo basicamente a mesma para todos (por mais difícil que fosse de atingir). Ela dependia da virtude e do controle racional, devendo ser alcançada ao longo da vida e não em prazeres momentâneos ou puramente sensuais. Essa foi uma visão poderosa que exerceu influência real, para além das fileiras dos filósofos, e está em evidente contraste com muitas das ideias de felicidade que se desenvolveriam bem mais tarde, no mundo moderno, e que parecem predominar hoje em dia.

A FELICIDADE NA FILOSOFIA CHINESA

Como na Grécia e em Roma, a China clássica gerou várias escolas de pensamento, tanto na Filosofia quanto na religião. Havia pessimistas que afirmavam que os seres humanos são maus e têm que ser disciplinados por um Estado poderoso. A felicidade pode ser quase irrelevante dentro dessa visão, na qual o principal desafio era garantir algum tipo de ordem social. Uma importante vertente religiosa se desenvolveu com o taoísmo, que exigia simplicidade, frugalidade e sintonia com os ritmos básicos do universo. O taoísmo continua sendo uma das principais religiões reconhecidas na China, mas foi o confucionismo que acabou moldando a visão chinesa de felicidade (muitas vezes combinada com a ênfase taoísta na harmonia) e acabaria influenciando culturas de outras partes do leste da Ásia. O próprio confucionismo foi ficando mais complexo ao longo do tempo, à medida que filósofos posteriores, como Mêncio, enriqueciam os primeiros escritos, mas a visão básica permaneceu bastante estável.

Confúcio e seus seguidores compartilhavam muito do interesse grego em definir felicidade humana e chegariam a várias conclusões semelhantes. Assim como os filósofos gregos, Confúcio e, na verdade, os primeiros taoístas eram bastante críticos em relação à vida que observavam ao redor, argumentando que muitas pessoas perseguiam objetivos vazios, ostentando satisfações puramente sensuais em lugar da verdadeira felicidade. Também como os gregos, os confucionistas e, na verdade, os taoístas acreditavam que, bem concebida, a felicidade poderia ser encontrada neste mundo e era uma meta válida e digna. Diferentemente dos gregos, entretanto, os confucionistas davam ênfase à importância de conectar indivíduos e comunidades mais amplas, resultando em uma abordagem geral um tanto diferente.

O conceito fundamental, tanto para o confucionismo quanto para o taoísmo, estava centrado na harmonia com a ordem natural, percebendo e seguindo "o Caminho" (Tao). Quando estava de acordo com os padrões e processos celestiais, a vida podia ser cheia de satisfação e alegria. Os confucionistas enfatizavam que a felicidade era tanto uma condição objetiva, em termos de padrões de vida equilibrados, quanto uma experiência emocional profunda.

O próprio Confúcio apontava o profundo prazer disponível em ouvir música como um exemplo do tipo de harmonia que ele buscava. Quando se está envolvido com a música, os pés começam a se mover no ritmo, as mãos também se movem em resposta aos ritmos, e a pessoa é tomada por essa experiência mais ampla. Tanto a mente quanto o corpo são envolvidos. Um discípulo afirmou que Confúcio, certa vez, estava tão tomado pela música que simplesmente se esqueceu das coisas mais mundanas: "ele não comeu carne por três meses".

Outro exemplo prático de como uma pessoa poderia encontrar uma harmonia mais ampla relaciona-se à fascinação confucionista por costumes e rituais. Assim como acontece com a música, há uma ordem básica que transcende as preocupações pessoais.

O problema da maioria das pessoas, na visão confucionista, é que elas são consumidas por preocupações que as desviam a ponto de perderem de vista o alinhamento básico, que, em princípio está facilmente disponível. Com a harmonia, no entanto, outras preocupações desaparecem; "ela não permite que sua alegria seja afetada" por questões menores.

Essa postura gerou uma ambiguidade considerável sobre o papel das condições materiais na felicidade – um enigma semelhante, em linhas gerais, a problemas com os quais os filósofos gregos haviam tentado lidar. Por um lado, quem está focado no alinhamento com o Caminho não deveria se incomodar com a fome ou o frio. Uma pessoa feliz não está preocupada com a pobreza, e sim "ansiosa com a possibilidade de não chegar à verdade". Por outro lado, Confúcio também deixou claro que um bom governo deve trabalhar pela prosperidade geral. Enriquecer a população tinha prioridade sobre dar educação – sugerindo, claramente, que pessoas que carecem de condições materiais básicas poderiam ter dificuldades de alcançar a felicidade. Da mesma forma, embora os confucionistas estivessem bastante certos de que a busca ostensiva da riqueza é um objetivo falso (e isso gerava muita suspeita em relação aos mercadores, que ocupavam uma posição inferior na hierarquia social), não há nada de errado em desfrutar dos confortos da vida. "Comer arroz integral e beber água – é possível encontrar alegria nessas coisas", mas elas não devem substituir os objetivos mais básicos.

Uma vida boa não implica a satisfação de todos os desejos nem a conquista do poder máximo; seu foco é a realização de desejos éticos. Prudência e contenção moral são componentes essenciais.

A abordagem chinesa dava grande ênfase à virtude e ao amor pelo aprendizado. "Os que não são virtuosos não podem se manter por muito tempo no estado de desejo nem no de alegria", pois não têm uma âncora básica na vida. Uma pessoa que seguisse o Caminho, por sua vez, sempre faria o que é certo e apropriado. A ação moral deve ser como a música, atraindo o indivíduo para uma harmonia maior, na qual o eu é subsumido em um bem maior. A devoção ao estudo e ao aprendizado sobre a humanidade ajuda a se alinhar ao Caminho e proporciona satisfação direta: "não é uma alegria estudar e praticar regularmente?" A "busca ansiosa pelo conhecimento" permite que a pessoa se esqueça da tristeza ou mesmo do desconforto físico. Não basta apenas fazer a coisa certa, como tentam muitas pessoas comuns; é importante cultivar a compreensão e buscar o tipo de virtude que está por trás do comportamento correto.

Alcançar o tipo de alinhamento que produz o verdadeiro prazer exige muita experiência, não vem com facilidade e é algo muito mais profundo do que qualquer experiência transitória. Uma pessoa não consegue realmente conhecer a felicidade "até captar o sentido depois de um longo tempo de prática" – outra semelhança com as afirmações dos gregos (e um contraste fascinante com as visões ocidentais atuais de que as crianças podem e devem ser felizes).

A visão confucionista da mesma forma envolvia conexões profundas com outras pessoas. Os escritores gregos e romanos também deram grande ênfase à importância da amizade, mas as interações com os outros eram indiscutivelmente ainda mais centrais no sistema confucionista. A sintonia com o Caminho, em si, envolve a sintonia com a humanidade.

Essa ênfase nas outras pessoas, por sua vez, revela-se em dois aspectos. Primeiro, é fundamental tratar os outros com justiça. A famosa frase confucionista, antecipando o cristianismo posterior, instava a "não fazer aos outros o que não gostaríamos que nos fizessem". Também na vida política, o confucionismo insistia que aqueles que estão no poder tratem a população em geral com respeito e consideração. O bom comportamento, e não apenas as leis, é a base do sistema social confucionista (e às vezes funcionava).

O outro aspecto, mais diretamente ligado à felicidade, enfatizava a importância da amizade. "Não é maravilhoso ter amigos vindos de lugares diferentes?" O prazer é muito maior em grupo do que quando vivido sozinho e, na verdade, a verdadeira felicidade não pode ser encontrada isolada. Mêncio acrescentou: "o argumento para desfrutarmos juntos se baseia no fato de que todos os homens compartilham os mesmos sentimentos". Os confucionistas também acreditavam que o prazer coletivo pode ser intensificado com um pouco de vinho, o que talvez contribuísse para a sensação de harmonia, embora costumassem alertar contra o excesso. De forma mais ampla, a felicidade confucionista estava profundamente conectada à ideia de uma cultura compartilhada de comunidade.

As abordagens filosóficas à felicidade, geradas de formas totalmente separadas na China clássica e no Mediterrâneo clássico, oferecem uma mistura intrigante de semelhanças e diferenças. O conceito de Caminho era inquestionavelmente diferenciado, e os gregos davam muito mais ênfase à superioridade da humanidade sobre a natureza. A insistência confucionista nas conexões humanas e na importância da participação em um grupo para a conquista da felicidade sugeria uma distinção ainda mais importante na prática, que pode ser transportada para a cultura do leste da Ásia até hoje, como os capítulos posteriores irão sugerir. O interesse grego pela amizade como componente da felicidade não correspondia à avaliação confucionista do papel da comunidade.

Claramente, as diferenças regionais em conceitos básicos de felicidade enriquecem a análise histórica, e o desafio comparativo começou a surgir no início da história da civilização.

Contudo, as semelhanças também são marcantes, já que ambas as escolas filosóficas trabalharam para distinguir a verdadeira felicidade do prazer superficial ou da extravagância, e também, de forma experimental, para oferecer uma visão que pudesse compensar as misérias da vida. A ênfase compartilhada na virtude e na aprendizagem, bem como a distinção entre pessoas verdadeiramente felizes e aquelas que desperdiçam a vida com objetivos mais triviais, era outro elo vital. Pode-se argumentar que, no geral, as semelhanças eram mais impressionantes do que as diferenças, incluindo a crença na importância da felicidade e na capacidade humana de encontrá-la nesta Terra.

IMPACTO: ONDE SE ENCAIXA A FILOSOFIA?

Existem várias razões para prestar atenção no surgimento do interesse filosófico em uma história mais ampla da felicidade. As conclusões de pessoas que passaram muito tempo tentando entender os componentes da felicidade podem estimular o pensamento hoje, e mesmo as áreas de divergência podem contribuir para um melhor entendimento. As principais linhas do pensamento clássico, tanto da China quanto do Mediterrâneo, merecem ser comparadas com ideias posteriores, como forma de avaliar a mudança ou a continuidade no tempo. Porém, um importante dilema envolve um conjunto de questões que requerem um exame mais extenso: até onde essas ideias foram influentes em sua própria época? Como elas contribuem, se é que contribuem, para uma avaliação da experiência mais ampla de felicidade nessas duas grandes sociedades clássicas?

Existem vários ângulos para explorar essas questões aqui.

Os filósofos e as pessoas comuns

Vimos que tanto na Grécia/Roma quanto na China, os estudiosos da felicidade atacaram muitas das percepções comuns sobre o tema, considerando-as terrivelmente equivocadas. Em ambas as sociedades, esses pensadores lidaram com questionamentos sobre até que ponto a felicidade era inclusive concebível para a maioria da população, considerando que era menos provável, quase por definição, que pudesse desfrutar das condições materiais. Embora não fossem o cerne da felicidade, pelo menos estabeleciam um contexto adequado para ela. Tanto os confucionistas quanto os pensadores gregos operavam em uma sociedade muito hierárquica, que consideravam totalmente natural, até mesmo essencial, para o bom funcionamento do Estado. Será que eles ao menos questionavam se suas ideias eram relevantes para a maior parte da população?

Vimos que pensadores de ambas as sociedades, cientes do problema, apresentaram considerável ambivalência ao construir conceitos de felicidade que iam muito além dos prazeres físicos básicos. Platão e, ainda mais, Aristóteles foram bastante francos ao afirmar que provavelmente apenas umas poucas pessoas teriam a combinação de sabedoria e virtude, por um lado, e boa saúde e prosperidade, por outro, para alcançar a felicidade. Os escravos estavam fora de questão; ambos os filósofos viam muitos escravos como uma espécie basicamente inferior. As mulheres não entraram na conta, pelo menos para Aristóteles – mais uma vez, eram demasiado mirradas em termos intelectuais para estar à altura. E, mesmo nas camadas privilegiadas, a distração com prazeres menores ou a simples má sorte impediriam muitas pessoas de ser felizes. Platão foi quase cruel em sua caracterização de como a maioria das pessoas se comporta: vivendo "cada dia", muitas vezes entregando-se a "prazeres sensuais", como beber ou tocar música, às vezes se exercitando, mas muitas vezes ociosas, sem qualquer sentido de orientação virtuosa. A única esperança real de Platão, com a qual Aristóteles concordava, era que alguns elementos da aristocracia pudessem se elevar acima de tudo isso e encontrar a felicidade por meio de um propósito mais claro na vida.

Outros pensadores gregos e romanos foram menos categóricos, principalmente quando, assim como os estoicos, buscavam o tipo de felicidade que poderia coexistir com a pobreza. Mas, mesmo nesse caso, havia um consenso amplo de que a felicidade dependia de algum nível de abundância.

Os confucionistas viviam um conflito semelhante. Eles escreveram sobre a possibilidade da virtude e do aprendizado, mesmo para quem fosse de origem humilde. Mas também apontaram que as pessoas comuns costumavam optar por objetivos inferiores ou apenas simular um bom comportamento sem realmente explorar a virtude e o Caminho. E, embora não fosse essencial para ser feliz, algum nível de conforto poderia ajudar, desde que a pessoa não se desviasse das prioridades básicas.

Apesar do que podemos chamar de pressupostos elitistas, os conceitos clássicos de felicidade poderiam ser atrativos para além das camadas privilegiadas. Vimos a profunda impressão que causaram no escravo Epiteto (que viria ensinar filosofia como resultado de suas próprias convicções). Contudo, a conexão pode ser difícil, principalmente em sociedades nas quais a grande maioria das pessoas era rural e analfabeta. E mesmo para as elites, que podiam ter contato de fato com as ideias na escola ou em aulas particulares, não está claro até onde essa influência se deu.

Opções conflitantes

Considerando-se essas limitações, além de não haver muitas evidências diretas sobre a experiência emocional de não intelectuais no período clássico, é difícil pretender uma grande compreensão da felicidade "real" nesse período inicial, principalmente com o que sabemos sobre as limitações da sociedade agrícola.

O que está claro, entretanto, é que as sociedades clássicas desenvolveram uma série de oportunidades de prazer e diversão que diferiam consideravelmente das recomendações dos filósofos. Na verdade, foi esse mesmo contexto que inspirou pessoas como Aristóteles e Confúcio a apresentar o que consideravam ser os valores mais significativos. Os canais para diversão eram muito maiores para os ricos do que para a grande maioria, mas havia alguma sobreposição.

O desdobramento mais interessante – embora o Egito e a Mesopotâmia tenham estabelecido precedentes – foi a disseminação de formas populares de entretenimento que proporcionavam algum contraste com as rotinas comuns da vida. A maioria delas acontecia de tempos em tempos, propiciando ocasiões especiais periódicas, ao longo de um ano, em vez de serem cotidianas. As pessoas poderiam esperar ansiosamente por elas, embora as rotinas regulares de trabalho predominassem a cada semana.

Assim, na China, a criação de um circo itinerante remonta há bem mais de 2.000 anos – surgindo, na verdade, pouco depois da época em que viveu Confúcio. Há alguma controvérsia sobre onde teria começado o circo popular. Alguns afirmam que tudo teve início nas cortes dos ricos, mas a maioria dos estudos sugere uma origem entre os camponeses e artesãos comuns. Entre outras coisas, a habilidade em fazer malabarismos com ferramentas como martelos ou facas fez com que diversões comuns se traduzissem em oportunidades de entretenimento. As acrobacias e o equilíbrio em bastões também foram introduzidos já no início, junto com outras apresentações de variedades. O que começou como espetáculos locais, em geral associados à celebração do ano novo lunar, foi evoluindo para o estabelecimento de trupes profissionais que viajavam por todo o país, acabando por proporcionar entretenimento também às cortes da realeza.

Os festivais de atletismo, voltados a homenagear os deuses e proporcionar entretenimento, desenvolveram-se muito na Grécia clássica, culminando, é claro, com as Olimpíadas periódicas. Os romanos construíram estádios ainda mais sofisticados em todo o Império, para corridas e outras competições atléticas, incluindo alguns confrontos brutais entre gladiadores. Ainda mais importante, talvez, eram os tipos de festivais locais que periodicamente buscavam homenagear os deuses, em geral incluindo banquetes, bebida e entretenimento proporcionado por músicos e outros.

Não sabemos, é claro, se essas ocasiões tornavam as pessoas felizes, mas com certeza tinham esse objetivo, pelo menos em parte. De maneira indireta, elas confirmavam algumas das limitações das sociedades agrícolas ao sugerir que apenas saindo da rotina normal se conseguiria ter prazer real (uma visão ausente dos ritmos das culturas de caçadores-coletores). Sua existência, no entanto, sugere uma compreensão bastante explícita da necessidade de prazer.

Para as camadas privilegiadas, as oportunidades de diversão eram muito maiores e, em geral, mais regulares, embora esses grupos também estivessem presentes em festivais e jogos recorrentes, como participantes ou espectadores. O prazer sexual estava no topo da lista de quem tinha tempo e dinheiro para sustentar seus interesses. Na China, muitos homens da camada privilegiada assumiam concubinas em complemento a suas esposas oficiais. Por muito tempo, o número dessas concubinas dependeu simplesmente da capacidade do homem de sustentá-las, mas, no final do período clássico, a quantidade foi limitada por lei, variando de acordo com a riqueza e a posição. A celebração romana do prazer sexual era indicada por vívidas representações do falo que adornavam muitas casas ricas, pelo menos na época do Império, sugerindo a importância da fertilidade, mas também do prazer masculino. Na Grécia e, em menor grau, em Roma, era comum os homens da camada privilegiada terem rapazes como amantes, às vezes desenvolvendo vínculos intensos. A vida dessa camada também envolvia o prazer de comer e beber em abundância. Sabe-se que as religiões grega e romana celebravam diretamente a importância do prazer por meio de deuses como Dionísio e Eros, que serviam de exemplo e inspiração.

Na verdade, os romanos desenvolveram o termo "*felicitas*", que incorporava parte desse deleite nos prazeres terrenos, embora também envolvesse fertilidade e proezas bélicas. A palavra teve origem na ideia de boa sorte, mas veio a adquirir um significado mais amplo. Os romanos podiam gritar "*felicitas*" em um casamento, expressando esperança de boa sorte, fecundidade, prosperidade e... felicidade. A dupla noção era de que os prazeres mundanos ofereciam oportunidades de felicidade e elas dependiam das bênçãos dos deuses.

De volta aos filósofos – e aos legados

A importância das esperanças de ter prazer e a variedade de instituições e costumes que procuravam prové-lo, pelo menos de tempos em tempos, nos leva de volta à questão da relevância das filosofias clássicas. O espectador romano, alardeando suas expectativas de que morresse um gladiador de quem não gostava, ou o torcedor do circo chinês não refletiam nenhuma consciência específica acerca das fórmulas dos estoicos ou confucionistas. Havia uma clara dissociação entre as exigentes definições de felicidade oferecidas pela Filosofia e o interesse mais amplo no prazer. Isso, por sua vez, faz com que seja difícil, quando não impossível, resolver a questão sobre o significado real da felicidade no período clássico.

No entanto, seria precipitado rejeitar tão de pronto os filósofos. Em primeiro lugar, eles próprios reconheciam a importância da riqueza, de ter muitos filhos, da pura sorte como elementos da felicidade. Aristóteles os chamou de "características que as pessoas procuram na felicidade". Vimos que tanto os gregos quanto os chineses tiveram dificuldades em equilibrar esses elementos com as qualidades da virtude e da harmonia, que são mais complexas – mas eles não as descartavam totalmente.

Em segundo lugar, as restrições dos filósofos (a ideia de que uma ênfase exagerada nos prazeres terrenos era equivocada) tinham algum impacto para além de seus leitores. Imperadores, como Marco Aurélio, podiam acreditar em suas ideias e buscar contenção e virtude em suas próprias vidas. Os líderes chineses muitas vezes desaprovavam os prazeres excessivos e puniam periodicamente grandes homens de negócios arrogantes que ostentavam sua riqueza. As críticas ao excesso também abundaram durante os primeiros séculos do Império Romano, quando se considerava, com razão, que os aristocratas permissivos haviam perdido a qualidade virtuosa de seus antepassados.

Em geral, os próprios profissionais do entretenimento, embora conquistassem público, eram tidos em baixa consideração. Na China, essas pessoas (e as prostitutas) faziam parte da categoria denominada "gente ruim", classificada abaixo de todos os grupos produtivos e eram, em princípio, obrigadas a usar lenços verdes para indicar seu *status* humilhante. Atletas olímpicos de sucesso adquiriam fama na Grécia (uma das razões pelas quais era comum tentarem trapacear nos jogos), mas a maioria desses profissionais estava próxima à base da ordem social e assim era tratada. Nesse caso, a tensão dos conceitos mais amplos de adequação e verdadeira felicidade com a oferta de entretenimento popular era expressa de forma clara. (Demoraria muito para que os profissionais do entretenimento escapassem totalmente dessa hierarquia. Essa mudança foi um sinal de que as próprias ideias sobre a felicidade estavam mudando.)

Seria errado, portanto, descartar tão rápido as abordagens dos filósofos a respeito da felicidade. Eles tiveram impacto na época, embora não monopolizassem a busca pela felicidade, e suas ideias podem ter moldado ou afetado as atitudes posteriores em relação à felicidade entre os intelectuais e até em outros grupos.

Aqui, no entanto, surge uma diferenciação final, bastante conhecida de quem estuda a história após o período clássico. O confucionismo, avidamente promovido por algumas das mais bem-sucedidas dinastias chinesas, sobreviveu ao império clássico, ressurgindo e estendendo seu legado até os tempos modernos. Isso, somado ao interesse de alguns confucionistas em orientar as pessoas comuns e também os ricos em direção a um verdadeiro conceito de felicidade, teve um impacto duradouro na visão chinesa da felicidade – não um monopólio, mas uma forte influência que acabou se estendendo além das elites. No Mediterrâneo, as ideias dos filósofos também sobreviveram, ressurgindo e passando por releituras em vários momentos. Mas seu predomínio foi abalado pelo colapso parcial do Império Romano, e sua influência popular, na melhor das hipóteses, limitada, seria redefinida pela ascensão do cristianismo ou do islamismo.

* * *

Ao exaltar as grandes conquistas de sua cidade-Estado, poucos anos antes de seu trágico colapso, o líder ateniense Péricles falou sobre democracia e liberdade. Ele elogiou oportunidades "para a mente se refrescar das tarefas", com "jogos e sacrifícios durante todo o ano", com construções elegantes que "sejam uma fonte cotidiana de prazer e ajudem a banir a melancolia". Ao chamar o apogeu do Império Romano de o momento "em que a raça humana foi mais feliz e próspera", o historiador britânico do século XVIII Edward Gibbon apontou para líderes que governavam com "virtude e sabedoria". Será que esses momentos históricos – Atenas e Roma em seu auge, junto com o período bem-sucedido da dinastia Han na China – estiveram realmente entre os mais felizes da experiência humana? Em caso afirmativo, segundo quais critérios e qual foi o papel das cuidadosas explorações filosóficas sobre a felicidade? Essas são algumas questões cruciais e difíceis que devem ser levadas em conta ao avaliar a história da felicidade no tempo e no espaço. E por que (uma pergunta que atormentou Gibbon) essas conquistas não duraram?

LEITURAS COMPLEMENTARES

Sobre o Egito antigo:

David, A. Rosalie. *Handbook to Life in Ancient Egypt* (New York: Facts on File, 1998).
Mark, Joshua J. "Daily Life in Ancient Egypt." *Ancient History Encyclopedia* (September, 2016).

Para um panorama da formação das culturas clássicas:

Bellah, Robert N., and Hans Joas. *The Axial Age and Its Consequences* (Cambridge, MA: Belknap Press of Harvard University Press, 2012).

Sobre os conceitos grego e romano de felicidade:

Annas, Julia. *The Morality of Happiness* (New York: Oxford University Press, 1993).
Haidt, Jonathan. *The Happiness Hypothesis: Finding Modern Truth in Ancient Wisdom* (New York: Basic Books, 2006).
Hughes, Gerard J. *Routledge Philosophy Guidebook to Aristotle on Ethics* (London: Routledge, 2001).
McMahon, Darrin. *Happiness: a History* (New York: Atlantic Monthly Press, 2006).
Mikalson, Jon D. *Ancient Greek Religion*, 2nd ed. (Chichester: Wiley-Blackwell, 2010).
Nussbaum, Martha C. (Martha Craven), 1947-. *The Therapy of Desire: Theory and Practice in Hellenistic Ethics* (Princeton, NJ: Princeton University Press, 1994).
White, Nicholas P. *A Brief History of Happiness* (Malden, MA: Blackwell Pub., 2006). *Com foco principal nos pensadores gregos.

Sobre o confucionismo:

David, Susan, Ilona Boniwell, and Amanda Conley Ayers. *The Oxford Handbook of Happiness* (Oxford: Oxford University Press, 2013).
Hsu, Becky Yang, and Richard Madsen, eds., *The Chinese Pursuit of Happiness; Anxieties, Hopes and Tensions in Everyday Life* (Oakland: University of California Press, 2019).
Ivanhoe, Philip J. "Happiness in Early Chinese Thought." In S. A. David, I. Boniwell, and A. C. Ayers (Eds.), *The Oxford Handbook of Happiness*, 263-278 (Oxford: Oxford University Press, 2012).
Shaoming, Chen. "On Pleasure: A Reflection on Happiness from the Confucian and Daoist Perspectives." *Frontiers of Philosophy in China* 5, no. 2 (2010): 179-195.

Sobre entretenimentos populares:

Gunde, Richard. *Culture and Customs of China* (Westport, CT: Greenwood Press, 2002).
Swaddling, Judith. *The Ancient Olympic Games*. Rev. and enl. ed. (London: British Museum, 1999).

Das grandes religiões: felicidade – e esperança?

As ideias dos filósofos e os desafios de avaliar seu impacto na história da felicidade se concentram no período que vai de cerca de 600 a.e.c. até o colapso dos impérios clássicos, entre cerca de 450 a.e.c. e 200 a.e.c. – embora seus legados cheguem mais longe. Ao tratarmos do papel cumprido pelas maiores religiões na história da felicidade, cobrimos um período mais difuso. Duas religiões que conquistaram e mantêm grande influência, o hinduísmo, que veio um pouco antes, e o budismo, surgiram na Índia por volta do século V ou IV a.e.c. O cristianismo e o islamismo vieram depois, nos séculos I e VII e.c., respectivamente. Por isso, este capítulo abrange um intervalo cronológico amplo e variado, embora seja justo observar que, no geral, foi nos séculos que vão de cerca de 300 a 1400 e.c. que as religiões e sua expansão missionária exerceram uma influência bastante forte em grande parte da Ásia e da Europa, e em várias regiões da África.

Religião e preocupações com a felicidade há muito se entrelaçavam. Nas primeiras sociedades agrícolas, a religião muitas vezes definia as crenças sobre agradar aos deuses para prevenir calamidades ou promover a boa sorte. A religião egípcia, mais especificamente, procurava potencializar a possibilidade de felicidade terrena e levá-la para a vida após a morte. As religiões grega e romana enfatizavam a importância do favor divino, mas também usavam a religião para destacar a falta de controle humano e exemplificar certos tipos de prazer.

As grandes religiões que surgiram na Índia e no Oriente Médio eram um pouco diferentes, certamente mais elaboradas e, em última análise, conseguiam muito mais adesão. Cada uma das quatro era distinta, em vários aspectos. As religiões abraâmicas do Oriente Médio diferiam das religiões indianas em sua ênfase em um único Deus e no conceito claro de paraíso. O budismo atacava o uso de rituais sacerdotais pelo hinduísmo e sua ênfase na desigualdade social.

Do ponto de vista da felicidade, no entanto, as quatro religiões tinham um aspecto fundamental em comum: todas insistiam na ideia de que a felicidade verdadeira ou completa não seria encontrada na existência terrena, e sim, pelo menos para os verdadeiramente afortunados, na vida após a morte, em outro plano espiritual. Apenas o budismo deixava a porta aberta para alguma realização terrena. Pode-se dizer que as religiões constituíam uma das compensações mais abrangentes para as limitações que as sociedades agrícolas impunham ao trabalho, à saúde e às condições materiais, argumentando que os problemas atuais poderiam ser superados em uma fase posterior da existência. Todas as religiões atribuíam um papel mais claro à esperança, no sentido de equilibrar o reconhecimento das deficiências da vida cotidiana com a expectativa de coisas melhores no futuro. Elas podiam proporcionar um consolo especial àqueles que mais sofriam com a desigualdade e a privação. Para algumas pessoas, pelo menos, as religiões também ofereciam novos vislumbres de felicidade, mesmo na vida na Terra – por meio da felicidade e alegria espirituais, até mesmo uma sensação de renascimento – o que não era tão comum nas religiões politeístas anteriores. Por fim, todas as religiões poderiam proporcionar aos seus fiéis um vívido sentido de companheirismo e pertencimento, outra maneira pela qual, apesar da ênfase nas recompensas além desta vida, conseguiam contribuir para a felicidade aqui e agora.

Todas as principais religiões se mostraram capazes de atrair muitos seguidores, em geral cruzando fronteiras políticas e culturais – ao contrário de religiões que se limitavam mais a um determinado grupo ou região. Esse apelo incomum tinha algo a ver com o papel complicado das religiões na definição de caminhos para a felicidade. Também ajuda a explicar por que essas religiões continuaram tendo um papel cultural importante nos tempos modernos e se expandiram para outras partes do mundo. As grandes religiões repetiram várias das recomendações dos filósofos clássicos, com alguns empréstimos diretos dos gregos no cristianismo e no islamismo. Todas as quatro religiões, buscando atrair um público diversificado, trabalharam para equilibrar os objetivos espirituais finais com recomendações práticas sobre como obter alguma felicidade e aliviar a ansiedade na vida cotidiana. Todas, contudo, introduziram novos elementos na ideia de felicidade e, pelo menos para algumas pessoas, redirecionaram significativamente a atenção a novas incertezas relacionadas aos objetivos adequados para a vida nesta Terra.

HINDUÍSMO

À medida que a religião evoluía na Índia clássica, as abordagens hindus tradicionais à felicidade eram dificultadas pela relação com o sistema de castas. A religião deixava claro que os membros de cada casta deveriam cumprir os deveres correspondentes a ela – os guerreiros deveriam ser bons guerreiros e os artesãos, bons artesãos – e que isso os prepararia para o avanço espiritual na próxima vida, reencarnada. Essa estrutura proporcionava uma direção, mas não se referia diretamente à felicidade.

Havia, no entanto, uma abordagem mais ampla, de maior relevância, embora fosse específica para as castas superiores. O hinduísmo distinguia três níveis de felicidade. Os prazeres físicos vêm em primeiro lugar, a partir das comodidades e dos prazeres sensuais. Depois vêm os mentais, voltados a uma sensação de realização e libertação do adoecimento e da ansiedade. E, por fim, a felicidade espiritual, ou *atmanandam*, que envolve a liberdade em relação ao ciclo de nascimentos e mortes, e a união final com o eu como uma alma no paraíso mais elevado, o que é, obviamente, inalcançável nesta vida. Contudo, a felicidade disponível aos mortais não deve ser buscada por si só, pois leva ao apego ou à servidão. Em vez disso, ela pode ser aceita como parte de uma vida em que a libertação final continua sendo o objetivo mais elevado. Cumprir os deveres na terra – voltando às obrigações de casta – dá alguma felicidade temporária, na esperança da liberação permanente, mais tarde.

O hinduísmo estabeleceu uma espécie de tensão entre cumprir os objetivos terrenos ao mesmo tempo que reconhece uma grande esperança em relação ao futuro e a buscar por uma possibilidade de maior realização espiritual. Em qualquer caso, o egoísmo e o desejo devem ser evitados. E é bastante aceitável buscar alguma prosperidade e conforto e desfrutar da vida familiar, incluindo o prazer sexual. Mas também é tentador (principalmente na idade avançada, depois que as obrigações sociais e familiares tivessem sido cumpridas) buscar a reclusão e contemplar os propósitos maiores da vida humana e a natureza da libertação, renunciando a outros objetivos, incluindo o conhecimento terreno. O sofrimento é inevitável nesta vida, por causa não apenas da doença e do envelhecimento, mas também do apego às coisas impermanentes – um apego do qual não se pode escapar tão fácil. A felicidade temporária, por meio da sensualidade ou mesmo da amizade, é sempre uma armadilha, pois prende as pessoas a objetivos enganosos e impermanentes. Em última análise, tanto a mente quanto o corpo devem ser controlados, reduzindo a dependência, e parte dessa libertação pode ser alcançada com disciplina cuidadosa, mesmo durante a vida. A autodisciplina e mesmo a privação (havia grande respeito pelos homens santos que não possuíam bens materiais e dependiam da caridade) podem ser potencializadas pela oração e pela meditação. Mas os resultados são apenas uma aproximação do objetivo final. O êxtase máximo é muito maior do que qualquer felicidade que os mortais possam obter nesta Terra.

Ao destrinchar a tensão entre deveres e libertação, o hinduísmo adotou, desde o início, uma série de práticas com intuito de estabelecer um caminho para a felicidade. Os exercícios da ioga foram desenvolvidos para disciplinar o corpo e promover a meditação, ajudando a pessoa a distinguir entre apegos impermanentes e a realidade transcendente e verdadeira. O sofrimento pode ser colocado de lado em favor de uma paz interior. Os exercícios também elevam o indivíduo acima do eu puro, até uma sensação de coexistência com tudo e todos. Com o passar do tempo, várias formas de ioga se desenvolveram, continuando bem depois do período clássico e acabando por se espalhar também para outras culturas, mas sempre com o objetivo de alcançar um tipo distinto de felicidade.

Várias versões contemporâneas do hinduísmo na Índia tendem a subestimar a ideia de felicidade em favor de um conceito mais amplo de bem-estar. Seus praticantes continuam afirmando ser quase impossível se libertar dos fardos da vida, embora as crianças possam desfrutar brevemente de um período de inocência e, em momentos posteriores da vida, as pessoas possam adquirir um sentido maior de coerência interior. Mas eles consideram a felicidade terrena como um conceito enganoso, talvez em favor de um conjunto um pouco mais modesto de objetivos emocionais ligados ao bem-estar. Voltaremos a algumas dessas distinções no capítulo final.

BUDISMO

O budismo partiu de muitas crenças e práticas hindus, mas estabeleceu uma postura ainda mais impressionante com relação à felicidade e à condição mundana – de certa forma, a mais radical de todas as grandes religiões. Sidarta Gautama, que ficou conhecido como Buda, impressionou-se profundamente com as misérias e a impermanência da vida ao seu redor e buscou um caminho para a felicidade que libertasse as pessoas das limitações da existência comum. Além disso, ao atacar a relação do hinduísmo com o sistema de castas, ele apresentou uma abordagem que, em princípio, era aplicável a todos, independentemente de posição social.

Consta que Buda, criado em uma família rica que tentava protegê-lo das preocupações normais, certa vez se aventurou no mundo real e ficou horrorizado com a pobreza, a doença e a morte que o cercavam. Isso o levou a questionar a transitoriedade da vida e seus prazeres.

Ao examinar as várias misérias que cercavam a vida, o budismo foi além da maioria das análises, enfatizando que, mesmo conquistas que muitas pessoas valorizam e que à primeira vista parecem proporcionar felicidade, também são misérias. Os escritos budistas dedicam atenção considerável às várias e enganosas formas de felicidade aparente – dos prazeres sensuais à conquista de riqueza ou poder, da vida familiar à educação. No final das contas, todas foram consideradas deficientes, o que significa que a maioria das pessoas interpreta de forma equivocada a verdadeira fonte da felicidade. É claro que os textos budistas discutem muitas vezes formas mais limitadas de felicidade, principalmente em termos de prevenção de doenças, mas a ênfase principal reside sempre nos objetivos espirituais.

Assim sendo, muitas pessoas ricas e educadas são miseráveis. As razões? Conquistas mundanas desse tipo costumam ser passageiras, e aqueles que as alcançaram sentem grande ansiedade apenas por mantê-las. Mais ainda, as pessoas envolvidas caem na armadilha de sempre buscar mais, desenvolvendo um tipo de desejo que nunca pode ser plenamente satisfeito. Como estipula o *Dhammapada*, o grande acervo de frases budistas: "Não há felicidade maior do que a calma perfeita".

> Viver sem aflição entre os aflitos é ser feliz. Viver sem ambição entre os ambiciosos é ser feliz. Viver sem posses é uma vida feliz como a dos deuses radiantes. Viver sem competição entre quem compete é ser feliz.

Os escritos budistas procuram distinguir aflição de sofrimento: a primeira, como uma deficiência física, vem de fontes externas, que estão fora do controle humano, mas o sofrimento é algo que as pessoas causam a si mesmas.

À primeira vista, pode-se presumir que o budismo oferece uma visão bastante pessimista da vida, principalmente por insistir não apenas nos muitos infortúnios comuns, mas também na miséria fundamental inerente aos prazeres e às realizações aparentes. Na verdade, o budismo diz que há caminhos claros, embora exigentes, que conduzem à felicidade, e que cada indivíduo pode trilhá-los, ainda que com grande esforço. É claro que o objetivo final é o Nirvana ou a libertação em relação aos ciclos de morte e renascimento, que em algumas versões do budismo só virá por meio da reencarnação. Mas as visões do Nirvana são possíveis por meio do cultivo cuidadoso da mente. Para alguns é possível até mesmo alcançar o Nirvana nesta vida, como foi o caso de Buda.

"Tudo o que somos é resultado do que já pensamos. É baseado em nossos pensamentos. Se alguém fala ou age com um pensamento puro, a felicidade o segue, como uma sombra que nunca vai embora." "Deve-se saber o que é a felicidade (e), tendo conhecido o que é a felicidade, deve-se ter como objetivo a felicidade interior."

Nem é preciso dizer que o budismo enfatiza a necessidade de uma vida moral e a renúncia aos impulsos que só levam a mais misérias, como ódio ou violência. A conduta ética – na fala e na ação – é uma categoria essencial no caminho óctuplo para a felicidade. O budismo também enfatiza a importância da compaixão para que haja consideração por tudo o que é vida. Para quem está de fora, pode parecer que existe uma tensão entre a ênfase budista no recolhimento e na contemplação pessoal e as obrigações para com o resto da humanidade, mas, em princípio, Buda considerava que a felicidade pessoal está profundamente relacionada à felicidade de outros seres no mundo natural.

Além disso, o budismo enfatizava a importância – embora também a dificuldade – de se alcançar a paz de espírito, desapegando-se de todos os desejos, alcançando um estado mental livre das paixões, das necessidades e das carências da vida. "Se, ao abandonar um pequeno prazer, vê-se um grande prazer, que o sábio abandone o prazer pequeno e busque o grande." Buda exortou seus seguidores a buscar "tranquilidade e visão" como as qualidades mentais que levariam ao Nirvana, ou à realidade última. O objetivo é a capacidade de simplesmente existir no presente.

A tarefa é exigente. O budismo insiste que a disciplina mental adequada só vem com muito esforço, feito por um longo período. O primeiro passo é simplesmente aprender a evitar pensamentos negativos ou prejudiciais; em uma etapa posterior, a mente é liberada desses pensamentos e fica pronta para uma tranquilidade saudável. "A atenção plena", ou a capacidade de concentração profunda através da meditação, é central a esse esforço. Uma pessoa "que com a mente tranquila escolheu viver em uma cela vazia conhece um deleite não terreno em conquistar uma percepção cada vez mais clara da verdadeira lei". Toda agitação cessa, dando lugar a uma calma perfeita. Os escritos budistas apresentavam uma série de realizações em direção à contemplação perfeita. Em primeiro lugar, as barreiras mentais e as intenções impuras desaparecem, produzindo uma sensação de êxtase; a seguir, cessam as atividades da mente, e apenas o êxtase permanece; na terceira etapa, o próprio êxtase começa a desaparecer, levando à conquista final: uma paz mental total, que Buda descreveu como uma sensação mais profunda de felicidade.

Desde o início, o budismo estabeleceu várias tensões complicadas, muitas das quais persistem na prática budista atual. O preceito da compaixão pode se chocar com a ênfase na passividade, no afastamento em relação às coisas deste mundo. O próprio exemplo de Buda, ao renunciar à riqueza e ao conforto – e na verdade, aprender como abandonar todos os desejos – e buscar uma vida de privação, sugere a importância de assumir a pobreza e o celibato como precondições para uma vida de verdadeira contemplação. Em pouco tempo, formaram-se grupos de monges e monjas que dependiam da caridade para sua sobrevivência cotidiana. Mas o que dizer de outros, para quem essa renúncia radical não parecia possível? No fundo, o budismo era verdadeiramente otimista quanto à possibilidade de se alcançar o tipo de felicidade que é o objetivo adequado para a humanidade, mas a ênfase no esforço exigido pode ter, para muitos, moderado o otimismo.

À medida que o budismo se espalhou da Índia para outras partes da Ásia, uma série de variantes se desenvolveu, com práticas específicas diferentes e, em determinados casos, algumas redefinições surpreendentes de certas práticas. Em um extremo, um grupo de monges incentivou enfaticamente o prazer sexual amplo como meio de buscar maior realização espiritual. Porém, sempre houve um profundo interesse em destacar a felicidade humana como objetivo e estabelecer caminhos para alcançá-la.

CRISTIANISMO

Tendo surgido, em um primeiro momento, como um esforço em direção a uma reforma radical dentro do judaísmo, o cristianismo se originou de forma independente do budismo, mas desenvolveu muitas características semelhantes, sobretudo no que diz respeito à busca de uma felicidade muito diferente dos prazeres fugazes da vida material. Surgiu uma tensão em torno do quanto o recolhimento em relação ao mundo é essencial para a realização espiritual, o que também tinha alguma semelhança com o budismo. Entretanto, a religião dava menos ênfase às possibilidades de alcançar mais do que um vislumbre da verdadeira felicidade nesta vida, apontando mais para a esperança de alcançar a salvação e uma vida eterna no céu.

Para os cristãos, o objetivo final estava centrado em conquistar a ida para o céu, ou o que Jesus chamou de Reino de Deus, muito diferente e muito superior à vida na Terra. Jesus o descreveu como um lugar onde "os últimos serão os primeiros e os primeiros serão os últimos", sugerindo uma inversão do tipo de hierarquia social que deixava a maioria das pessoas impotentes e pobres. A maior parte dos cristãos passou a ver o céu como um lugar (real ou metafórico) onde Cristo se sentava à direita de Deus, cercado por anjos e por aquelas pessoas que conquistaram a salvação. Um papa católico descreveu o céu como "nem uma abstração nem um lugar físico nas nuvens, mas uma relação viva e pessoal com a Santíssima Trindade. É o nosso encontro com o Pai, mediado por Cristo e o Espírito Santo".

Essa ênfase em um objetivo final, um profundo contraste com a vida cotidiana, fez com que muitos cristãos depositassem uma confiança incomum na esperança. Na verdade, muitos dos primeiros cristãos acreditavam que uma nova ordem era iminente, que Cristo voltaria em breve para estabelecer um Reino de Deus na Terra. Mas, mesmo depois que essas expectativas se dissiparam, os cristãos criaram movimentos milenaristas de tempos em tempos – na Europa e, mais tarde, na América Latina e em outros lugares – que viam o paraíso ali na esquina, muitas vezes em resposta a problemas sociais particularmente agudos que clamavam por uma alternativa radical. Buscando um "novo céu e uma nova Terra", esses movimentos partiam de um tema do livro do Apocalipse, na Bíblia, que se referia a uma "cidade sagrada, uma Nova Jerusalém, que descia do céu, da parte de Deus, preparada como noiva adornada para o marido". Com mais frequência, os cristãos depositavam suas esperanças pessoais em seu próprio acesso ao paraíso após a morte e, em alguns casos, organizavam grande parte de sua vida em torno desse objetivo, minimizando o apego às coisas mundanas e cumprindo obrigações religiosas.

Visões do céu – fossem elas pessoais ou parte de um impulso milenarista mais amplo – podiam ser muito gratificantes, afastando seus beneficiários de quaisquer preocupações ou apreensões comuns. Um dos primeiros cristãos, descrevendo um sonho extático e sua amostra do futuro, exclamou apenas: "E então, acordei feliz". No limite, muitos dos primeiros mártires cristãos, sofrendo tortura ou morte, encontraram apoio na crença de que o sofrimento os levaria diretamente a seu objetivo celestial.

Muitos autores cristãos foram bastante explícitos ao afirmarem que a ascensão ao céu e o acesso à presença de Deus são a verdadeira felicidade. Boécio, um escritor do século VI, expressou isso da seguinte forma:

> Visto que os homens se tornam felizes alcançando a felicidade, e a felicidade é, em si, a divindade, está claro que eles se tornam felizes alcançando a divindade. [...] Portanto, toda pessoa feliz é Deus. Deus é, por natureza, um só, mas nada impede que a maior quantidade possível de pessoas compartilhe dessa divindade.

E isso, é claro, poderia reorganizar dramaticamente as prioridades da vida cotidiana. Pois se o propósito da existência está além da vida, a experiência na Terra é quase, por definição, de importância secundária. Isso significa que os problemas com que as pessoas se deparam, devido a doenças ou dificuldades econômicas, podem, em princípio, ser suportados com a esperança de uma vida melhor no futuro. Isso se aplica particularmente aos pobres ou, como disse Cristo, aos "mansos", que têm mais oportunidades de conquistar a salvação, justamente por não serem distraídos por realizações mundanas. Para a visão cristã também significa que os aparentes prazeres da vida também devem ser reavaliados, pois são menos importantes e podem, na verdade, como acontece no budismo, desviar o foco dos verdadeiros objetivos.

Muitos líderes cristãos acrescentaram a esse reposicionamento da vida normal um profundo sentido da pecaminosidade da humanidade e da miséria básica da existência humana. Como disse o mais influente teólogo entre os primeiros cristãos, "não considere nenhum homem feliz até que ele esteja morto". Agostinho de Hipona, o autor dessa frase tão áspera, teve uma experiência de vida semelhante à de Buda em alguns aspectos. Ele viveu o início da idade adulta em meio a luxo e liberdade sexual consideráveis, mas não conseguiu encontrar satisfação nesse padrão. Ele continuava querendo mais, nunca se sentindo totalmente satisfeito. A certa altura, encontrou um mendigo que estava rindo e brincando, expressando uma "felicidade pacífica" que o próprio Agostinho nunca havia alcançado. A conversão de Agostinho ao cristianismo, em 386 e.c., por fim lhe proporcionou o que ele considerava a verdadeira perspectiva sobre a falta de sentido dos prazeres mundanos e a capacidade de aspirar à verdadeira felicidade.

Armados com essa compreensão básica, os líderes cristãos conclamaram seus seguidores não apenas a suportar os problemas da vida com suas esperanças de salvação, mas a enxergar os perigos dos prazeres superficiais que os desviariam de seus verdadeiros objetivos. Comer e beber em excesso, ou gula, tornou-se um pecado básico. Muitos cristãos prestaram uma atenção incomum às armadilhas da sexualidade, e a Igreja Católica, ao acabar impondo o celibato sacerdotal, deixou claro que a abstenção sexual completa é o caminho mais claro para a salvação. Mesmo dentro do casamento, onde a procriação é um objetivo apropriado, prazer demais pode ser perigoso. Outros objetivos mundanos também se tornaram suspeitos: a busca por fama ou riqueza pode facilmente desencaminhar as pessoas, pois não consegue proporcionar a verdadeira felicidade. O próprio Cristo enfatizou que pode ser muito difícil para um homem rico entrar no céu – como passar um camelo pelo buraco de uma agulha. Agostinho, escrevendo quando o Império Romano estava começando a entrar em colapso, também estava ciente dos perigos da sede de poder dos líderes, que poderia levar a atos indizíveis de violência, à "imensa quantidade de males" que ele enxergava ao seu redor.

Uma questão crucial, sobre a qual os cristãos frequentemente discordavam: admitindo-se a importância de minimizar os apegos mundanos, há coisas positivas que os fiéis podem fazer, nesta vida, que aumentariam suas oportunidades de acesso à verdadeira felicidade da salvação? Muitos cristãos, tanto líderes quanto fiéis comuns, acreditavam que alguma combinação de moderação e disciplina, além de boas e virtuosas obras, mais a adesão aos rituais da Igreja e a própria fé nos ensinamentos cristãos, resolveriam o problema.

Outros, porém, não tinham tanta certeza. O próprio Agostinho enfatizou a magnitude do pecado humano que levou à expulsão do Jardim do Éden: todas as pessoas a partir dali foram amaldiçoadas com esse fardo, esse pecado original. Apenas a graça de Deus, e não as ações ou crenças das próprias pessoas, pode salvá-las. Por conta própria, elas não podem alcançar a fé ou a virtude verdadeiras e costumam ficar aquém disso. Mesmo os filósofos clássicos, ou talvez especialmente os filósofos, que acreditavam que as pessoas podem tomar o rumo certo na vida e alcançar uma felicidade virtuosa, estão errados. Mas Deus predestinou alguns para a salvação, foi escolha d'Ele, e não o resultado de qualquer esforço humano. Essa é a verdadeira "felicidade da esperança", nas palavras de Agostinho, que permitirá aos salvos finalmente ver Deus e realizar – após a morte – todos os seus verdadeiros desejos.

Essa ênfase na predestinação divina, que seria retomada mais tarde pelos líderes protestantes, era claramente uma faca de dois gumes. Ela oferecia esperança, o que era extremamente necessário, já que não havia nada que as pessoas pudessem fazer para encontrar a verdadeira felicidade nesta vida. Mas também pode ter gerado dúvidas profundas, pois quem pode ter certeza de ser predestinado, uma vez que não faz sentido simplesmente se esforçar? O cristianismo criaria uma ansiedade verdadeiramente existencial.

A maioria dos líderes católicos, embora nunca tenham rejeitado as ideias de Agostinho, ofereceram uma visão um pouco menos rigorosa. Por meio de conduta moral, moderação e fidelidade à Igreja, as pessoas podem aumentar suas oportunidades de salvação. Tomás de Aquino, o grande teólogo do século XIII, indiscutivelmente o mais importante autor católico depois de Agostinho, foi um pouco mais longe ao afirmar que as pessoas podem realmente, por meio de seus próprios esforços, alcançar um pouco de felicidade na vida – o que ele chamou "felicidade imperfeita" –, embora a verdadeira realização só venha após a morte.

Tomás de Aquino estava trabalhando com base na redescoberta do pensamento grego e romano, depois de séculos de desordem intelectual precipitada pela queda do Império Romano do Ocidente. Profundamente impressionado com a insistência de Aristóteles na razão humana como caminho para a verdade e a felicidade, Tomás de Aquino procurou misturar isso com o ensinamento cristão. Ele dedicou uma parte de sua grande obra, a *Summa Theologica*, ao complicado problema da felicidade. Como Agostinho e, na verdade, como praticamente todos os pensadores cristãos, Tomás de Aquino enfatizou que a verdadeira felicidade não pode ser alcançada em vida, já que as pessoas a buscam naturalmente, mas são atormentadas por muitos desejos não realizados para que possam atingir seu objetivo. Isso porque a verdadeira felicidade, o conhecimento direto de Deus, só está ao alcance de uma alma purificada, e então o prazer maior está disponível, obliterando toda tristeza e satisfazendo todos os desejos verdadeiros.

Enquanto isso, no entanto, as pessoas podem usar sua razão para chegar a alguns elementos da verdade suprema – e, portanto, obter uma felicidade imperfeita na Terra. Mesmo nesse caso, é vital estar ciente das armadilhas dos bens mundanos; os prazeres físicos podem render "gozos", mas estes serão muito efêmeros, deixando as pessoas infelizes, com a sensação de que algo está faltando. Mas, por meio da razão, visando à contemplação da verdade e da virtude, essa felicidade parcial está disponível, segundo Tomás de Aquino, em oposição à felicidade completa ou beatitude.

A grande realização cristã foi reformular a definição de felicidade e removê-la da vida na Terra. O resultado confirmou os ataques aos prazeres menores que os filósofos gregos e romanos já haviam enfatizado, ao mesmo tempo que destacou de forma mais vívida a miséria da existência humana. Enquanto os cristãos eram estimulados a se contentar com sua sorte na vida e a ser gratos a Deus pelo que tinham, a esperança era o verdadeiro farol. Ficou a ser debatida a questão sobre a possibilidade de algum vislumbre de felicidade antes da morte e sobre se haveria esforço humano capaz de ajudar a proporcionar esse vislumbre.

ISLAMISMO

O profeta Maomé e, mais tarde, pensadores muçulmanos, ocuparam-se com muitas das mesmas questões que preocupavam os cristãos e chegaram a muitas conclusões semelhantes, incluindo a conquista da verdadeira felicidade apenas no céu. Mas eles também ofereceram uma visão mais positiva de alguns aspectos da existência terrena e, embora isso não sugerisse uma diferença fundamental na definição final de felicidade, levantou algumas questões diferenciadas.

O Corão e autores muçulmanos posteriores deixaram claro que a felicidade no além, ou felicidade eterna, é o objetivo de quem tem fé. Todas as alegrias que as pessoas experimentam neste mundo são um meio para atingir o objetivo básico, e os muçulmanos devem expressar sua gratidão a Deus pelas bênçãos que lhes foram concedidas. "E quanto aos que são felizes, eles estarão no Paraíso, e lá viverão enquanto durarem os céus e a terra."

Os prazeres puramente físicos existem, mas são compartilhados com os animais. Saúde, riqueza e até amizades são transitórias, e não podem proporcionar felicidade permanente. Como afirma o Corão: "Vós ficastes apegados à Terra? Acaso, preferíeis a vida terrena à outra? Que ínfimos são os gozos deste mundo, comparados com os do outro".

Ao mesmo tempo, se tomadas com o espírito correto, e não como fins em si mesmas, as alegrias terrenas são dádivas de Deus e devem ser recebidas com gratidão. Os que fizeram o bem neste mundo e acreditaram em Deus merecerão uma felicidade que não é deste mundo, no dia do julgamento.

O próprio paraíso, na visão muçulmana, oferece "uma vida feliz, em um jardim sublime [...]. Coma e beba até estar satisfeito, em consideração ao que você deixou nos dias passados". A qualidade básica da felicidade eterna é a presença de Deus: os rostos dos verdadeiros crentes estarão "renovados de alegria e olhando para o seu Senhor". Mas há um aspecto material em relação ao paraíso que também é digno de nota: comida e bebida abundantes, lindos ambientes e vestimentas, a companhia da família. O desaparecimento das emoções negativas.

Neste mundo, os crentes devem depositar sua fé em Deus e ficar satisfeitos. Essa é a base do verdadeiro contentamento, que é um prelúdio para as alegrias do céu. Mas, vistos no espírito correto e não como fins em si mesmos, alguns bens materiais podem ser desfrutados. A riqueza, por exemplo, é aceitável, e Maomé elogiou especificamente a vocação dos mercadores. Se os ricos se esforçassem pela virtude, se ganhassem sua riqueza com ética e a usassem de maneira adequada, incluindo contribuir com o devido valor para a caridade, e se concentrassem, em última instância, em fins espirituais em vez de egoístas, não haveria nada de errado em desfrutar de suas conquistas.

Para garantir isso, alguns prazeres perturbadores eram proibidos aos muçulmanos fiéis, principalmente o consumo de álcool. A gula também seria criticada diretamente. O Corão observou especificamente: "não desperdice; Deus não ama quem desperdiça", e um comentário posterior acrescentou, de forma incisiva: "Deus não gosta quando se come demais". Mas a imagem do paraíso e aspectos dos rituais muçulmanos sugeriam alguma apreciação pela boa comida. As atitudes em relação à sexualidade eram particularmente reveladoras. Havia grande preocupação em regulamentar o comportamento sexual, punir as violações e garantir que os impulsos sexuais (que o teólogo Al-Ghazali chamou de "desejo carnal") fossem mantidos dentro dos limites. Essa era uma das razões pelas quais a atividade sexual era restrita durante o mês sagrado do Ramadã. E algumas versões do islamismo eram ainda mais restritivas: no século IX, um grupo separatista, o Kharji, defendia o valor espiritual do celibato. Como regra geral, no entanto, o islamismo aceitava e até valorizava o prazer sexual dentro do casamento, com as esposas devendo se fazer atraentes e os maridos proporcionando as preliminares adequadas para garantir o prazer de suas parceiras. A ênfase no direito das mulheres à satisfação sexual, observada especificamente por Al-Ghazali, era um aspecto diferenciado.

Tal como o cristianismo, o islamismo via a vida como uma luta constante contra o pecado, mas não há pecado original, e as pessoas nascem boas. Da mesma forma, se devidamente direcionados e controlados, os prazeres da vida devem ser desfrutados. Um autor colocou a questão da seguinte forma: "Quem trabalhar direito – seja homem ou mulher – enquanto for um(a) verdadeiro(a) crente (no único Deus verdadeiro), a ele(a) Nós daremos vida boa" – significando provimento material e contentamento – bem como a devida recompensa no Paraíso.

Pessoas que estão no caminho errado, além de não terem a devida fé em Deus, simplesmente exageram na busca de objetivos terrenos em si. Elas querem demasiada riqueza, "brincadeira e diversão", filhos demais, muita "exibição e ostentação". Um verdadeiro crente aceita tudo o que Deus concede, incluindo bens materiais, mas os usa para o objetivo real de agradar a Deus. "Aqueles que desejam a vida que está por vir e se esforçam por ela como deve ser [...] seus esforços encontram aceitação e recompensa".

Em última análise, embora não exigisse rejeição do prazer no nível indicado pelo cristianismo nem sugerisse o mesmo grau de incapacidade humana, o islamismo estabelecia uma clara tensão com os desejos cotidianos. É vital manter o foco claro no objetivo final, a única fonte da verdadeira felicidade – e assim estar em condições de atingir o Paraíso. Isso significa atender às demandas de Deus, começando com a fé, e lutar constantemente para manter os impulsos básicos sob controle.

Esta foi a mensagem do teólogo tardio que tratou mais especificamente da questão da felicidade, o persa Al-Ghazali, que escreveu no século XI e no início do século XII. O objetivo de sua obra era restabelecer as verdades básicas da fé, mas também conciliar o impulso espiritual do islamismo com parte do pensamento de filósofos como Aristóteles – uma combinação que não era totalmente diferente do que faria Tomás de Aquino, mais tarde, com relação ao cristianismo. Seu livro, *A alquimia da felicidade*, enfatizava a questão de que a "felicidade definitiva" só poderia ser alcançada na vida após a morte, quando as pessoas fossem libertadas de seus corpos e adquirissem o que Al-Ghazali chamou de "intelecto ativo". Ao usar sua razão nesta vida, o homem pode ser transformado espiritualmente, afastando sua alma do que é mundano e a direcionando para uma devoção completa a Deus. De sua parte, Deus enviou milhares de profetas à Terra para ensinar aos homens como purificar seus corações das características mais abjetas "no cadinho da abstinência". A alquimia de Al-Ghazali foi descrita como "afastar-se do mundo", com quatro componentes: conhecimento de si, conhecimento de Deus, conhecimento do mundo como ele realmente é e "conhecimento do próximo mundo como ele realmente é".

Nesse caso, explicitamente, ir em busca da felicidade eterna exige uma mente clara e uma disciplina rigorosa neste mundo, uma fórmula que, em linhas gerais, era compartilhada por todas as grandes religiões.

A QUESTÃO DO IMPACTO

A abordagem religiosa da felicidade convida ao mesmo tipo de indagações feitas no capítulo anterior sobre os filósofos: qual era seu impacto final nas expectativas e experiências relevantes para a felicidade? Como a religião moldava a felicidade para além da esfera de profetas e teólogos, sacerdotes e monges?

Aqui, a importância da questão é ampliada pelo fato de que todas as principais religiões buscaram (e alcançaram) uma resposta de massas, já que literalmente centenas de milhares de pessoas, sobretudo após 300 e.c., converteram-se do politeísmo a uma dessas poderosas religiões. É verdade que alguns dos principais autores, como Tomás de Aquino, dirigiam-se a um público mais limitado de estudantes e colegas teólogos. Mas as mensagens mais amplas alcançavam um grande número de seguidores e claramente moldaram as visões populares da felicidade, exercendo ainda hoje muita influência. Como se pode avaliar seu impacto? Até que ponto as religiões remodelaram definições mais amplas de felicidade e quanta felicidade – nova ou velha – elas proporcionaram?

As diferenças entre as religiões e as divisões e mudanças dentro delas tornam a questão mais complexa. No entanto, existem várias linhas de investigação válidas.

A opção pelo sagrado

Algumas pessoas dedicaram suas vidas a buscar, muitas vezes encontrando, alegria religiosa. E embora essa abordagem da felicidade possa não ter sido totalmente nova (afinal, havia sacerdotes em outras religiões), é quase certo que ela se difundiu mais sob a égide das grandes religiões. E mesmo que as pessoas envolvidas estivessem mais propensas a servir à religião diretamente, como padres ou imãs, como monges e freiras, indivíduos de outros grupos sociais também podiam participar.

Quais eram os componentes de uma vida feliz/sagrada? Em primeiro lugar, costumava haver um ascetismo considerável na disciplina e na limitação dos desejos corporais, geralmente muito além do que era visto como essencial do ponto de vista religioso. Longos períodos de abstinência e, com frequência, celibato total ajudavam a preparar o indivíduo para se concentrar no divino. Mas, com essa preparação, ao longo do tempo, uma pessoa poderia pelo menos vislumbrar o infinito ou, como descreveu um santo cristão, elevar-se acima de "toda criatura visível e invisível, pairar sobre todo o entendimento e, deificado, entrar em Deus, que o deifica". Esse tipo de arrebatamento místico aparecia em todas as religiões, e certamente proporcionou um tipo profundo de felicidade, uma expectativa, de fato, da felicidade maior que aguardava após a morte.

A felicidade espiritual profunda se presta a uma série de interpretações psicológicas, mas claramente constituía um tipo diferenciado de felicidade (embora essa expressão possa ser demasiado suave). Hildegarda de Bingen, uma das várias místicas cristãs dos séculos XII e XIII, falou sobre uma "visão da alma" que tivera desde a infância.

> Nessa visão, minha alma [...] sobe bem alto na abóbada celeste e no céu mutante, e então se espalha entre diferentes povos [...]. Portanto, a luz que eu vejo não é espacial, mas é muito, muito mais brilhante do que uma nuvem que carrega o sol.

Foi uma experiência transcendental que sustentou Hildegarda em muitos períodos de enfermidade, permitindo-lhe vislumbrar o divino.

O encontro com a alegria religiosa pode vir tanto para indivíduos quanto para grupos. Grupos de religiosos apoiavam as missões uns dos outros, tanto no budismo quanto no cristianismo. No islamismo, reuniões de místicos sufistas buscavam contato com o divino. Alguns descobriram que o café, importado da Etiópia, poderia contribuir para sua transcendência quando consumido em reuniões de grupo que duravam toda a noite, estabelecendo, assim, o primeiro uso dessa bebida fora da África. Vários encontros monásticos cristãos adotavam a música para facilitar uma experiência mais elevada. Na verdade, alguns místicos, como Hildegarda, contribuíram diretamente com composições.

A profunda alegria religiosa não era necessariamente uma meta de todos, nem mesmo da maioria dos que se tornaram autoridades religiosas. Muitos monges cristãos ficaram conhecidos por sua gula. Mais do que isso, alguns grupos de budistas faziam experiências com várias formas de sexualidade. E mesmo os indivíduos que buscavam o êxtase religioso podiam não o encontrar.

Por outro lado, algumas pessoas comuns, que não faziam parte de nenhum tipo de esfera oficial, podiam buscar e alcançar um sentido de unidade com o divino em suas vidas, pelo menos de tempos em tempos. O budismo e, até certo ponto, o hinduísmo, chegavam a sugerir que, com a prática, haveria mais possibilidades de uma profunda satisfação espiritual. Essa foi uma maneira pela qual as grandes religiões não apenas redefiniram a felicidade, mas proporcionaram acesso direto a ela, mesmo na Terra.

Os fiéis

Para as muitas pessoas às quais a experiência especial do êxtase religioso não era relevante ou não era possível, as grandes religiões sem dúvida proporcionaram outras oportunidades de felicidade, algumas das quais eram bastante novas.

A consciência da existência de uma minoria sagrada pode ser uma dessas fontes. Algumas versões do budismo argumentavam que a vida e as experiências dos santos traziam benefícios sagrados para outros fiéis. Nas celebrações cristãs, o contato com relíquias sagradas podia dar uma breve sensação de transcendência e proporcionar a experiência de maravilhar-se.

Todas as religiões – embora isso não fosse, de forma nenhuma, totalmente novo – incentivavam a satisfação por meio da comunidade compartilhada com outros fiéis, como nas orações comunitárias diárias do islamismo. Rituais fundamentais eram oportunidades para sacrifícios especiais, que podiam dar uma sensação de purificação, às vezes também associada a determinados prazeres terrenos. Assim, o Ramadã impunha um mês de privação durante o dia (compartilhado com outros), ao mesmo tempo que oferecia banquetes especiais, principalmente quando o mês chegava ao fim. No cristianismo, abrir mão de determinados alimentos durante a Quaresma (mais uma experiência compartilhada) era precedido pelas celebrações mais terrenas da Terça-Feira Santa. A religião também motivou novas formas de viagens em grupo, em visitas a locais sagrados, principalmente a ambiciosa peregrinação a Meca incentivada pelos muçulmanos. Mas cristãos e budistas também tinham seus locais. Em *Contos da Cantuária*, Chaucer descreve uma peregrinação que, apesar do propósito fundamentalmente religioso de visitar uma grande catedral, tinha ares de umas férias de primavera, com uma série de elementos mundanos. O fato de as peregrinações serem abertas às mulheres (mais uma vez, em todas as principais religiões) era outra característica interessante.

A própria oração, tanto privada quanto coletiva, podia confortar, embora fosse mais procurada para evitar problemas do que para promover a felicidade positiva. Para alguns, a sensação de proximidade, até mesmo de comunidade, com Deus, era profundamente reconfortante, e é possível que reduzisse a solidão. Nada disso está ligado de forma explícita à felicidade, mas poderia proporcionar um contexto relevante.

Todas as religiões incentivavam a caridade. Esse era um elemento muito específico no islamismo, mas também ganhou destaque no cristianismo (incluindo o ortodoxo). Os ascetas hindus e budistas dependiam muito de esmolas, o que poderia proporcionar um profundo sentimento de satisfação a quem doava, mais visivelmente para os grupos mais ricos, cujos propósitos de vida poderiam, caso contrário, parecer um tanto suspeitos.

Enfim, para muitos, a religião oferecia oportunidades de reconsiderar os objetivos ao longo da vida. Embora as principais religiões não dessem tanta ênfase quanto os filósofos à maturidade (a alegria religiosa podia chegar às pessoas em várias idades, como aconteceu com Hildegarda), o fato é que muitas pessoas redobraram seu compromisso com a religião no final da vida, como parte da preparação espiritual e emocional para a morte. O budismo, ao enfatizar a longa experiência necessária para o avanço espiritual, identificava diretamente um fator relacionado à idade. No cristianismo, muitos mercadores, piedosos durante a vida, mas também em busca de lucros, passaram por experiências posteriores de conversão, muitas vezes doando suas riquezas à caridade e ingressando em grupos religiosos.

As diversas fontes de satisfação, religiosas ou ligadas à religião, podiam gerar a sensação de que a própria vida deveria ser preenchida com um sentimento de alegria. É claro que havia algum ceticismo associado a isso, uma vez que a felicidade puramente mundana podia ser muito enganosa. Na Igreja Católica, São Francisco, que tinha um prazer muito evidente na natureza e na religião, insistia em que "não é certo um servo de Deus mostrar tristeza e um rosto sombrio". Buda, como muitos fiéis apontavam, quase sempre era representado por um rosto sorridente. O profeta Maomé era conhecido por sua alegria; como observou um companheiro: "Nunca vi ninguém que sorrisse mais que o Profeta". Maomé também enfatizava a importância de encontrar os outros "com uma cara alegre". No cristianismo, os líderes protestantes perceberam a importância da felicidade. Martinho Lutero afirmou que "toda tristeza vem de Satanás", um sinal da ausência da graça de Deus. Calvino insistia em que o louvor devido ao Senhor só poderia vir de um "coração alegre e jubiloso". Um poeta inglês expressou da seguinte forma: "Alegre-se sempre, em sua prosperidade [...] e em sua adversidade também".

O lado mais escuro

A religião também poderia promover uma sensação de ansiedade e desespero, principalmente quando as compensações mais à mão, nos prazeres terrenos que poderiam estar mais disponíveis, eram consideradas falhas na melhor das hipóteses e, na pior, positivamente perigosas – ou, como dizem os budistas, mais uma forma de miséria.

Vários historiadores descreveram a profunda sensação de medo e culpa de muitos cristãos. Pregadores (católicos e depois, ainda mais, protestantes) falavam repetidamente sobre a pecaminosidade da humanidade e os perigos da vida após a morte. Afinal, para muçulmanos e cristãos, a esperança de felicidade eterna no paraíso era contrabalançada pelos horrores do inferno para os considerados indignos. Os desastres do mundo real, como uma praga, poderiam ser interpretados como sinais da ira de Deus. Embora os líderes cristãos pudessem oficialmente demandar alegria, os sermões comuns enfatizavam com mais frequência as misérias e os terrores desta vida, e os riscos de condenação eterna.

Pinturas e esculturas, muitas delas de ampla visibilidade, enfatizavam o sofrimento e a morte. As portas das igrejas eram cercadas por representações de escadas, algumas subindo em direção aos céus, outras mergulhando para baixo, até os tormentos físicos e grotescos dos condenados. As evidências da morte eram generalizadas, com cemitérios, situados nos pátios das igrejas, lembrando diariamente da transitoriedade da vida e do caráter pecaminoso da humanidade.

A arte budista e muçulmana exibia menos fascínio pela morte e pelo macabro, mas alguns dos julgamentos gerais sobre a fragilidade humana e os perigos da vida cotidiana não eram totalmente diferentes. De fato, quando o budismo chegou à China, a partir de contatos com a Índia, muitos confucionistas foram atingidos de forma profunda e desfavorável pelo que parecia ser uma visão muito negativa da vida cotidiana na família ou na política, na medida em que a felicidade só poderia ser encontrada, com dificuldade, distanciando-se de interações normais.

Tudo isso deveria ser contrabalançado pela esperança, bem como pelas alegrias que podiam corresponder à graça divina. Mas, pelo menos para alguns, a religião podia ser mais uma fonte de sofrimento do que de conforto. A tensão podia ser muito real. E havia uma corrente, tanto no cristianismo quanto no islamismo, que ansiava pelo fim do mundo, quando os pecadores seriam condenados de uma vez por todas e os perigos da existência terrena dariam lugar ao reino pleno de Deus.

A religião no tempo histórico

As principais religiões tiveram origem em épocas e circunstâncias específicas muito diferentes. Elas são resultados da inspiração de profetas específicos – embora o hinduísmo tenha surgido mais gradualmente – e suas influências não podem ser claramente localizadas em único período histórico.

Porém, é verdade que a grande era de conversão religiosa na Ásia, na Europa e em partes da África ocorreu enquanto os grandes impérios clássicos estavam entrando em colapso, quando doenças epidêmicas avançavam na China e na Europa, e cresciam as invasões nômades e as guerras internas. As pessoas recorriam a uma das novas religiões por uma série de razões, mas em parte, certamente, porque essas religiões pareciam reconhecer as misérias deste mundo e ofereciam alguma esperança de que houvesse mais felicidade disponível quando a vida terrena terminasse. Evidências dispersas sugerem que os períodos de maior desagregação causaram um descontentamento psicológico real. Na região de Roma, cada vez mais sepulturas traziam a inscrição "Eu não era, eu fui, já não sou", que dificilmente se pode entender como uma ode à alegria. As definições religiosas de felicidade não eram causadas por novos níveis de angústia, mas certamente respondiam a eles, em parte.

Na verdade, em alguns casos, essa era religiosa cedeu um pouco quando as condições melhoraram. Mais visivelmente na China, a popularidade do budismo sofreu um novo ataque quando, sob a dinastia Tang, a estabilidade política e econômica havia retornado.

Na maioria dos casos, contudo, a abordagem religiosa à felicidade duraria mais do que qualquer período específico, continuando a moldar ou pelo menos a influenciar profundamente as definições e a experiência de felicidade na era moderna e até os dias de hoje. Disso não resultou qualquer monopólio religioso, mas não havia como negar a força da mensagem religiosa ou as esperanças e ansiedades que ela acarretava.

LEITURAS COMPLEMENTARES

Sobre a história da esperança:

Burke, Peter. "The Dawn of Hope." *The Furrow* 64, no. 11 (November 1, 2013): 620-624.
Cohn, Norman. *The Pursuit of the Millennium: Revolutionary Millenarians and Mystical Anarchists of the Middle Ages*, Rev. and expanded ed. (New York: Oxford University Press, 1970).

Para orientação geral:

Armstrong, Karen. *A History of God: The 4,000 Year Quest of Judaism, Christianity and Islam* (New York: Random House, 1993).
Coomaraswamy, Ananda. *Hinduism and Buddhism* (Mountain View, CA: Golden Elixir Press, 2011).

Sobre hinduísmo e budismo:

Bercholz, Samuel, and Sherab Kohn, eds. *The Buddha and His Teachings* (Boston, MA: Shambhala, 1993).
Ricard, Matthieu. "A Buddhist view of Happiness." In David, Susan, Ilona Boniwell, and Amanda Conley Ayers (Eds.), *The Oxford Handbook of Happiness* (Oxford: Oxford University Press, 2013).
Selin, Helaine, and Gareth Davey, eds. *Happiness across Cultures Views of Happiness and Quality of Life in Non-Western Cultures* (Heidelberg: Springer Netherlands, 2012).

Sobre cristianismo e felicidade:

Baumgartner, Frederic J. *Longing for the End: A History of Millennialism in Western Civilization* (New York: St. Martin's Press, 1999).
Davies, Brian. *Aquinas* (London: Continuum, 2002).
Dupre, Louis, and James Wiseman. *Light from Light: An Anthology of Christian Mysticism.* (Mahwah, NJ: Paulist Press, 2001).
Emerson, Jan Swango, and Hugh Feiss. *Imagining Heaven in the Middle Ages: A Book of Essays* (New York: Garland Pub., 2000).

McCready, Stuart, ed. *The Discovery of Happiness* (Naperville, IL: Sourcebooks, 2001).
McMahon, Darrin M. *Happiness: A History*. (New York: Atlantic Monthly Press, 2006).
Newman, Barbara. *Voice of the Living Light: Hildegard of Bingen and Her World* (Berkeley: University of California Press, 1998).

Sobre o islamismo:

Corbin, Henry. *History of Islamic Philosophy* (London: In Association with Islamic Publications for the Institute of Ismaili Studies, 1993).
Esposito, John L., and Yvonne Yazbeck Haddad. *Islam, Gender, and Social Change* (New York: Oxford University Press, 1998).
Keddie, Nikki R. *Women in the Middle East: Past and Present*. (Princeton, NJ: Princeton University Press, 2007).
Leaman, Oliver. *An Introduction to Classical Islamic Philosophy*, 2nd ed. (Cambridge: Cambridge University Press, 2002).
Watt, William M. *Al Ghazali: The Muslim Intellectual* (Chicago, IL: Kazi Publications, March 2003).

Sobre medo e culpa religiosos:

Delumeau, Jean. *Sin and Fear: The Emergence of a Western Guilt Culture, 13th-18th Centuries* (New York: St. Martin's Press, 1990).
Muchembled, Robert. *Popular Culture and Elite Culture in France, 1400-1750* (Baton Rouge: Louisiana State University Press, 1985).

Prazeres populares

Vale a pena repetir o dilema básico. Não sabemos até onde as pessoas eram felizes durante a "era religiosa" (nem quantas ficavam ansiosas com os sermões estrondosos), como elas definiam a felicidade ou mesmo se a felicidade teria sido um conceito relevante em suas comunidades. Não há evidências para mensurar quantas pessoas encontravam a paz interior por meio de uma das religiões (ou talvez até um êxtase espiritual maior), nem quantas teriam dito que a paz interior era o cerne de sua ideia de felicidade. Sabemos que a religião teve sua influência, pois há registros diretos de algumas pessoas, como Hildegarda, que experimentaram o divino, e sabemos que elas tiveram companheiras, mas é impossível ser mais preciso do que isso.

A partir dos tipos de atividades discutidos mais brevemente junto às filosofias clássicas no capítulo "Dos filósofos: a felicidade no período clássico", este capítulo fala sobre outro tipo de satisfação – possivelmente, em alguns casos, uma profunda satisfação – que se desenvolveu de forma simultânea às religiões e atraiu ampla participação popular, às vezes até atravessando limites de classe social e gênero. Muitas das pessoas envolvidas também podem ter compartilhado alegria e esperança religiosas, mas também é verdade que várias das atividades discutidas neste capítulo atraíram considerável atenção das autoridades religiosas, por serem muito frívolas e desviarem o foco.

Mesmo aqui, não se pode medir a felicidade. Podemos fazer algumas suposições plausíveis, pois as pessoas costumavam sugerir que as atividades eram importantes e o quanto gostavam delas. Até mesmo o trabalho artístico ajuda neste caso, basta dar uma olhada em algumas das cenas de aldeias pintadas pelo artista holandês Pieter Breughel, do século XVI, para ter uma sensação de divertimento popular, às vezes obsceno. Pode-se argumentar que, junto com a própria religião, algumas dessas atividades ajudavam as pessoas a compensar as conhecidas desvantagens da vida agrícola, incluindo, muitas vezes, pouca alimentação no cotidiano e regimes de trabalho árduo. Há algumas indicações das definições de felicidade que estavam envolvidas, mas raramente são explícitas. No entanto, elas aumentam as evidências de que distrações recorrentes em relação aos padrões tradicionais da vida cotidiana, em todas as circunstâncias, exceto nas mais empobrecidas, eram fontes importantes de satisfação e, provavelmente, fontes reais de felicidade.

Uma última questão introdutória: alguns desses prazeres populares, comuns em sociedades agrícolas relativamente avançadas, foram perdidos ou diminuíram desde então, o que introduz uma complexidade nas avaliações da felicidade moderna, à qual retornaremos mais tarde.

TRABALHO

Os fardos maiores representados pelo trabalho constituíam uma das características mais reveladoras do contraste entre sociedades agrícolas e de caçadores-coletores. É importante lembrar que a maioria das visões de uma Era de Ouro enfatizava a ausência da necessidade de trabalhar e, pelo menos implicitamente, as imagens do paraíso em uma vida futura também destacavam o fim das obrigações do trabalho. Ainda assim, os seres humanos são criativos quando se trata de identificar fontes de satisfação, e o trabalho nas sociedades agrícolas, principalmente para certos grupos fundamentais, desenvolveu algumas características claramente positivas.

Em primeiro lugar, para a maioria das pessoas, tanto no campo quanto na cidade, o trabalho mais árduo e estressante ficava restrito a determinados períodos do ano. Para os camponeses, o plantio e, principalmente, a colheita envolviam longas jornadas de trabalho. Os mineiros do carvão enfrentavam uma demanda particularmente alta em dezembro, graças ao clima mais frio e, pelo menos na Europa, à preparação para a temporada de férias. Em outras épocas, o ritmo costumava diminuir. Além disso, muitos trabalhadores misturavam durante o dia de trabalho o que poderíamos considerar atividades de lazer: tirar cochilos, conversar, circular. Alguns trabalhos feitos em grupo também eram facilitados por cânticos e canções.

Uma categoria, embora bem abaixo da camada privilegiada, encontrava pontos positivos especiais no trabalho: os artesãos urbanos desenvolveram habilidades e até mesmo um sentido de criatividade artística que alimentava uma sensação de orgulho e satisfação. O surgimento desse grupo, junto com o desenvolvimento das cidades em todas as civilizações, representou uma grande inovação na experiência do trabalho. É fundamental observar que os artesãos representavam uma minoria na população como um todo, mesmo nas sociedades agrícolas mais avançadas, pois a maioria dos trabalhadores era de camponeses e, mesmo nas cidades, grandes grupos de trabalhadores não qualificados, às vezes temporários, superavam os artesãos em quantidade. Mas os artesãos eram importantes, e suas oportunidades podem ter sustentado uma sensação de prazer. Além disso, seus atributos floresceram em um amplo leque de regiões. No Japão, por exemplo, os artesãos eram pelo menos tão orgulhosos e privilegiados quanto os da Europa, e há manifestações semelhantes no Oriente Médio e entre ferreiros especializados da África.

É claro que atingir um elevado nível de habilidade não era uma tarefa fácil. Os aprendizes passavam anos se preparando, muitas vezes forçados a realizar tarefas servis e sujeitos a espancamentos frequentes, mesmo quando seus mestres-artesãos eram parentes. Mas isso podia tornar a realização final ainda mais satisfatória. Após a formação, as pessoas tinham que produzir uma "obra-prima" para mostrar que estavam qualificadas, e, uma vez feito isso, tinham considerável liberdade para exibir criatividade no trabalho (sempre sujeito aos caprichos de clientes ricos), além de desfrutar de um sentido de comunidade com artesãos vizinhos (em muitas cidades, as especialidades artesanais se agrupavam em bairros de artesãos de couro ou ferreiros). Muitos artesãos também passavam por um período de peregrinação de cidade em cidade antes de se estabelecerem – um privilégio apreciado no Japão pré-moderno – que proporcionava outras oportunidades de diversão.

Em várias regiões, os prazeres do trabalho artesanal eram potencializados com a adesão a uma guilda. As corporações de ofício ofereciam uma série de proteções, tanto para trabalhadores quanto para consumidores, ao buscar limitar a competição prejudicial ou mudanças desagregadoras nas técnicas. Tanto no Japão quanto na Europa Ocidental, as guildas costumavam ser associadas a símbolos religiosos e santuários. Mais comumente, patrocinavam uma série de atividades coletivas – desfiles, banquetes, competições cerimoniais com outras guildas – que exibiam o orgulho do ofício e proporcionavam uma comunhão calorosa. O trabalho artesanal podia envolver alguma tensão entre o desejo de mostrar proezas pessoais e a ênfase na solidariedade de grupo, mas, muitas vezes, essa combinação proporcionava a satisfação mais profunda. Observe que, embora as qualidades mais visíveis do trabalho artesanal estivessem centradas sobretudo nos homens, certos ofícios femininos também prosperaram, pelo menos em algumas épocas.

As principais fontes de prazer popular abordadas neste capítulo enfatizam atividades não laborais que proporcionavam contrastes claros com a rotina do dia a dia, mas também remetem a formas de felicidade encontradas no próprio trabalho, associadas a realização e orgulho.

SEXO

Não se conhece muito sobre os prazeres sexuais populares. Há um amplo consenso de que muitas pessoas eram limitadas pelo trabalho físico pesado e, com frequência, dietas restritas, de maneiras que afetavam seu interesse sexual. Uma grande quantidade de casais, diante da necessidade de evitar ter muitos filhos e da ausência de métodos anticoncepcionais confiáveis, precisava se abster de muita atividade, principalmente quando chegava aos 30 anos. Curiosamente, alguns casais buscavam ter um último filho em um momento posterior de suas vidas, na casa dos 30, na esperança de ter alguém que lhes ajudasse na velhice. Mas isso era mais uma estratégia de enfrentamento do que uma manifestação positiva de felicidade. Os pressupostos sobre a superioridade masculina também podem ter sido importantes no comportamento sexual, afetando a forma como a mulher correspondia a ele. E, como vimos, religiões desaconselharam o excesso de interesse sexual ou até mesmo promoveram o celibato como espiritualmente preferível.

Ainda assim, muitos sinais apontam para a busca do prazer sexual, embora isso se aplicasse principalmente a camadas privilegiadas, habitantes de cidades e homens. A prostituição se desenvolveu cedo, e faz parte da primeira lista mesopotâmica das profissões, de 2400 a.e.c. Todas as grandes cidades tinham casas de prostituição, que, às vezes, eram chamadas, de forma reveladora, de casas de prazer, e não raro estavam localizadas perto de igrejas ou mesquitas. Entre os séculos XVI e XVIII e.c., as cidades japonesas desenvolveram uma rede de casas de prazer com prostitutas licenciadas. Algumas delas evoluíram para centros de entretenimento maiores, onde mulheres talentosas se apresentavam sem necessariamente oferecer sexo. Era a tradição das gueixas, que começou a se solidificar no século XVIII.

Vimos que, em muitas sociedades, era comum os homens da classe alta terem concubinas, principalmente para o prazer sexual. As representações artísticas costumavam apresentar temas sexuais, embora eles tenham perdido um pouco de importância sob a influência das principais religiões. Todas as sociedades também produziram manuais sexuais, alguns dos quais eram de circulação ampla e davam conselhos sobre como aumentar o prazer. Durante a Era de Ouro árabe, nos séculos XI e XII, várias histórias, como *As mil e uma noites* e *O jardim perfumado*, destacavam o prazer sexual de maneiras que não obedeciam estritamente aos princípios islâmicos. Mesmo antes, em 828, quando perguntaram a um poeta beduíno o que é o amor, ele respondeu: "Olhar um ao outro constantemente e beijar um ao outro repetidamente. Isso já é o paraíso". Na Europa, um panfleto divertidamente chamado de "Aristotle's handbook" (Manual de Aristóteles) aconselhava sobre as melhores posições sexuais. E, embora o controle da natalidade fosse um problema real, muitas sociedades, do antigo Egito em diante, empregaram dispositivos (como bexigas de animais usadas como preservativos) para pelo menos reduzir o risco de gravidez indesejada, permitindo sexo explicitamente recreativo, mesmo dentro do casamento. Por fim, embora fosse muito desaconselhado, o sexo antes do casamento por vezes acontecia. Na Europa, assim que noivava, frequentemente o casal passava a fazer sexo, resultando em um primeiro filho cerca de sete meses após o casamento.

Em outras palavras, a atividade sexual e o interesse por sexo podiam ser considerados formas de prazer, embora houvesse, inquestionavelmente, uma série de restrições, incluindo muito constrangimento imposto pela comunidade com relação a atividades consideradas inadequadas.

BRINCADEIRAS DE CRIANÇA

A infância também pode oferecer oportunidades inesperadas de prazer, algumas das quais chegam a influenciar a experiência dos adultos, pelo menos até certo ponto.

Os historiadores têm debatido muitos aspectos da infância nas sociedades agrícolas, incluindo índices alarmantes de mortalidade infantil e até que ponto pais e mães, em parte por causa do medo da perda, podem ter limitado seus vínculos. Os castigos físicos não eram incomuns (embora os europeus pareçam ter tido uma inclinação especial a isso, em um hábito que chocou os indígenas da América do Norte durante as décadas da colonização). As obrigações do trabalho começavam cedo e contribuíam para a insistência de mães e pais na obediência e no respeito. Como vimos no caso dos filósofos, não havia um conceito específico de infância feliz. Mesmo se refletissem sobre seus primeiros anos, os adultos nunca os viam como importantes, e muitas vezes mencionavam a severidade de seus pais, suavizando apenas ao observar que suas mães eram mais afetuosas. A ideia moderna da infância como a época mais feliz da vida – que será retomada em um capítulo posterior – simplesmente não existia. Isso não significa que os adultos desejassem a infelicidade de seus filhos, mas é bastante claro que não havia uma relação explicitamente positiva. Em seus poucos comentários sobre a infância em geral, os adultos enfatizavam sua preferência por qualidades adultas, e não infantis. Apenas expressões profundas de luto pela perda de um filho favorito, embora não muito comuns, alteravam esse quadro. Infância e felicidade não se misturavam facilmente.

No entanto, há uma exceção vital, que talvez ofereça um vislumbre inesperado da felicidade e a qual poderia, pelo menos de vez em quando, perdurar na idade adulta: as crianças brincavam muito e ficavam sozinhas com frequência.

Nesse aspecto, a grande afirmação histórica se deu pela primeira vez há várias décadas no estudo sobre o brincar realizado por Johann Huizinga, um medievalista que apontou a enorme diferença entre as brincadeiras tradicionais e as atividades mais controladas por adultos e de orientação escolar, que eram também consideradas brincadeiras nas sociedades mais modernas. Mas as conclusões foram confirmadas por outros historiadores e por antropólogos que trabalham com sociedades agrícolas contemporâneas. Nas aldeias rurais, em particular, embora houvesse supervisão coletiva generalizada, as crianças faziam o que queriam por longos períodos durante os quais seu trabalho não era solicitado. Grupos de crianças podiam realizar uma série de brincadeiras e atividades e – o cerne da discussão – conseguiam se divertir muito no processo.

Brincar, como Huizinga apontou, é um atributo natural apresentado por muitos animais, bem como pelos seres humanos. Contrasta com as atividades normais, proporcionando uma sensação de alívio, mas também oportunidades de experimentação que são menos possíveis nas rotinas diárias. Todas as culturas humanas desenvolvem palavras especiais para o lúdico, algumas delas voltadas às brincadeiras infantis, mas se estendendo a outros significados, como jogos em geral ou atividades sexuais. Os chineses, por exemplo, tinham uma palavra principal que descrevia brinquedos de crianças, mas também outras atividades, além de duas palavras para competições de vários tipos e para as organizadas em particular. As palavras árabes indicavam o lúdico, mas também a zombaria e a provocação.

Sem dúvida, a infância (mais uma vez, em diferentes culturas) oferecia oportunidades especiais para a brincadeira, e também uma necessidade de brincar que contribuiria para o desenvolvimento social e de habilidades. O que era digno de nota sobre as brincadeiras infantis nas sociedades agrícolas era sua imunidade em relação a um controle rigoroso por parte dos adultos, bem como sua espontaneidade. É claro que os jogos eram passados de uma geração para a próxima (pega-pega, por exemplo), e alguns casos envolviam brinquedos ou bolas. Mas as crianças também podiam inovar ao preencher parte de seus dias em seus pequenos grupos. Não raro, a falta de supervisão dos adultos causava acidentes; cair no gelo no inverno era um problema comum, e poderiam acontecer outros danos. Ocasionalmente, as autoridades tentavam intervir contra algumas das brincadeiras mais violentas, como as formas agressivas de futebol, mas nem sempre conseguiam.

Nas aldeias rurais, brincar proporcionava oportunidades específicas de interação com a natureza, mas, mesmo nas cidades, as crianças conseguiam participar de brincadeiras de rua e outras atividades que destacavam o lúdico. A maioria dos historiadores também enfatiza que as oportunidades de brincar passaram a estar disponíveis a uma ampla gama de grupos sociais, chegando até a incluir crianças escravizadas. Na verdade, as crianças ricas podiam ter que brincar de forma mais confinada do que as mais pobres, em função dos modos adotados por sua classe e da necessidade de alguma educação formal.

Algumas das brincadeiras infantis mais criativas podem ter buscado explicitamente criar diversão em meio ao desastre. A brincadeira inglesa *"ring around the rosie"*,* por exemplo, originou-se das recorrentes pestes bubônicas que assolaram a Europa do século XIV ao século XVII. A palavra *"rosie"* se referia às marcas que as vítimas da peste desenvolviam na pele, com um "círculo" ao redor da ferida rosada. O verso "cinzas, cinzas, todos caímos" tem origem na cremação de grandes quantidades de cadáveres. E, por fim, a palavra *posies* (buquês) indicava pequenos buquês de flores que os ricos carregavam para combater o fedor da morte. Esse, sem dúvida, era um ato de equilíbrio revelador nas sociedades agrícolas: a exposição a problemas como doenças epidêmicas podia ser compensada, em uma pequena parte, traduzindo-se em brincadeiras infantis.

Esconde-esconde e cabra-cega foram outras brincadeiras inventadas por crianças que manteriam seu apelo por muitos séculos. As crianças também brincavam com objetos simples, como pernas de pau e gangorras, que elas próprias podiam construir com relativa facilidade.

---

* N.T.: Canção infantil tradicional anglófona usada em brincadeiras de roda: "*Ring around the rosie/ A pocket full of posies,/ Ashes! Ashes! / We all fall down*".

Um aspecto vital das brincadeiras infantis antes dos tempos modernos eram as interações entre várias faixas etárias, em que brincavam crianças bem pequenas até com pessoas que hoje seriam consideradas jovens adultos. As sociedades agrícolas não eram classificadas por idade de forma rígida, e a fase adulta chegava gradualmente, dependendo do trabalho e do estado civil. Em outras palavras, o brincar não era centrado apenas nas crianças pequenas.

Essa faixa etária ajuda a explicar por que, na visão de estudiosos como Huizinga, as atividades lúdicas também transbordaram para as diversões disponíveis aos adultos. Em primeiro lugar, os adultos podiam ter prazer em assistir às brincadeiras das crianças ou mesmo participar diretamente delas. Além disso, também podiam incorporar princípios lúdicos às suas próprias atividades. Huizinga enfatiza que os comportamentos na guerra – antes do advento das temíveis armas de hoje – podiam envolver um elemento lúdico, e algumas sociedades desenvolveram jogos de guerra, que, basicamente, não passavam de brincadeiras. Na Europa Ocidental, com o declínio da guerra feudal nos séculos XIII e XIV, os cavaleiros começaram a competir em torneios de justa, que eram, ao mesmo tempo, uma forma de jogo e tipo de entretenimento para as multidões de espectadores. O fato de envolverem algum perigo para os participantes fazia parte do elemento lúdico.

DIVERSÃO

A partir das brincadeiras, as sociedades agrícolas desenvolveram uma série de formas de diversão, que iam se tornando complexas à medida que as sociedades adquiriam mais riqueza e estrutura. Normalmente, essa diversão estava muito mais disponível nas cidades do que no campo, o que ajuda a explicar por que, apesar das condições de saúde inferiores, a migração para as cidades continuava atraindo muitas pessoas, mesmo quando a maior parte da população seguia sendo rural. Nesse quesito, as camadas privilegiadas gozavam de oportunidades que não estavam amplamente disponíveis, empregando bobos da corte ou patrocinando atividades mais organizadas, como peças de teatro e concertos. Na China e, mais tarde, na Europa, as famílias reais chegavam a construir zoológicos privados que exibiam animais exóticos, um privilégio que só passou a ser aberto ao público em geral no século XVIII ou depois. Deixando de lado essas oportunidades especiais, nem sempre fica claro até onde alguns tipos de entretenimento passaram a estar disponíveis de forma generalizada.

No entanto, mesmo em uma breve amostra das oportunidades de diversão nas sociedades agrícolas, várias questões ficam claras. Em primeiro lugar, as pessoas foram muito criativas ao inventar diversões, o que sugere tanto necessidade quanto oportunidade, para além dos níveis disponíveis nas comunidades de caçadores-coletores. Segundo, nas sociedades agrícolas, surgiram algumas formas de entretenimento que continuam características de regiões fundamentais até hoje, como na ópera chinesa ou no teatro popular ocidental. E, terceiro, muitas formas foram amplamente copiadas, mesmo na era agrícola. Na verdade, tomar emprestadas formas de entretenimento, como a disseminação do baralho chinês para o Ocidente durante um período de contato mais intenso, foi um dos principais resultados do comércio inter-regional. Não é exagero sugerir uma verdadeira sede de mais oportunidades de diversão. Tudo isso leva a uma quarta questão: embora tenham se desenvolvido cedo, algumas formas de entretenimento popular tenderam a se tornar mais diversas e elaboradas durante os mesmos séculos em que as grandes religiões foram ganhando terreno. Elas interagiam com as religiões, mas também contrastavam com elas, sugerindo a necessidade de formas alternativas de extravasamento.

As pessoas que trabalhavam com entretenimento ainda eram consideradas, de forma geral, de um *status* mais baixo na sociedade, mesmo quando se apresentavam para a realeza. O fato de parte do trabalho delas ser suspeito do ponto de vista religioso pouco ajudava sua reputação, e as preocupações religiosas explicam por que, na Europa, representar não era permitido às mulheres, sendo os papéis femininos assumidos por homens jovens. Mas, embora raramente ricos, esses profissionais eram na verdade muito valorizados pela distração que proporcionavam.

Ao mesmo tempo, muitas oportunidades de diversão não dependiam deles em nada, e facilitavam uma ampla participação popular. Em uma sociedade em que a maioria das pessoas era analfabeta e em uma época em que, de toda forma, os livros eram raros, apresentações orais eram importantes para proporcionar distração. Os contadores de histórias surgiam de maneira ampla, muitas vezes possibilitando que pessoas mais velhas expusessem sua sabedoria e suas muitas memórias. Ouvir vários tipos de narrativas (para adultos e para crianças) era, então, muito mais importante como forma de entretenimento do que viria a ser quando a alfabetização se disseminou e a impressão ampliou a disponibilidade dos livros.

Embora tenham surgido em todos os lugares, as tradições de contar histórias eram particularmente fortes em muitas regiões da África Subsaariana. Os contadores de histórias, chamados griôs em partes da África Ocidental, podiam entreter e aconselhar reis, mas também gozavam de considerável prestígio local. Nas aldeias, tambores costumavam anunciar uma sessão de contação de histórias após uma refeição noturna. Os griôs falavam sobre as façanhas dos deuses, sobre fenômenos naturais, por exemplo, por que as galinhas não voam (elas haviam reinado sobre os pássaros, mas seu comportamento arrogante fez com que os deuses lhes tirassem as asas eficazes). Também se dava muita atenção às histórias de linhagem familiar, transmitindo um conhecimento profundo sobre laços de parentesco.

No Oriente Médio, havia uma tradição específica de recitais de poesia, que ganharam espaço depois de 600 e.c. e divertiam as cortes, mas também apareciam nas feiras de rua. Os poetas elogiavam e criticavam figuras da época (principalmente elogiavam, quando se apresentavam para a realeza). Frequentemente falavam de amor, sobretudo do amor infeliz, e às vezes apresentavam imagens eróticas. A poesia sobre o vinho era outro tema popular, apesar da desaprovação dos clérigos muçulmanos, ou talvez por causa dela. No século IX, o poeta Abi Nuwwas ofereceu o seguinte hino ao vinho: "Cante para mim e me dê um pouco de vinho para beber; sirva-me uma taça para me distrair do chamado à oração".

Muitas sociedades inventaram jogos e, embora alguns deles estivessem disponíveis principalmente para as camadas privilegiadas, outros tinham alcance mais amplo. Em muitas aldeias europeias, por exemplo, uma praça proporcionava oportunidade para jogos de boliche. Os chineses inventaram os jogos de cartas durante a dinastia Tang. O xadrez se originou no norte da Índia, por volta do século VI e.c., e se espalhou pela Pérsia e pelo Oriente Médio, de onde mais tarde seguiria para a Europa. Como regra geral, a maioria dos jogos não demandava equipamentos elaborados, com exceção das competições de justa, de caráter militar.

Os esportes populares costumavam atrair ampla participação, assim como constituíam entretenimento para espectadores. Os jogos de futebol de aldeia prosperaram na Inglaterra (usando bexigas de animais infladas ou objetos de couro), às vezes com resultados violentos. A luta livre e o cabo de guerra também eram muito praticados. Durante a dinastia Song, os chineses introduziram um tipo de golfe, com duas equipes de cerca de dez homens, cada uma rebatendo uma bola com um taco para ver que lado conseguia enfiá-la em um buraco com mais frequência. Os chineses também tinham uma versão do futebol. As pipas foram inventadas na China, inicialmente apenas para sinalização militar, mas se tornou uma forma popular de entretenimento e competição durante a dinastia Tang. Na América Central, os toltecas desenvolveram o que se pode chamar de um tipo de basquete, em que as equipes competiam na frente de espectadores para passar a bola por um buraco na lateral da quadra, muitas vezes com consequências terríveis para o lado perdedor. Felizmente, o buraco era pequeno demais, de forma que era difícil ganhar ou perder.

Muitas cidades apresentavam formas eventuais de entretenimento, principalmente em dias de feira. A atividade conhecida como *bear-baiting*, que envolvia a provocação a ursos acorrentados, era popular na Europa, assim como engolir espadas ou fogo. Na China, embora a instituição tenha se desenvolvido antes, os circos itinerantes se tornaram mais comuns e sofisticados. A China também foi pioneira no uso de fogos de artifício como forma de entretenimento. Mesmo durante a dinastia Han, as pessoas queimavam varas de bambu para gerar ruídos e, mais tarde, acrescentou-se pólvora para maior efeito. Os próprios fogos de artifício foram inventados durante a dinastia Song; pessoas comuns podiam comprá-los de vendedores ambulantes, embora também houvesse exibições ocasionais muito mais elaboradas para entreter a nobreza. As cores foram acrescentadas aos fogos de artifício no século XIV. Da China, eles chegaram ao Oriente Médio, onde eram conhecidos como "flores chinesas".

Músicos de rua ofereciam entretenimento em muitas cidades, e havia música disponível em algumas aldeias. A contação de histórias na África, por exemplo, costumava ter um elemento musical. Os tambores representavam uma atividade importante em lugares como África e China, cumprindo propósitos práticos de comunicação e entretenimento.

Na Europa, no século XVI, o teatro popular era outra opção de diversão nas cidades e, embora houvesse assentos especiais reservados para gente importante e poderosa, as pessoas comuns também tinham acesso, muitas vezes assistindo a peças enquanto comiam, bebiam e cumprimentavam atores, falando alto, com vivas e assobios. Uma grande quantidade de pessoas comuns, muitas delas analfabetas, ocupava os "assentos baratos" nos teatros de Londres, onde assistiam a peças de Shakespeare e outros, ou iam à ópera em Nápoles. As sessões eram à tarde, já que não havia iluminação segura para entretenimento noturno em locais fechados – e eram marcadas por trombetas sinalizando que uma apresentação estava para começar (não havia ainda necessidade de horários precisos para o entretenimento). Os adereços e figurinos teatrais continuavam mínimos, e as palavras ou a música deveriam ser suficientes. O público conversava o tempo todo durante a apresentação, sem se preocupar. A necessidade de contenção foi desenvolvida mais tarde. Muito possivelmente, além da qualidade do material, essa interação paralela espontânea contribuía para a diversão.

A questão fundamental é clara: mesmo as pessoas comuns tinham acesso periódico a uma série de formas de diversão e eram criativas em seu desenvolvimento. Alguns tipos de diversão idealizados por sociedades agrícolas continuam populares até hoje, enquanto outros desapareceram de vista, e alguns (como leituras de poesia no mercado) provavelmente não agradariam aos gostos atuais. Apresentações formais e ampla participação popular se combinavam, e a ênfase na condição de simples espectador era menor do que viria a ser mais tarde. A impressionante lista de opções não deve ocultar o fato de que a maioria dos dias normais não apresentava muitas oportunidades de distração, principalmente no campo. E, mais uma vez, há poucas evidências explícitas sobre os níveis de prazer envolvidos, sobre o quanto tudo isso criava uma sensação diferenciada de felicidade ou sobre qual a relação com a abordagem religiosa da felicidade durante os mesmos séculos. Entretanto, o fato de que muitas formas de entretenimento se tornaram um pouco mais elaboradas com o tempo certamente sugere seu papel positivo.

O FESTIVAL

Os festivais periódicos realmente foram a contribuição mais marcante para a felicidade potencial nas sociedades agrícolas, pois a partir deles criaram-se experiências e memórias bastante diferentes dos padrões que surgiriam posteriormente, à medida que a tradição do festival ia perdendo força. Na verdade, as características especiais do festival, junto com o consolo e a exultação religiosos, serviriam de base para qualquer afirmação de que as sociedades agrícolas descobriram como ser tão felizes quanto os caçadores-coletores haviam sido, apesar dos vários fardos impostos pelas condições na agricultura. Os festivais costumavam proporcionar oportunidades para que diferentes classes sociais e faixas etárias, bem como ambos os sexos, participassem de uma experiência comum de prazer e solidariedade comunitária.

A natureza de festivais específicos variava imensamente segundo a região. Na verdade, um dos encantos dessa tradição era expressar e reforçar um determinado sentido de identidade local. Certamente, havia várias características comuns: muitos lugares celebravam o solstício de verão, e as versões de festivais de plantio e colheita eram generalizadas. Mas a história local, variantes de uma das religiões principais e outros fatores complicam qualquer generalização abrangente sobre quando os festivais ocorriam ou precisamente quantos havia, sem falar das atrações de cada um.

No entanto, muitas características básicas eram amplamente compartilhadas. Em primeiro lugar, havia um grande número de festivais que duravam de um a cinco dias ou mais (como o hindu Diwali, ou festival das luzes, e muitas celebrações comuns dos vários dias de Natal). Estima-se que ocorresse um festival importante pelo menos uma vez por mês na Europa Ocidental, e havia ainda mais na tradição ortodoxa oriental. O hinduísmo tinha uma variedade impressionante de festivais, dependendo da região específica da Índia. Eles marcavam principalmente ocasiões religiosas, incluindo alguns tradicionais, como a Páscoa ou Diwali, mas também santos padroeiros ou deuses locais, bem como comemorações de importantes eventos históricos locais – como uma grande vitória militar no passado. No sul da Itália, por exemplo, um festival anual celebrava uma derrota dos invasores muçulmanos ocorrida vários séculos antes. As feiras itinerantes proporcionavam outra oportunidade para a celebração e, em algumas culturas, casamentos ou velórios ocasionais também assumiam uma atmosfera de festival. Para as pessoas que não tinham muito acesso ao entretenimento, principalmente a maioria rural, a alta frequência dos festivais era uma pausa vital na rotina de trabalho.

É claro que o que realmente importava era o que acontecia durante o festival, sobretudo em termos da experiência de felicidade e do contraste com as rotinas normais. Festejar sempre foi um componente importante. Para muitas pessoas que tinham pouco ou nenhum acesso à carne no dia a dia, os festivais proporcionavam um momento de prazer. O abate de um cordeiro ou uma cabra era um elemento central de várias celebrações no Oriente Médio e no sul da Europa. Em muitas culturas, beber mais do que o normal também fazia parte da celebração, possibilitando uma pausa na abstinência costumeira e/ou a chance de ficar bêbado. Mas não era só a natureza e a quantidade das provisões que chamavam a atenção; também havia o cuidado (de parte das mulheres) na sua preparação, pois não era um tema que recebesse muita atenção no dia a dia. Na Europa, é revelador o fato de que, quando os livros de receitas começaram a circular, principalmente após a introdução da impressão, eles tratavam exclusivamente das celebrações comunitárias. A atenção ao ato de cozinhar para a família só surgiu no século XVIII, quando alguns aspectos da tradição dos festivais já estavam em declínio. Os festivais não eram apenas uma ocasião em que se comia bem – o que não surpreende; para muitas pessoas, eram a única ocasião em que se comia bem.

Roupas coloridas eram outro componente dos festivais (com frequência, para ambos os gêneros), novamente enfatizando o contraste com o cotidiano. Nas cidades, os festivais proporcionavam aos membros das guildas a oportunidade de usar emblemas representando seus ofícios. Demonstrações individuais não eram incentivadas, pois os trajes festivos enfatizavam a participação no grupo.

Uma característica crucial era a grande variedade de entretenimentos disponíveis e, em grande parte, participativos. Alguns festivais obviamente ofereciam cerimônias religiosas de vários tipos, algumas um tanto melancólicas, mas também havia outras atividades. E alguns festivais, como o Dia de Guy Fawkes, celebrado a partir do início do século XVII na Inglaterra, não tinham nenhum conteúdo religioso.

Aldeias ricas ou festivais nas cidades podiam eventualmente contar com algum entretenimento profissional. No século XVII, começou a se desenvolver uma tradição circense na Europa, bem diferente do padrão chinês, muito mais antigo, em que pequenas trupes vinham para grandes eventos em aldeias e burgos. Era muito mais comum a atividade amadora, exercida por membros da própria comunidade, que representava a maior parte do que era oferecido ao público local dos festivais.

O fogo e a luz eram componentes importantes, uma fonte de deleite para as pessoas que, em noites comuns, tinham pouca iluminação. Cordas com muitas luzes constituíam a peça central da celebração do Diwali. Muitos festivais europeus, incluindo o de Guy Fawkes, tinham grandes fogueiras. Nas comunidades europeias influenciadas pelas tradições nórdicas, não apenas na Escandinávia propriamente dita, mas também em partes da França, uma grande árvore era queimada em celebração do solstício de verão para expressar devoção ao sol. De fato, muitas atividades dos festivais preservavam antigas tradições pagãs desse tipo, às vezes (como no caso de pintar ovos para a Páscoa), combinando-as com o calendário religioso.

Mais uma vez, dependendo dos costumes locais, as apresentações envolvendo animais tinham um papel importante. Muitas aldeias europeias exibiam lutas com ursos e touros, como o *bear-baiting* citado anteriormente, assim como rinhas de galo. Somente no final do século XVIII, em lugares como a Inglaterra, alguns grupos começaram a protestar contra esses esportes sangrentos, municiados de novas ideias sobre a crueldade. As rinhas de galos, enriquecidas com vários rituais e espectadores que apostavam avidamente, eram elementos centrais das celebrações em muitas partes do sudeste da Ásia.

Os eventos esportivos multiplicavam-se. Mais uma vez, na Europa, eram comuns vários jogos de bola, lutas e competições de lançamento de pedras, enfatizando as rivalidades dentro da comunidade. Embora os esportes dos festivais não chegassem perto da intensidade das antigas Olímpiadas, um homem que construísse um nome em uma atividade como a luta poderia aumentar seu prestígio local.

As apresentações de dança cumpriam um papel importante nos costumes de muitos festivais regionais, geralmente envolvendo tambores e, às vezes, outros acompanhamentos musicais. Na China, os festivais traziam versões especiais da dança do leão ou outras danças de cortejo, com coloridos trajes feitos em casa. A dança de Morris, por sua vez, era típica na Inglaterra, envolvendo geralmente apenas pessoas do sexo masculino. Essa era uma dança importada da Europa, que começou a ser executada para a realeza no século XV, e depois migrou para as áreas rurais por volta de 1600, com a adesão de muitos camponeses. O termo "Morris" supostamente deriva de "mouro", refletindo uma sensação de que a dança parecia exótica, dos trajes coloridos aos movimentos estilizados. A disseminação da dança de Morris refletiu a ampliação das opções de entretenimento popular ao longo do tempo e a capacidade de adotar novas tradições que representavam desafios a quem as apresentava e aumentava a sensação de espetáculo para quem assistia.

A Índia desenvolveu um leque excepcionalmente rico de estilos de danças populares, muitas vezes refletindo antigas tradições regionais. As mulheres costumavam desempenhar o papel principal, embora um gênero regional, o kathakali, apresentasse os homens em movimentos de tipo militar. As danças indianas costumam envolver acompanhamento musical, com instrumentos de produção local e, em geral, trajes com muito brilho. A tradição dos festivais na Índia também incluía muitas flores.

As atividades de dança em muitas tradições de festivais tinham foco nos participantes em detrimento dos espectadores, permitindo que as pessoas compartilhassem os prazeres dos movimentos rítmicos e o sentido de solidariedade com o grupo, o que um historiador chama de "vínculo muscular". Eram apresentações coletivas, e não individuais e, nesse sentido, ofereciam uma ilustração particularmente vívida das qualidades em comum de felicidade que os festivais deveriam oferecer.

Por detrás das várias especificidades dos festivais e de sua variedade regional havia características que merecem destaque. Em primeiro lugar, os festivais eram concebidos para expressar e fortalecer os laços comunitários. Pessoas de fora geralmente não eram convidadas, e isso poderia incluir os pobres marginais em algumas aldeias, que não eram considerados de fato pertencentes (o que obviamente contrasta com os festivais que perduram ou foram resgatados hoje em dia, onde turistas de fora costumam constituir o público principal). Contudo, a solidariedade da comunidade poderia atravessar outras divisões sociais, agrupando moradores das aldeias cujas propriedades variavam, e a pequena nobreza local também costumava participar, manifestando sua solidariedade. Supostamente, o sentimento de pertencimento, bem como os entretenimentos específicos, somava-se aos prazeres proporcionados pelos festivais.

Muitos deles combinavam diretamente devoções religiosas a santos cristãos ou deuses do panteão hindu com banquetes e outros prazeres terrenos. Também nesse caso, a combinação pode ter potencializado a satisfação, conciliando algumas das diferentes definições dos componentes da felicidade disponível para as pessoas comuns em uma era religiosa.

Os festivais também serviram deliberadamente como válvulas de escape para tensões existentes nas comunidades. Eventos esportivos em aldeias europeias, como cabo de guerra, muitas vezes colocavam homens jovens casados contra solteiros, ou seja, grupos que, de outra forma, poderiam ter ressentimentos mútuos. Jovens, da adolescência até os vinte e poucos anos, embora não fizessem parte da estrutura de poder da aldeia, às vezes tinham permissão especial para agir mais livremente em época de festivais. A tradição europeia mantinha vários festivais, chamados de Festa dos Loucos ou Festa do Asno, que permitiam paródias de autoridades religiosas e políticas e colocavam subordinados em posições de poder por um dia. Nessas ocasiões, bandos de jovens podiam pregar peças e até cometer pequenos atos de vandalismo, provavelmente desabafando para compensar a obediência e o trabalho penoso que lhes era exigido na rotina. De tempos em tempos, alguns desses festivais enveredavam para violência, embriaguez e libertinagem, o que ocasionalmente provocava proibições. Na melhor das hipóteses, porém, ao inverter brevemente os padrões, eles tornavam o normal mais aceitável no cotidiano.

Por fim, muitos estudiosos da tradição dos festivais enfatizam o sentido diferenciado do momento de prazer que o calendário sugeria: ocasiões de deleite mais intenso que se destacam precisamente porque não costumam estar disponíveis. Para populações não muito distantes do limite da subsistência, que não tinham acesso ou nem imaginavam possibilidades mais regulares de escape, a intensidade da experiência podia alimentar memórias e expectativas que as ajudassem a atravessar os longos períodos entre esses eventos.

* * *

Pode haver diversas reações à breve descrição das várias maneiras pelas quais os povos pré-industriais parecem ter tentado se divertir, para além das diferentes especificidades regionais. Uma reação pode enfatizar o quanto isso parece familiar, certamente em comparação com as fontes bastante distintas de felicidade atribuídas às sociedades de caçadores-coletores. Afinal, as pessoas de hoje buscam muitas diversões semelhantes, partindo de precedentes estabelecidos pelas civilizações agrícolas, embora tenhamos o benefício de conseguir combinar uma série de padrões regionais diferentes – fogos de artifício e Shakespeare – graças ao aumento dos contatos globais. E se aproveitamos muitas dessas oportunidades hoje, vendo-as como parte da nossa felicidade, talvez a mesma avaliação possa se estender ao passado.

No entanto, diferenças importantes também devem ser destacadas, ampliando o esforço para avaliar o nível de felicidade entre nossos antepassados agrícolas. Posteriormente, exploraremos de forma mais detalhada muitas dessas distinções, mas alguns elementos podem ser úteis agora. Em primeiro lugar, não está claro se a noção de "divertir-se" pode ser aplicada a essas sociedades, exceto, talvez, como parte das brincadeiras das crianças. Com certeza, sobretudo no campo, a maioria das pessoas não tinha acesso cotidiano às principais fontes de diversão. O desfrute era periódico, regido por um calendário bastante tradicional, e não algo que fazia parte de um dia normal. Isso pode ter tornado as oportunidades ainda mais importantes, e essa era a grande força da tradição dos festivais, que os modernos diluíram ao insistir em uma diversão mais frequente. O caráter esporádico torna mais difícil a avaliação da felicidade cotidiana. Além disso, a diversão era centrada na comunidade, e não no indivíduo e nem mesmo na família, como sugeriam os livros de receitas da época. Isso pode ou não ter tornado a felicidade mais rica do que ela é hoje, mas certamente era diferente.

A questão da disparidade no acesso é importante, embora continue sendo de alguma forma um problema hoje. É claro que a participação ampla em muitas atividades, em vez de se depender de alguns profissionais para as apresentações, era uma característica marcante da tradição dos festivais. Por outro lado, as diferenças entre a experiência urbana e a rural podiam ser enormes, em termos das possibilidades de diversão disponíveis. As distinções de classe eram imensas, mesmo nas cidades, afetando o alcance, a frequência e a qualidade do entretenimento. O gênero também era um elemento importante, embora um pouco menos destacado na tradição dos festivais ou nas brincadeiras infantis. Os homens podiam simplesmente participar de atividades que não estavam disponíveis às mulheres (era permitido que elas assistissem às peças de Shakespeare, só não podiam atuar nelas). Havia, ainda, grande disparidade no acesso ao álcool e à fruição sexual.

A vida familiar certamente proporcionava felicidade às mulheres, e algumas culturas, como o hinduísmo na Índia, faziam questão de se deleitar com o nascimento de uma criança e fazer elogios generosos à mãe. Mas, no geral, a vida familiar não tinha um papel tão destacado nas discussões sobre felicidade como se poderia imaginar (exceto no desejo de ter filhos como uma marca de sucesso), e isso levanta outras questões sobre o *status* da felicidade para as mulheres. Os idosos eram a última categoria a não figurar de forma evidente nas diversões populares, a não ser, supõe-se, como espectadores, com a importante exceção do papel de contadores de histórias.

A ênfase nas atividades coletivas em muitas das principais diversões também tinha um outro lado: era difícil para um indivíduo se afastar e se entregar a gostos mais exclusivamente pessoais. Os festivais obrigavam os envolvidos a comparecer. Na França, por exemplo, se um chefe de família se recusasse a contribuir com palha para uma fogueira em homenagem ao santo local, ele sofreria muito constrangimento, com vários moradores afirmando que ele provavelmente quebraria uma perna ou sofreria algum outro infortúnio como punição.

Também havia a questão, para ambos os sexos, de como o entretenimento e a brincadeira se relacionavam com a religião, ou mesmo com a filosofia – um tema que perdura até hoje, mas com menos ênfase. De tempos em tempos, os choques nos padrões considerados apropriados e nas definições da "verdadeira" felicidade complicavam consideravelmente a vida do povo. No Oriente Médio, o estreitamento dos interesses em direção a uma ênfase maior na religião, após o recuo da Era de Ouro árabe no século XIII, reduziu a quantidade de fontes de diversão que antes floresciam, como, por exemplo, os elogios públicos às delícias terrenas que eram feitos na poesia das feiras. Na China, de tempos em tempos as autoridades reprimiam os sinais de ostentação consumista das classes médias urbanas, chegando a executar alguns infratores. Leis suntuárias semelhantes, buscando regular a vida material de acordo com o *status*, surgiam periodicamente na Europa. Também na Europa, a ascensão do protestantismo levou a outro conjunto de conflitos com as preferências populares, principalmente entre grupos convertidos ao calvinismo. É claro que os líderes protestantes incentivavam uma avaliação bastante positiva dos prazeres da vida de casado. E aos puritanos foi atribuída uma imagem negativa injusta, pois eles eram perfeitamente capazes de falar das alegrias do álcool ou do sexo conjugal. Mas também podiam ser melancólicos, já que não gostavam de roupas coloridas, desaprovavam algumas das peças teatrais que havia muito encantavam o povo de Londres, chegando a fechar algumas delas por completo. Eles não gostavam de muitas das atrações dos festivais tradicionais, e a rejeição dos santos pelos protestantes reduziu o número de festivais ligados a dias santos em até 50%. Controvérsias sobre a ideia de felicidade, e se ela deveria ou não ser buscada nesta vida, complicam qualquer esforço para descobrir como ela era e como era interpretada apenas alguns séculos atrás. Certamente, embora as oportunidades de entretenimento tenham se ampliado em vários momentos do milênio após 600 e.c., não houve mudança sistemática nas concepções dominantes da felicidade em si. A diversão estava disponível, embora não fosse predominante. Ela pode ter proporcionado satisfação mas também provocado dúvidas.

LEITURAS COMPLEMENTARES

Sobre trabalho pré-industrial:

Crossick, Geoffrey. *The Artisan and the European Town, 1500-1900*. (Aldershot: Scolar Press, 1997).
Farr, James Richard. *Artisans in Europe, 1300-1914* (Cambridge: Cambridge University Press, 2000).
Holcombe, Charles. *The Genesis of East Asia, 221 B.C.-A.D. 907* (Honolulu: Association for Asian Studies and University of Hawai'i Press, 2001).
Laslett, Peter. *The World We Have Lost* (New York: Scribner, 1966).
Rosser, Gervase. *The Art of Solidarity in the Middle Ages: Guilds in England 1250-1550* (Oxford: Oxford University Press, 2015).

Sobre sexualidade:

Phillips, Kim M., and Barry Reay. *Sex Before Sexuality: A Premodern History* (Cambridge, MA: Polity, 2011).
Stearns, Peter N. *História da sexualidade.* (São Paulo: Contexto, 2010).
Weeks, Jeffrey. *What Is Sexual History?* (Cambridge, MA: Polity, 2016).

Sobre brincar:

Chudacoff, Howard P. *Children at Play an American History* (New York: New York University Press, 2007).
Frost, Joe L. *A History of Children's Play and Play Environments Toward a Contemporary Child-Saving Movement* (Abingdon: Routledge, 2010).
Huizinga, Johan. *Homo Ludens: A Study of the Play-Element in Culture.* (Boston, MA: Beacon Press, 1955).

Sobre diversão:

Bowsher, Julian, and Pat Miller. *The Rose and the Globe: Playhouses of Shakespeare's Bankside, Southwark: Excavations 1988-1991* (London: Museum of London Archaeology, 2009).
Crego, Robert. *Sports and Games of the 18th and 19th Centuries* (Westport, CT: Greenwood Press, 2003).
Crowther, Nigel B. *Sport in Ancient Times* (Westport, CT: Praeger Publishers, 2007).
Eales, Richard. *Chess the History of the Game* (Reprint, Mountain View, CA: Ishi Press, 2019).
Hawkes, Terence. *Meaning by Shakespeare* (London: Routledge, 1992).
Kennedy, Phillip. *The Wine Song in Classical Arabic Poetry: Abū Nuwās and the Literary Tradition* (Oxford: Clarendon Press, 2002).
Plimpton, George. *Fireworks: A History and Celebration* (New York: Doubleday Books, 1984).

Sobre a tradição dos festivais:

Falassi, Alessandro. *Time Out of Time: Essays on the Festival*, 1st ed. (Albuquerque: University of New Mexico Press, 1987).
Gerson, Ruth. *Traditional Festivals in Thailand* (Kuala Lumpur: Oxford University Press, 1996).
Hecht, Jennifer. *The Happiness Myth: Why What We Think Is Right Is Wrong* (New York: Harper, 2007) – Um estudo importante, em vários aspectos.
Malcolmson, Robert. *Popular Recreations in English Society 1700-1850*, New ed. (Cambridge: Cambridge University Press, 2010).

Sobre a dança como parte da tradição dos festivais:

McNeill, William Hardy. *Keeping Together in Time: Dance and Drill in Human History* (Cambridge, MA: Harvard University Press, 1995).
Singha, Rina, and Reginald Massey. *Indian Dances: Their History and Growth* (New York: Braziller, 1967).

Sobre o desgoverno:

Davis, Natalie Zemon. *Society and Culture in Early Modern France: Eight Essays* (Stanford, CA: Stanford University Press, 1976).
Harris, Max. *Sacred Folly: a New History of the Feast of Fools* (Ithaca, NY: Cornell University Press, 2016).

PARTE II
A REVOLUÇÃO DA FELICIDADE, 1700-1900

Nos séculos XVII e XVIII, na Europa Ocidental e em grande parte da América do Norte, surgiu uma abordagem extremamente nova sobre a felicidade, que alteraria a forma como ela era definida e a maneira que muitas pessoas passaram a rever suas próprias expectativas. Esse período formativo para as novas ideias de felicidade se estenderia pelo século XIX, atravessando a longa Era da Agricultura e adentrando os primórdios da sociedade industrial.

Esse novo período foi definido principalmente pelos debates inéditos sobre o significado da felicidade e pelos esforços para implementar novas ideias. Embora "revolução" não seja um termo impreciso para denominá-lo, vários grupos demoraram a aceitar as novas expectativas. O ajuste foi complicado ainda mais por vários impactos da Revolução Industrial, que remodelou os padrões de vida, os canais para recreação e até a vida familiar. O contexto global apresenta outro conjunto de implicações que se estendem por todo o período: nesse momento, a "revolução da felicidade" era um acontecimento ocidental, e seu impacto global seria limitado durante muito tempo. Na verdade, o poder que a Europa exerceu nesses séculos, por meio do imperialismo e da influência econômica, pode ter inibido uma reavaliação global da felicidade.

A revolução da felicidade no Ocidente

Não é difícil definir a revolução nas ideias sobre felicidade que ocorreu na Europa Ocidental e em grande parte da América do Norte no século XVIII. Um número cada vez maior de intelectuais afirmou que os seres humanos conseguem controlar seus próprios destinos (não sendo vítimas do acaso nem do julgamento divino) e que o prazer e o conforto nesta Terra são objetivos aceitáveis e até mesmo desejáveis. A princípio, esses mesmos intelectuais defenderam que a felicidade terrena deve estar ao alcance de todos, e sociedades devidamente organizadas devem ampliar continuamente as oportunidades de satisfação mental e material. Ideias mais antigas de como chegar à felicidade por meio da perfeição na virtude ou pelas bênçãos de uma vida após a morte não foram abandonadas, mas ficaram cada vez mais subordinadas aos novos entusiasmos pelas alegrias terrenas. Desfrutar do aqui e agora e buscar o sucesso mundano não diminui a felicidade real, e sim define sua essência, e alguns pensadores acrescentaram que não há mérito algum na dor ou na privação.

Embora um mapeamento dos argumentos inéditos dos autores do iluminismo ofereça a evidência mais direta da revolução em termos de definição e expectativa, outras manifestações também demonstraram considerável participação popular nessa mudança fundamental, e esses novos traços podem ter sido ainda mais importantes. Sorrir passou a estar na moda. As pessoas eram cada vez mais incentivadas a ser alegres e a ter expectativas de que quem as cercava também estivesse alegre. Uma "revolução alegre" foi indiscutivelmente tão importante quanto os conceitos inéditos de felicidade, pois criou novos padrões para um comportamento emocional aceitável. Um novo tipo de consumismo sugere que muitas pessoas estavam tendo mais prazer na aquisição de coisas.

Uma mudança tão profunda inevitavelmente incluía uma série de complexidades. Embora haja indicações consistentes de que a revolução se estendeu para além dos intelectuais, é impossível mapear o tamanho da repercussão popular. Ela certamente foi maior entre os alfabetizados do que entre os analfabetos, por exemplo, e maior na classe média e urbana do que entre os habitantes das zonas rurais e a classe trabalhadora. Como era de se esperar, a resistência também aumentou. Uma minoria religiosa tradicionalista se opôs ao movimento de afastamento em relação ao pecado e à danação. Outros conservadores, influenciados por valores clássicos, consideraram superficiais as novas metas de felicidade. E é fundamental lembrar que a revolução era, nessa época, apenas ocidental, sem muita influência no restante do mundo – uma questão global à qual devemos retornar.

Figura 1 – Frequência da palavra "*happiness*" (felicidade) em inglês, 1600-2008, Google Ngram Viewer, acessado em 13 de julho de 2020.

Figura 2 – Frequência da palavra "*cheerful*" (alegre) em inglês, 1600-2008, Google Ngram Viewer, acessado em 13 de julho de 2020.

Ainda assim, a complexidade do contexto não deve mascarar o fato de que havia uma transformação fundamental em andamento, e que ela continua a influenciar as condições de felicidade até hoje. Dois Ngrams do Google, que mostram a frequência com que uma palavra foi usada em comparação com todas as outras palavras na escrita em inglês, destacam essa mudança drástica. As referências a *happiness* (felicidade), raras no início do século XVII, começaram a aumentar, e quase a mesma trajetória se aplicou ao adjetivo *cheerful* (alegre). Uma reconsideração fundamental estava em curso (Figuras 1 e 2).

O CONTEXTO

Em retrospecto, podemos ver que vários acontecimentos na Europa e nas colônias da América do Norte nos séculos XVI e XVII anunciavam a revolução da felicidade, mas, ao mesmo tempo, teria sido muito difícil prevê-la, mesmo em 1700, quando muitas sociedades ocidentais continuavam enfatizando a importância da moderação sóbria.

Aqui estão alguns dos acontecimentos preparatórios:

- O protestantismo pode ter criado para alguns uma nova visão sobre as oportunidades de felicidade. Conforme observado no capítulo "Das grandes religiões: felicidade – e esperança?", Lutero e Calvino falaram sobre sua crença de que Deus quer que as pessoas sejam felizes. As religiões protestantes também propiciaram uma sensação maior de possibilidades de contato individual com Deus, sem a intermediação de padres, e atacaram as práticas monásticas de abnegação e celibato, considerando-as irrelevantes para a salvação. Um estudo sobre intelectuais protestantes ingleses sustenta que, no século XVII, eles incentivavam as pessoas a abandonar a ideia de que a felicidade é uma questão de sorte e aceitar a "felicidade mundana" como parte do autoaperfeiçoamento. Por outro lado, muitos líderes protestantes desestimulavam claramente uma série de entretenimentos populares considerados frívolos, junto com roupas coloridas e outros enfeites. Não enfatizavam a alegria em seus cultos longos e tristes, e provavelmente apavoravam as pessoas ao falar da onipresença do pecado.
- As descobertas científicas do século XVII, muitas das quais atraíram considerável atenção popular, promoveram uma crença maior no poder da razão humana e na possibilidade de aprimorar o conhecimento e superar a superstição. Esse

viria a ser um importante tijolo para a construção do futuro. No final do século, o filósofo John Locke usou essa nova convicção para atacar a ideia do pecado original, argumentando que a pessoa nasce com uma *tabula rasa*, nem boa nem má, e que pode se aprimorar positivamente por meio da educação. Por outro lado, a explosão científica gerou considerável ansiedade entre muitos grupos religiosos; ela também começou a solapar as crenças tradicionais na magia, que muitos consideravam reconfortantes.

- Novos tipos de consumismo começaram a ganhar terreno (é claro, exceto para os muito pobres), atingindo vários grupos para além da aristocracia, alcançando até mesmo as fileiras dos artesãos qualificados. Produtos importados como açúcar, café, chá, chocolate e tabaco podem ter literalmente acrescentado sabor à vida. Eles também incentivaram o interesse por produtos relacionados, como jogos de mesa feitos de porcelana, à medida que as refeições em família começaram a se tornar mais elaboradas. Outros espaços, como os cafés, proporcionavam oportunidades de convivência aos homens. As camas começaram a ficar mais confortáveis. É difícil avaliar até que ponto isso contribuiu para uma sensação positiva de felicidade, mas pode ter havido pelo menos alguma mudança.

- Manifestantes radicais, por exemplo, entre grupos extremistas como os *diggers* e os *levelers* durante as guerras civis inglesas, começaram a se perguntar se transformações sociais e políticas drásticas não poderiam produzir novos níveis de felicidade, por meio de maior igualdade. "Por que não podemos ter o paraíso aqui, e o paraíso na vida futura também?" – um tema que se tornaria ainda mais importante posteriormente.

- É possível que os primeiros sinais de um maior interesse em finais felizes tenham começado a surgir no século XVII, embora a grande onda só fosse vir nos séculos XIX e XX. Sendo assim, um dramaturgo de menor importância reescreveu a grande tragédia de Shakespeare *O Rei Lear*, para oferecer um final feliz, e a peça seria encenada dessa forma por mais 150 anos até que a versão original fosse restabelecida. Em Nápoles, uma nova ópera baseada na *Eneida*, de Virgílio, reformulou a narrativa para que terminasse de forma feliz, e não em suicídio.

- Algumas palavras novas, relevantes para um renovado interesse pela felicidade, começaram a entrar na língua inglesa. Por exemplo, "*fun*" (diversão) – derivada de termos medievais anteriores para bufões ou bobos da corte – começou a ser empregada. Ela foi usada pela primeira vez como verbo em 1680 e como substantivo em 1700. "Diversão" continuou sendo associada a truques ou trotes até cerca de 1730, quando então começou a se referir a divertimento puro e simples.

Esses exemplos são como palha ao vento e não devem ser exagerados. Ideias mais antigas sobre as limitações da felicidade persistiam. John Locke, por exemplo, também escreveu sobre a insensatez humana, refletindo a ênfase clássica e cristã na fragilidade humana: "Raramente estamos à vontade e suficientemente livres das demandas de nossos desejos naturais ou adquiridos"; "Nesse estado imperfeito, é provável que jamais sejamos livres do (desconforto) neste mundo." Em 1675, um livro sobre *Art of Contentment* (A arte do contentamento), de um conservador inglês, dava ainda mais ênfase ao caráter evasivo da felicidade: "Embora todo homem possa ter felicidade", a grande maioria se perde em "buscas cegas". Na verdade, a felicidade está ao alcance de todos, se todos a apreendessem reconhecendo a "felicidade suprema e definitiva" da próxima vida. Isso poderia permitir uma felicidade "intermediária" agora, se simplesmente cedessem à autoridade e aceitassem suas circunstâncias atuais. Não havia revolução em vozes tradicionais como essa.

ANTES DA GRANDE TRANSFORMAÇÃO

É sempre arriscado generalizar sobre um estado de espírito público, pois há muitas diferenças entre indivíduos e grupos, mas é possível fazer algumas especulações antes de tratarmos da chegada de uma transformação mais fundamental.

Primeiro, embora o século XVII tenha testemunhado uma série de mudanças positivas na condição humana, como o novo consumismo, também houve alguns retrocessos claros. As doenças, incluindo pestes periódicas, continuaram crescendo desenfreadamente. O último grande surto de peste bubônica ocorreu na Inglaterra em 1665, chegando a matar rapidamente um quarto da população de Londres. Guerras de grandes proporções podiam ser tão letais quanto. A Guerra dos Trinta Anos causou doenças e destruição suficientes para matar pelo menos um quarto da população da Alemanha, que levaria décadas para se recuperar. Conflitos frequentes, embora menos sangrentos do que a luta na Alemanha, continuaram no final do século, principalmente em torno das ambições e estratégias destrutivas do monarca absoluto da França, Luís XIV. Esse é outro caso em que eventos e cultura podem se combinar para produzir uma abordagem comum – e hesitante – à felicidade.

Do lado mais puramente cultural, o sorriso não era incentivado nos séculos XVI e XVII, pelo menos o tipo de sorriso amplo e espontâneo, que mostra muitos dentes. Em primeiro lugar, graças ao açúcar e ao tabaco, e à falta de tratamento odontológico para além da dolorosa remoção de dentes podres, muitas pessoas simplesmente não tinham dentes para mostrar e claramente procuravam controlar o sorriso por isso. O "Rei Sol" Luís XIV da França, por exemplo, não tinha dentes; já se especulou que o sorriso mais famoso do início do Renascimento italiano, o da Mona Lisa, era misterioso principalmente porque ela estava se esforçando para não mostrar seus dentes amarelos ou ausentes.

Além do desafio dentário, sorrisos amplos e gargalhadas costumavam ser criticados, vistos como reflexo de uma incômoda falta de controle emocional. Os modos da classe alta insistiam que uma risada barulhenta era sinal de má criação, não melhor do que bocejar ou soltar gases. Em 1703, um escritor católico francês afirmou que "Deus não teria dado lábios aos humanos se quisesse que os dentes estivessem à mostra". As crianças podiam sorrir, é claro, mas um adulto já deveria saber como se comportar.

Na França, mais uma vez, as reações às comédias teatrais costumavam ser deliberadamente contidas. O grande dramaturgo cômico da época, Molière, tinha patrocínio da realeza, mas muitas vezes se metia em problemas. Em primeiro lugar, suas peças costumavam zombar de tópicos proibidos, como a Igreja ou a aristocracia, e eram simplesmente proibidas. Em segundo, o público elegante, que era fundamental para o patrocínio, insistia em que gargalhar era um comportamento que só se esperava dos "assentos baratos". Em outras palavras, divertir-se demais e abertamente era vulgar, e Molière insistia que seu propósito não era tanto entreter – embora o fizesse –, mas "corrigir os defeitos dos homens".

A contenção podia ser ainda mais amplamente recomendada em regiões protestantes, como a Grã-Bretanha ou as colônias atlânticas da América do Norte. Vários historiadores indicaram a preferência por uma leve melancolia nos humores dessas regiões, pois as pessoas, cientes de seus pecados, procuravam "caminhar humildemente" aos olhos de Deus. Muitos autores de diários se consolavam em se retratar como "aflitos". Um chefe de família repreende a si mesmo após punir um servo: "E, portanto, sou induzido a lamentar a minha vida pecaminosa, por minhas falhas diante de Deus Todo-Poderoso". Outro comenta que, em sua opinião, Deus "não permitia alegria nem prazer, mas uma espécie de conduta melancólica e austeridade". Outro, ainda, observa que a melancolia profunda, embora angustiante, era muito melhor do que o pecado. Essa era a atmosfera em que muitos também manifestavam desgosto até mesmo por um mínimo de descontração com amigos ou parentes, ao refletirem "dolorosamente" sobre sua "leviandade" em um grupo de pessoas reunido à noite. Isso não indica que não houvesse experiências de alegria, mas elas pareciam gerar uma preocupação pessoal verdadeira e podia haver uma hesitação real em procurá-las deliberadamente. Não foi por acaso que um dos impressionantes textos médicos do século XVII, o extenso *A anatomia da melancolia*, de Richard Burton, ao sugerir maneiras de modificar os extremos, também observava que "nenhum homem vivo está livre" de "disposições melancólicas".

Nada disso quer dizer que (à exceção de uma esperança por um mundo melhor na vida que estava por vir) não houvesse interesse na felicidade generalizada antes do século XVIII. Os sinais de mudança não devem ser esquecidos. A própria crença da classe alta de que o riso era vulgar sugere que muitas pessoas comuns apreciavam as oportunidades para se divertir (no teatro popular, por exemplo), como sempre acontecia. A ênfase na melancolia pode ter sido um privilégio duvidoso das pessoas instruídas, no qual a combinação de ansiedade religiosa com o código de condutas em vigor podia ser particularmente brutal. É importante lembrar, afinal, que muitos pregadores ainda insistiam na possibilidade de felicidade por meio da simples tentativa de ser bons e agradar a Deus, e era difundida a ideia de que aceitar o próprio destino podia ser uma fonte de alegria. A sabedoria tradicional ainda tinha alguma importância. As evidências indicam, contudo, que continuava havendo limitações para se assumir a felicidade, antes que surgisse um conjunto mais incisivo de ideias e práticas, principalmente após cerca de 1730, que mudaria o cenário de forma definitiva.

NOVOS CONCEITOS DE FELICIDADE

Uma nova ideia de felicidade – e talvez uma ideia ainda mais recente de sua acessibilidade – foi uma característica básica do pensamento iluminista no século XVIII em ambos os lados do Atlântico Norte. Prazeres terrenos – dançar, comer, cantar, a companhia de amigos – não significavam desafiar a vontade de Deus, e sim uma vida como prevista pela natureza. O poeta britânico Alexander Pope assim o expressou em seu *Ensaio sobre o homem*, de 1734: "Oh, felicidade, objetivo e alvo de nosso ser! Bem, prazer, tranquilidade, conteúdo! Seja qual for o teu nome". O filósofo escocês Francis Hutcheson foi um dos primeiros pensadores a discutir a importância de um compromisso social com a felicidade, sugerindo que a política poderia ter que ser reformulada em função desse objetivo. As pessoas mereciam ser felizes e, em meados do século, os autores franceses já falavam até de um "direito à felicidade".

As discussões sobre como alcançar a felicidade se espalham entre intelectuais e círculos governantes em todo o continente. Na Polônia, a Universidade da Nobreza promoveu uma série de palestras sobre "A felicidade do homem aqui embaixo" e o governante da Rússia organizou uma celebração com a "deusa felicidade" e um enorme "Templo da Felicidade". No final do século, o assunto havia se tornado lugar-comum, o que poderia dificultar o entendimento de até que ponto era uma manifestação verdadeiramente inédita de esperança e expectativa.

Os próprios autores cristãos assumiram o tema, escrevendo panfletos com títulos como *Eu quero ser feliz* ou *A escola da felicidade*. É claro que eles observavam que a felicidade plena só poderia ser encontrada na vida após a morte, com Deus, mas a maior parte de sua atenção estava centrada nos bons sentimentos no aqui e agora. Um historiador afirmou que o iluminismo, na verdade, começou a mudar a velha pergunta cristã – como eu posso ser salvo – para uma nova: como eu posso ser feliz. E, embora os novos filósofos certamente se referissem aos autores clássicos gregos e romanos ao discutir a busca da felicidade, sua abordagem era muito diferente por se centrar no prazer em si e não em algum objetivo maior.

O novo interesse inspirou o desenvolvimento do que viria a ser conhecido como Ciências Sociais, outra contribuição fundamental do iluminismo. A Psicologia, ainda em seus primórdios, não estava totalmente envolvida, mas os sociólogos, cientistas políticos e economistas emergentes estavam muito interessados; seu objetivo era aprofundar a definição de felicidade e sugerir como a sociedade poderia ser organizada para maximizar sua conquista.

Assim, na Grã-Bretanha, o que ficou conhecido como a escola utilitarista, inicialmente guiada por Jeremy Bentham, insistia que o propósito do governo, ou mesmo de qualquer ação pública, era o "bem maior para o maior número" – e com "bem" ele queria dizer felicidade. Isso ampliou as ideias sugeridas anteriormente por Francis Hutcheson. "É a maior felicidade do maior número que é a medida do certo e do errado", escreveu Bentham em 1776. Alguns dos primeiros cientistas sociais argumentaram que era possível construir modelos matemáticos voltados a maximizar a felicidade. Vários estudiosos que trabalhavam nessa linha reconheceram que as pessoas no passado não conseguiam maximizar a felicidade, mas que agora a ciência poderia ir além do pensamento ultrapassado e demonstrar um caminho claro.

O entusiasmo alcançava toda a Europa (além de alguns ansiosos participantes norte-americanos), com contribuições da Itália e da Alemanha, bem como da Europa Ocidental. Estudiosos do Direito e os primeiros criminologistas entraram na conversa. O pioneiro jurista Cesare Beccaria apresentou suas ideias a fim de estabelecer uma grande reforma das punições com a preocupação de limitar o sofrimento e a infelicidade e impor somente penas que fossem eficazes para corrigir o comportamento. Seu princípio norteador, atualmente muito conhecido, eram políticas que trabalhassem pela "máxima felicidade do maior número de indivíduos". Economistas como Adam Smith, em busca dos melhores mecanismos para o crescimento econômico, presumiam que mais prosperidade traria mais felicidade, o que, por sua vez, era o objetivo adequado da humanidade. Como disse outro estudioso – o escritor francês Chastellux, que escreveu o que ele chamou de primeira história da felicidade do mundo –, "Existe alguma mais bela, mais digna de nossa atenção do que aquela que tem por objeto a felicidade da humanidade?" O próprio foco, somado à visão implicitamente democrática de que a felicidade pode e deve estar disponível a todas as pessoas, além da convicção de que as sociedades poderiam ser transformadas e melhoradas de forma a promover a felicidade – tudo isso representava uma combinação silenciosamente revolucionária.

Em meio a toda essa discussão, surgiram divergências interessantes. Alguns autores, principalmente na França, enveredaram para discussões sobre sensualidade pura e, em alguns casos, viveram experiências ativas na busca do prazer nesse domínio. Assim, o famoso amante Casanova escreveu sobre a transcendência do "prazer sensual imediato". Os sensualistas levaram outros expoentes do iluminismo a criticar prontamente seus hábitos "dissolutos". Alguns autores admitiram que certa quantidade de ilusão, ou pensamento positivo, era essencial na busca da felicidade: havia muitos problemas na vida que tinham que ser deixados de lado com base na noção de que a felicidade estava prontamente disponível. O cristianismo continuava uma preocupação. Havia um amplo consenso de que o cristianismo tradicional havia se enganado: a humanidade não era pecadora e a negação do prazer no estilo monástico era realmente equivocada. Mas, enquanto alguns se aventuravam no agnosticismo, muitos outros tendiam a argumentar que existia um Deus que, na verdade, apoiava a busca humana da felicidade. Essa era a visão, por exemplo, de Benjamin Franklin, do outro lado do Atlântico.

Surgiu um importante debate sobre o papel da civilização na felicidade. A maioria dos defensores do iluminismo era de moradores de cidades, interessados em uma série de prazeres sofisticados, incluindo a alegria de aprender e a investigação racional. Mas outra linha, defendida com mais vigor por Jean-Jacques Rousseau, argumentava que a verdadeira felicidade era encontrada em prazeres mais simples, que as pessoas precisavam retornar a uma existência mais "natural". E essa abordagem teve bastante eco. No século XVIII, houve uma proliferação de "jardins de lazer", nos quais os moradores das cidades podiam desfrutar das belezas da natureza, e houve até um movimento, popularizado por pessoas como a desafortunada rainha Maria Antonieta, da França, para reconstruir chalés agrícolas e moinhos movidos a água para atender às preferências por uma vida mais simples. Mas, embora autores como Rousseau fossem profundamente críticos de muitas ideias iluministas sobre o prazer, ele próprio reforçou a mensagem central: as pessoas "precisam ser felizes". "Esse é o primeiro desejo que a natureza imprimiu em nós, e o único que nunca nos abandona."

Não se pode negar a centralidade do iluminismo para o novo compromisso com a felicidade, em meio a algumas variações sobre o tema. Essa foi uma das maneiras básicas pelas quais essa revolução intelectual transformou a cultura ocidental, muito além do alcance da filosofia. Isso porque os pensadores iluministas também eram fervorosos divulgadores, e escreveram deliberadamente para um grande público. O pensador francês Voltaire, por exemplo, foi um dos primeiros intelectuais a ganhar a vida apenas vendendo livros, sem patrocínio da aristocracia para se sustentar. Suas obras traziam sínteses inéditas do conhecimento para ajudar a difundir ideias, enquanto vários panfletistas ofereciam uma série de textos consistentes. As ideias deles foram adotadas não apenas nos salões da moda, organizados para os ricos, mas também na crescente rede de cafés, onde as discussões públicas podiam atingir grupos de pessoas que iam além de quem comprava livros e panfletos diretamente. Não é fácil saber quantas pessoas foram tocadas pelas novas ideias de felicidade, mas esse não foi um movimento apenas das elites.

Um sinal disso era a tendência crescente das pessoas de celebrar o advento de um novo ano com expectativas específicas sobre a felicidade que estaria por vir. Um almanaque anunciava o ano de 1766 da seguinte forma: "Que o Ano-Novo e os que se seguem tragam felicidade e paz aos corações de todos os homens". Novos conhecimentos haviam trazido progresso visível no ano anterior, e havia mais por vir. Porém, a expressão comum "feliz Ano-Novo" só entraria no uso corrente no século XIX. Aqui, também, a revolução da felicidade do século XVIII lançou um conjunto de hábitos e um vocabulário que se tornariam mais sofisticados com o tempo.

CAUSALIDADE

Especificar as causas dessa revolução cultural não é tarefa simples. É muito mais fácil apresentar os novos conceitos em si do que explicar sua origem e sua popularidade. Mudanças básicas, entretanto, não surgem do nada, apenas pelas reflexões dos intelectuais, e certamente não conquistam um público sem um contexto mais amplo. Em vários momentos da história humana, as ideias sobre felicidade – tanto positivas quanto negativas – foram moldadas por uma combinação de ideias e circunstâncias materiais. Essa fórmula certamente se aplica à transformação da felicidade no século XVIII.

Três fatores principais se entrelaçaram. Em primeiro lugar, do lado das ideias, as visões do iluminismo sobre a felicidade claramente ampliavam as conquistas da revolução científica do século anterior – um aspecto conhecido. A demonstração de que a razão e a experiência humanas poderiam explicar muitos dos funcionamentos da natureza (como os princípios da gravidade) e corrigir vários erros mais antigos promoveu ideias mais amplas de progresso e melhoria, e também tendia a chamar a atenção para o funcionamento deste mundo, em vez do próximo. A celebração da razão também fragilizou as visões anteriores sobre o pecado humano, levantando questões sobre outras ideias religiosas tradicionais em termos de potencial humano para a felicidade. Criar conceitos revolucionários de felicidade a partir das descobertas científicas não era um passo automático, da mesma forma que a passagem das descobertas científicas às ciências sociais exigiu uma certa dose de imaginação. Mas as ligações entre uma coisa e outra foram suficientemente claras.

A conexão foi facilitada pelo segundo fator, que, mais uma vez, não era totalmente novo, mas teve um pico em meados do século XVIII: uma melhoria constante nos padrões materiais de vida para muitas pessoas (não todas, claro, mas um número cada vez maior). Aumentou o acesso, por exemplo, a roupas mais coloridas e mais fáceis de lavar, graças principalmente à rápida expansão da indústria do algodão. Em meados do século, muitas pessoas começaram a usar guarda-chuvas, que eram muito importantes, principalmente no clima da Europa. É certo que alguns escritores ingleses reclamaram de um enfraquecimento do caráter, já que um verdadeiro inglês deveria ser capaz de suportar a chuva, mas em geral a inovação foi bem recebida. Os sistemas domésticos de calefação melhoraram. O uso crescente de lâmpadas a óleo de baleia reduziu o problema da escuridão à noite (embora também tenha permitido mais exploração de mão de obra nas fábricas em expansão). O desenho das cadeiras melhorou e sua disponibilidade aumentou. Da mesma forma é verdade que mais pessoas também passaram a ter acesso a relógios de pulso e de outros tipos, embora se possa questionar se saber as horas contribui para a felicidade. Com a exceção do relógio, os novos padrões de conforto tiveram muito impacto positivo.

A complexa relação entre consumismo e felicidade, que começa a se delinear nesse momento, lançou um tema recorrente na história. As pessoas estavam comprando coisas, em parte, para se exibir – esse era o motivo por trás da compra de relógios sofisticados –, mas também porque as "coisas" lhes davam prazer direto. Também é verdade que a melhoria dos padrões podia da mesma forma promover mais aspirações, e as frustrações podiam complicar a situação. Mas há poucas dúvidas de que uma vida material melhor tenha facilitado a crença em novas possibilidades de felicidade. Na verdade, é precisamente no momento em que os padrões de vida começam a avançar que o consumismo tem seu impacto mais positivo, como seria o caso, mais tarde, em outras sociedades. Aqui estava uma motivação a mais para os novos pregadores da felicidade e para aqueles que lhes davam ouvidos.

Por fim, o terceiro fator: um pouco de casualidade positiva. Por razões que não são totalmente claras, a Europa ficou basicamente livre de pragas por várias décadas, de cerca de 1730 em diante. As doenças endêmicas continuaram causando danos, mas as catástrofes recorrentes desapareceram em grande parte. Isso tornou os desastres naturais que ocorreram, como um grande terremoto em Lisboa, mais visíveis e lamentáveis, mas realmente houve um relaxamento na ansiedade habitual. E, embora não tenham desaparecido, as guerras não foram particularmente sangrentas nem afetaram grandes setores da população fora da Europa Central. O maior conflito, a Guerra dos Sete Anos, que começou em 1756, matou apenas 20 mil britânicos, e nem mesmo os franceses sofreram tanto – apenas para apontar dois países particularmente envolvidos na onda crescente da felicidade. Os intelectuais estavam cientes da nova atmosfera, sobretudo do alívio em relação às pragas, o que lhes dava esperança sobre o futuro, e a mudança também ajudou a criar um público favorável. As epidemias e as guerras mortíferas certamente voltariam, mas nessa época os contornos da revolução da felicidade já estavam definidos.

Qualquer grande transformação na humanidade costuma envolver uma combinação de fatores, e certamente é o caso da felicidade. Os padrões de vida europeus, por exemplo, não eram necessariamente melhores do que os chineses em meados do século XVIII, mas os chineses ainda não tinham uma revolução científica para servir de base. A classe alta russa tinha acesso à revolução científica e demonstrava interesse pelas ideias de felicidade, mas a Rússia ainda não experimentara uma mudança mais ampla no conforto físico, o que proporcionava um resultado diferente. Não é tão fácil avaliar o impacto da interrupção do ciclo da peste, embora, no início da década de 2020, assolados pela pandemia do coronavírus, possamos imaginar o alívio que pode ter sido. Mas o otimismo iluminista pode ter tanta relação com esse fator quanto com os outros dois.

FELICIDADE COM ALGO A MAIS: UM EFEITO CASCATA

As ideias iluministas sobre a felicidade estavam conectadas a vários outros eventos, alguns dos quais cumpririam um papel permanente no avanço da própria felicidade. Sem se aventurar muito longe do tema básico, é importante discutir algumas ampliações duradouras.

Muitos pensadores iluministas ficaram famosos por seu otimismo. Eles acreditavam que o mundo estava melhorando ao seu redor, mas também que, à medida que as pessoas adquiriam mais instrução e as antigas instituições eram reformadas, mais avanços eram garantidos para o futuro. A declaração mais abrangente sobre o progresso foi feita pelo escritor francês Nicolas de Condorcet, que publicou seu *Esboço de um quadro histórico do progresso do espírito humano* em 1795, apresentando fórmulas para a "perfectibilidade da sociedade". Ironicamente, Condorcet escreveu o livro enquanto tentava escapar de ser preso por radicais revolucionários franceses e, na verdade, a obra apareceu um ano depois de ele ser detido e morrer na prisão. Era um testemunho dramático da fé iluminista, mas que também ilustra um dos principais corolários do pensamento do iluminismo: o incentivo à esperança, não de uma vida melhor no céu, mas de uma vida melhor ao alcance da mão, no aqui e agora. O novo tipo de esperança poderia se conectar à felicidade para os indivíduos à medida que eles planejavam o que consideravam seu próprio futuro melhor, ou podia alimentar a confiança de grupos maiores de pessoas que atribuíssem sua felicidade a uma sociedade melhor que resultaria de um movimento social ou mesmo de uma nova tecnologia.

O iluminismo e vários desenvolvimentos da cultura popular do século XVIII deram nova ênfase ao indivíduo, em lugar da importância dos laços com um grupo. Os estudiosos discutem a questão de quando o individualismo começou a caracterizar a cultura ocidental, mas há poucas dúvidas de que ele recebeu um grande impulso naquele momento. Um exemplo modesto: foi no final do século XVIII que as práticas populares em relação aos nomes começaram a mudar. A tendência a usar nomes de antepassados ou figuras religiosas deu lugar ao interesse em escolher nomes diferentes para os filhos, enfatizando suas qualidades especiais. E o velho hábito de reutilizar o nome de uma criança que morrera acabou por completo; cada indivíduo devia ser valorizado, incluindo os já falecidos. Em nível político, teve início uma grande ênfase nos direitos individuais, incluindo a liberdade de escolha religiosa. Nos casamentos, as preferências individuais começaram a ganhar mais peso em detrimento da tradicional confiança nos arranjos feitos pelos pais. A transformação teve muitas facetas, levando a mudanças em várias áreas, da vida pessoal a aspirações revolucionárias.

Por sua vez, as novas ideias de felicidade estavam intrinsecamente conectadas ao aumento da atenção ao indivíduo, ou seja, a felicidade deveria ser buscada com mais frequência e avaliada em termos individuais. Era o indivíduo que tinha o direito de buscar a felicidade. Já vimos que a conexão íntima entre individualismo e felicidade continua marcando a cultura ocidental, de forma distinta, por exemplo, da abordagem japonesa, e produzindo respostas muito diferentes às perguntas atuais sobre se alguém é feliz ou não. Foi no século XVIII, do lado ocidental, que essa fórmula começou a ganhar corpo.

Por fim, embora este seja um elo menos conhecido, as novas ideias de felicidade foram associadas a novos pensamentos e práticas a respeito da morte, facilitadas, é claro, pela interrupção do ciclo da peste. A fé iluminista na ciência e o otimismo geral estimularam a crença de que, com o progresso, os seres humanos deveriam ser capazes de prolongar a vida, que o espectro da morte recuaria. Ao mesmo tempo, novas ideias sobre o contágio – ainda não a teoria dos micróbios, mas uma anterior – levaram a esforços generalizados para realocar cemitérios, afastando-os das interações cotidianas. Tudo isso levanta a possibilidade de que as novas ideias de felicidade se conectaram a uma aversão cada vez maior à morte, e a frequência relativa de referências publicadas sobre o tema da morte realmente começou a diminuir com rapidez, em uma tendência que continuaria no século XXI. Os índices reais de mortalidade permaneceram bastante elevados por muito tempo. Foi apenas no século passado que se tornou aceitável uma separação mais completa entre felicidade e morte. Mas a semente foi plantada antes e continua gerando dúvidas sobre se as ideias modernas de felicidade, na tradição iluminista, deixam de levar devidamente em conta a inevitabilidade da morte. No capítulo "A felicidade se globaliza", veremos que algumas sociedades não ocidentais estão enfrentando essa questão hoje em dia, à medida que o debate sobre a natureza da felicidade se torna mais global.

CONTINUE SORRINDO

A ampliação mais importante do novo pensamento sobre a felicidade para outros aspectos da vida cotidiana veio com a ênfase simultânea na importância da alegria. Essa mudança não é tão fácil de identificar quanto a própria felicidade, pois não se prestava a fórmulas intelectuais abrangentes, mas pode ter sido pelo menos igualmente importante.

Os filósofos do iluminismo deram algumas contribuições nessa área. Francis Hutcheson, por exemplo, escreveu muito sobre o valor do riso. Ele contestou ideias mais antigas de que as pessoas riam apenas da desgraça alheia ou que rir era um sinal de má criação. Pelo contrário, o riso ajudava a estabelecer vínculos entre as pessoas, contribuindo para uma sociedade mais humana.

O foco principal, entretanto, centrava-se em um interesse crescente pela alegria, fora do domínio da filosofia formal. *Cheer* não era uma palavra nova na língua inglesa. Referindo-se inicialmente à expressão facial, começou a adquirir conotações positivas no século XV, mas as referências aumentaram muito no final do século XVII, e foi no século XVIII que começaram a surgir os usos e as associações mais conhecidos, como a ideia da alegria do Natal ou gritos de *cheer* para expressar emoções coletivas (supostamente, esses gritos surgiram na marinha britânica). O mais revelador é que uma expressão totalmente nova, "*cheer up*" (alegre-se), apareceu pela primeira vez em 1670. Sua frequência relativa só começou a aumentar no final do século XVIII, mas, a partir daí, ganharia terreno sem parar no século XX (embora, curiosamente, com mais força no inglês dos Estados Unidos do que no inglês em geral). A expressão revelou uma nova visão de que as pessoas deveriam ser capazes de gerar um comportamento mais alegre e que era apropriado lhes dizer que fizessem isso. Não é de surpreender que, à medida que a alegria aumentava, as referências à melancolia tenham diminuído de forma constante, até que, no final do século XIX, ela tenha se tornado praticamente uma relíquia linguística (Figura 3).

Figura 3 – Frequência da expressão "*cheer up*" no inglês dos Estados Unidos, 1600-2008, e no inglês britânico, 1600-2008, Google Ngram Viewer, acessado em 13 de julho de 2020.

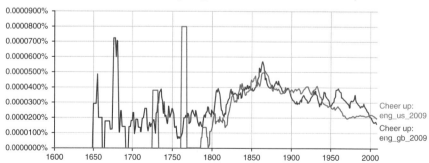

A nova ideia era que as pessoas não apenas deveriam ser felizes, mas tinham a responsabilidade de parecer felizes, produzindo algo como um novo imperativo de alegria. O resultado aparecia tanto em conselhos por escrito quanto, ainda mais impressionante, em uma nova disposição de sorrir amplamente e de esperar sorrisos em troca. As boas maneiras começaram a ser redefinidas no sentido de enfatizar o positivo.

A noção de uma nova obrigação de parecer alegre começou a surgir em textos, incluindo anotações em diários privados, por volta de 1730, tanto na Grã-Bretanha quanto nas colônias do Atlântico. Ela pode ter refletido não apenas a ênfase cada vez maior na felicidade, mas também até onde um número crescente de moradores das cidades estava envolvido em interações comerciais com estranhos, o que inevitavelmente promovia a necessidade de adotar os métodos mais eficazes para se apresentar – às vezes, acrescentando-se também uma referência religiosa. Assim, um certo John Byrom escreveu em 1728: "A melhor coisa que se poderia fazer era estar sempre alegre [...] e não ter qualquer mau humor [...] uma disposição e um estado de espírito alegres são a melhor maneira de mostrar nossa gratidão a Deus". Em 1758, um autor de Boston foi além ao sugerir a conveniência de ter pessoas alegres ao redor, mesmo de classes diferentes: "O trabalhador alegre deve cantar em sua tarefa diária... uma satisfação geral percorrerá todas as categorias de homens". As pessoas também começaram a demandar uma rápida recuperação do ânimo positivo, mesmo depois de um desastre, como em uma brutal epidemia de febre amarela na Filadélfia, em 1792. Para si e para os outros, era importante fazer uma cara boa.

Foi aí que surgiu o novo interesse por sorrisos amplos, um sinal de aprovação e até de insistência em uma expressão mais explícita das emoções. Era o fim do autocontrole taciturno e do sorriso contido, a ser substituído por maior espontaneidade. Os romances – um gênero literário novo por si só – começaram a descrever as mulheres com sorrisos "encantadores" ou "doces", um claro sinal de novidade. Em meados do século XVIII, surgiram novos tipos de dentistas em áreas urbanas de ambos os lados do Atlântico, ávidos por cuidar dos dentes em vez de arrancá-los. Uma série de produtos inovadores, incluindo palitos e escovas de dente, foi introduzida para preservar os sorrisos, e foram projetados auxílios artificiais, como o batom, para destacar a brancura dos dentes. O ato de sorrir demonstrava que a pessoa estava acompanhando os mais recentes produtos de consumo, além de exibir o tipo certo de emoção. Por várias décadas, sorrir pareceu ser uma característica particularmente francesa ou parisiense. Um viajante escocês em Paris na década de 1760 se queixou de como os parisienses pareciam sorrir o tempo todo, o que é um lembrete de como o sorriso moderno é culturalmente específico e pode parecer irritante aos outros. O sorriso parisiense pode ter padecido com a Revolução Francesa, quando os crânios passaram a ser associados às devastações do Terror e os dentes à mostra foram vistos como menos apropriados, mas os sorrisos se recuperariam na França, e certamente o sorriso mais explícito passou a ser comum em outros lugares durante a revolução da felicidade. Assim, durante várias décadas do século XVIII, os americanos cujos retratos eram pintados deliberadamente se apresentavam com rostos sorridentes. Em termos mais gerais, mesmo antes de 1800, vários viajantes europeus observaram como os americanos pareciam ser alegres, comentando sobre seu "bom humor" e sua "alegria" constante, manifestados no sorriso fácil.

Para os homens, a ênfase na importância de sorrir era acompanhada por um esforço crescente para desestimular o choro, que fora uma demonstração bastante comum para os homens do século XVII, quando a melancolia estava mais na moda. A conversão total à ideia de que masculinidade e lágrimas não se misturavam só aconteceu no século XIX, e envolveu mais do que a promoção da alegria. Ainda assim, uma sensação cada vez maior de que demonstrar tristeza significava fragilidade era coerente com a ideia de que a forma mais apropriada de se apresentar era com uma atitude alegre.

Também era reveladora a introdução de novas palavras para designar indivíduos que não estavam realmente deprimidos nem profundamente tristes, mas que não acompanhavam a necessidade social de parecer alegres. O termo "*sullen*" (mal-humorado) já existia, mas, no final do século XVIII, foi acrescentado "*sulky*" (emburrado), provavelmente adaptado de uma palavra alemã. Inicialmente, *sulky* se aplicava a serviçais, uma indicação interessante de que as pessoas estavam começando a querer que até mesmo seus inferiores parecessem alegres. Posteriormente, como veremos, o termo também passou a ser aplicado a crianças teimosas, principalmente adolescentes, e outros neologismos viriam para destacar a indesejável resistência às demonstrações de bom humor.

FELICIDADE INDIVIDUAL: SEXUALIDADE E CONSUMISMO

Longe das penas dos filósofos e mesmo de alguns dos estímulos à alegria, vários grupos da sociedade ocidental expandiram ou desenvolveram novas oportunidades de prazer no final do século XVIII. Algumas foram criticadas e elas não necessariamente tinham objetivo explícito de gerar felicidade, mas podem ter contribuído para alcançá-la.

Poucos indivíduos tentavam imitar as peripécias sexuais de um Casanova, mas os hábitos sexuais populares mudaram consideravelmente. O acesso cada vez maior ao trabalho remunerado, mesmo para alguns jovens, além da aglomeração rural e o início de uma maior urbanização enfraqueceram o controle das comunidades e até mesmo dos pais sobre o comportamento sexual. Isso aconteceu principalmente para aqueles pertencentes ao que se pode chamar, de forma ampla, de classe trabalhadora (tanto no campo quanto nas cidades). A atividade sexual antes do casamento tornou-se mais comum, conforme evidenciado pelo aumento do número de filhos ilegítimos. Mesmo em alguns casamentos, ela pode ter aumentado. Esses eventos são difíceis de interpretar e muitas vezes colocam as mulheres em desvantagem, mas o que um historiador chamou de primeira revolução sexual moderna certamente estava em sintonia com um novo interesse pelo prazer e com o secularismo crescente, pelo menos para alguns.

Já se falou da relevância do aumento no conforto material para a revolução da felicidade, assim como da ligação entre consumismo e o ato de sorrir. À medida que avançava, no final do século XVIII, o consumismo estreitava as conexões com a felicidade, enquanto ia levantando uma série de questões que se manteriam no futuro.

Nenhum dos defensores filosóficos da felicidade afirmou que ela se baseava principalmente na aquisição de coisas. O cultivo da mente, o gozo da liberdade, as conexões com a natureza também eram fontes vitais. Nas colônias britânicas da América, a noção de felicidade estava particularmente ligada à posse independente da terra, embora a prosperidade material também fosse relevante. Mas o fato é que o interesse pela aquisição de bens de consumo continuava avançando em ambos os lados do Atlântico e, para muitas pessoas, representava um caminho para a felicidade. Além disso, tanto os filósofos quanto muitos indivíduos ambiciosos agora concordavam que buscar riqueza era um meio aceitável de promover a felicidade e a independência.

Donos de lojas e fábricas começaram a desenvolver novos métodos para convencer as pessoas de que a aquisição de coisas, e até o próprio ato de comprar, poderiam promover a felicidade. Como disse um observador francês, uma sociedade cada vez mais comercial dava a impressão de que homens e mulheres podiam "comprar e vender felicidade" na forma de vários objetos de prazer. A publicidade começava a se desenvolver, aproveitando o advento dos jornais semanais; embora ainda não houvesse afirmações explícitas de que comprar algo traria felicidade, havia muitas referências ao conforto e a estar em dia com as últimas tendências. À medida que proliferavam, os donos de lojas começaram a organizar as vitrines para que elas fossem o mais sedutoras possível. Outros truques, como fixar o preço de um item abaixo do custo para atrair as pessoas a uma loja onde seriam imediatamente tentadas a comprar mais, proliferaram – na verdade, a maioria dos mecanismos do consumismo moderno se desenvolveu naquela época, pelo menos em suas formas embrionárias. Por sua vez, os fabricantes trabalharam duro para testar as preferências populares, aumentando rapidamente a produção de designs que se mostrassem especialmente atrativos. A estratégia refletia uma nova consciência de que o prazer popular poderia ser identificado e usado para promover mais vendas.

Não há muitas evidências diretas do século XVIII sobre a experiência emocional das pessoas que estavam participando do novo consumismo, além do fato óbvio de que elas eram visivelmente atraídas pelo processo. O consumismo estava começando a ser relacionado ao ato de fazer a corte e ao amor romântico. Esse foi um dos principais motivos para o aumento do interesse em roupas mais elegantes. Em 1797, uma editora londrina, em uma atitude empreendedora, chegou a oferecer um livro de expressões que os homens poderiam usar para tornar mais românticas as suas saudações pelo dia dos namorados. Estava claro o surgimento de conexões entre consumismo, afeto e (por meio disso) felicidade. Em outra frente, os testamentos passaram a incluir designações específicas de itens, principalmente móveis ou utensílios de mesa, que seus donos queriam deixar para familiares queridos como um sinal de afeto – outra indicação de que, agora, as emoções felizes estavam ligadas a objetos materiais. Em outras palavras, o consumismo estava começando a contribuir para a felicidade e, por sua vez, a possibilitar a expressão dessa felicidade da qual as pessoas se lembravam. Ele propiciou um dos canais para a nova busca individual por obter e expressar mais prazer.

FELICIDADE E ALEGRIA COLETIVAS: UMA DIMENSÃO POLÍTICA

Contudo, o crescente interesse na felicidade e nas esperanças terrenas não se aplicava apenas aos indivíduos nem se limitava aos grupos sociais mais afluentes. Uma das descobertas mais importantes da História do protesto popular é que houve uma transição dos objetivos tradicionais, que enfatizavam o retorno a alguma condição passada, real ou imaginária, para uma abordagem "proativa", que enfatizava o direito ao progresso, ou seja, o direito a condições melhores do que as pessoas comuns jamais haviam experimentado. Diversos grupos começaram a imaginar que poderiam atingir novos níveis de felicidade coletivamente se conquistassem reformas econômicas ou políticas. Essa era uma maneira pela qual as novas esperanças associadas à "busca da felicidade" poderiam se traduzir em ação coletiva.

Essa nova busca pela felicidade irrompeu claramente durante a Revolução Francesa, onde muitas pessoas comuns conquistaram oportunidades de expressar suas opiniões políticas. Assim, um advogado de uma aldeia rural na França, Joseph-Marie Lequinio, de origem humilde, conquistou um pequeno papel durante a fase radical da revolução, através do qual ele pôde expressar suas visões sobre a felicidade coletiva ao alcance da mão. "Todos, isto é, quem quer que sejamos – grandes ou pequenos, fortes ou fracos, jovens ou velhos –, todos sonhamos com a felicidade, queremos apenas ser felizes, pensamos apenas em nos tornar felizes." Ainda graças à revolução, Lequinio pôde deixar claro que a busca pela felicidade nada tem a ver com a espera pela vida após a morte, o que seria apenas um truque que havia iludido as pessoas comuns por muito tempo. No entanto, a felicidade tampouco se centra na riqueza pessoal ou no prazer individual. O verdadeiro segredo da felicidade está em trabalhar pelo progresso das massas, no "amor aos outros" ou na "felicidade pública". E, fazendo referência à nova força do nacionalismo popular que se formava na França, Lequinio também vinculou essa nova visão de devoção coletiva ao "amor à pátria".

Documentos oficiais da Revolução Francesa se referem a uma noção semelhante, de "felicidade para todos": assim, a Constituição de 1793 afirmava diretamente: "O objetivo da sociedade é a felicidade comum". Para pessoas como Lequinio, a felicidade está centrada na destruição da tirania, no fim da hipocrisia religiosa, no progresso do homem comum.

Esse tipo de visão – de que uma felicidade maior está ao alcance da mão, sob o estímulo do protesto popular – se manifestaria de forma recorrente a partir desse momento, motivando uma série de agitadores revolucionários na Europa Ocidental (tanto radicais quanto nacionalistas) durante os levantes de 1848. Estimularia os movimentos sindicais mais visionários, incluindo o cartismo britânico. Inspiraria líderes socialistas e comunistas em muitos países. Essa ambição de felicidade coletiva alimentou alguns dos mais devotados adeptos dos novos movimentos de protesto que surgiram a partir do final do século XVIII.

E pode ter envolvido mais do que expectativa. Entusiasmo compartilhado e companheirismo podiam proporcionar felicidade a muitas pessoas comuns, mesmo durante a própria luta, à medida que elas se reuniam, às vezes às escondidas, para planejar seus próximos movimentos e expressar sua devoção à causa. Canções, cânticos, abraços fraternos podiam reforçar o sentido de camaradagem envolvido, uma espécie de felicidade compartilhada que era possível antes mesmo de os objetivos serem alcançados.

Ocasionalmente, pelo menos quando a vitória parecia estar ao alcance, essa sensação de felicidade coletiva podia gerar sentimentos de alegria verdadeira. Tomemos, por exemplo, a noite de 4 de agosto de 1789, quando a Assembleia revolucionária francesa conseguiu se reunir pela primeira vez depois da queda do antigo regime. O clima era mágico: "Choramos de alegria e emoção", escreveu um participante. Todos os representantes, de todos os estratos sociais, "tratavam-se com amizade fraterna", e a Assembleia iria aprovar moção após moção com o objetivo de criar uma sociedade melhor. Momentos como esses, de felicidade contagiante, fundada em visões compartilhadas de futuro, não eram comuns, mas surgiriam recorrentemente na história moderna demonstrando o novo poder das grandes esperanças.

AVALIANDO A REVOLUÇÃO DA FELICIDADE: UM PRIMEIRO RECORTE

Uma verdadeira revolução nas definições e expectativas associadas à felicidade ocorreu no século XVIII em grande parte do mundo ocidental. Obviamente, ela foi ocasionada por diversas abordagens específicas e, sobretudo, pelas opções às vezes conflitantes representadas pela ênfase na realização individual ou coletiva. O elogio ao prazer carnal se chocava com a ideia de alcançar a felicidade por meio do autossacrifício pelo bem comum ou mesmo da felicidade individual obtida através do consumismo ou da educação. As ideias compartilhadas de realização neste mundo e a esperança de progresso futuro podiam ser ofuscadas por objetivos específicos contraditórios. O mesmo se aplica às disputas que Rousseau e seus seguidores provocaram com relação às tensões entre a civilização moderna e uma felicidade mais natural.

Previsivelmente também, as novas ideias de felicidade, de qualquer tipo, encontraram muitos críticos. Na Inglaterra, ao lhe perguntarem se uma pessoa poderia ser feliz no momento presente, o rabugento Samuel Johnson respondeu simplesmente: "Só quando está bêbada". Johnson, um cristão bastante tradicional (que também adorava seu vinho), escreveu em tom duro sobre a "vaidade dos desejos humanos". Somente a fé na vida após a morte pode proporcionar vislumbres de felicidade nesta terra.

Os próprios escritores iluministas às vezes hesitavam, admitindo momentos de tristeza, até mesmo de desespero. Ter mais conhecimento poderia realmente aumentar a miséria humana. Vários líderes temiam que a felicidade estivesse sendo distorcida pela ênfase no prazer pessoal, uma antiga preocupação que as tendências de então intensificaram. Assim, Immanuel Kant lamentou o fato de que "o princípio da felicidade de uma pessoa" possa realmente prejudicar a moralidade, obliterando a diferença entre virtude e vício. "Tornar um homem feliz é bem diferente de torná-lo bom."

Críticas e dúvidas legítimas complicam a avaliação do alcance da revolução da felicidade em 1800. Muitos cristãos tradicionais, de oponentes da Revolução Francesa a protestantes ainda profundamente apegados à crença no pecado original, claramente se distanciaram, mesmo que nem sempre tenham se tornado opositores ativos das novas ideias. É provável que um grande número de pessoas, sobretudo entre a minoria analfabeta ou rural, simplesmente desconhecesse as novas ideias. Mesmo alguns dos adeptos dos novos comportamentos, consumistas ávidos ou aqueles que praticavam sexo antes do casamento, podem não ter tido a sensação real de estar expressando novos valores. É impossível determinar a extensão da conversão, mesmo para novas expectativas de futuro, principalmente em sociedades nas quais os índices de mortalidade permaneciam elevados e muitas pessoas continuavam sofrendo graves privações.

Isso porque a nova abordagem da felicidade envolvia mudanças culturais profundas, o que geralmente leva tempo. Como sugere o próximo capítulo, foi no século XIX que muitas das novas ideias básicas sobre a felicidade começaram a ser traduzidas em visões e práticas mais concretas, e mesmo assim havia limitações o tempo todo. Mas os alicerces foram construídos de forma clara. Um número cada vez maior de pessoas estava começando a acreditar que deveria ser capaz de encontrar a felicidade em suas vidas e, igualmente importante, apresentar um rosto feliz para o mundo ao seu redor.

LEITURAS COMPLEMENTARES

Duas obras básicas sobre a transformação:

Kotchemidova, Christina. "From Good Cheer to 'Drive-by Smiling': A Social History of Cheerfulness." *Journal of Social History* 39, no. 1 (2005): 5-37.

McMahon, Darrin M. *Happiness: A History*, 1st ed. (New York: Atlantic Monthly Press, 2006). *Este livro é um guia pioneiro à história intelectual da felicidade, com atenção especial à revolução do século XVIII.

Veja também:

Boddice, Rob. *A History of Feelings* (London: Reaktion Books, 2019).

Greene, Jack. *Pursuits of Happiness: The Social Development of Early Modern British Colonies and the Formation of American Culture* (Chapel Hill: University of North Carolina Press, 1988).

McMahon, Darrin M. "Finding Joy in the History of Emotions." In Susan Matt and Peter Stearns (Eds.), *Doing Emotions History* (Urbana: University of Illinois Press, 2013).

Slack, Paul. *The Invention of Improvement: Information and Material Progress in Seventeenth-Century England*, 1st ed. (Oxford: Oxford University Press, 2015).

Wootton, David. *Power, Pleasure and Profit: Insatiable Appetites from Machiavelli to Madison* (Cambridge, MA: Harvard University Press, 2018).

Sobre como as ideias do iluminismo foram popularizadas:

Darnton, Robert. *The Business of Enlightenment: A Publishing History of the Encyclopedie, 1775-1800* (S.l: Belknap Press, 1987).

Sobre a melancolia:

MacDonald, Michael. *Mystical Bedlam: Madness, Anxiety, and Healing in Seventeenth-Century England*, 1st pbk. ed. (Cambridge [Cambridgeshire]: Cambridge University Press, 1983).

Stearns, Carol Zisowitz. "'Lord Help Me Walk Humbly': Anger and Sadness in England and America, 1570-1750." In Peter N. Stearns and Carol Z. Stearns (Eds.), *Emotion and Social Change: Toward a New Psychohistory*, 39-68. (New York: Holmes & Meier, 1988).

Watkins, Owen C. *The Puritan Experience: Studies in Spiritual Autobiography* (New York: Schocken Books, 1972).

Sobre sorrir, antes e depois da grande mudança:

Jones, Colin. *The Smile Revolution: In Eighteenth Century Paris* (Oxford: Oxford University Press, 2014).

Veja também:

Braddick, Michael J., Joanna Innes, and Paul Slack. *Suffering and Happiness in England 1550-1850: Narratives and Representations: A Collection to Honour Paul Slack*, 1st ed. (Oxford: Oxford University Press, 2017).

Stearns, Peter N. *Satisfaction Not Guaranteed: Dilemmas of Progress in Modern Society* (New York: New York University Press, 2012).

Vincent-Buffault, Anne. *The History of Tears: Sensibility and Sentimentality in France* (New York: St. Martin's Press, 1991).

Sobre conforto:

Crowley, John E. *The Invention of Comfort: Sensibilities and Design in Early Modern Britain and Early America* (Baltimore, MD: Johns Hopkins University Press, 2001).
DeJean, Joan. *The Age of Comfort: When Paris Discovered Casual – and the Modern Home Began* (New York: Bloomsbury USA, 2010).

Sobre consumismo:

Roche, Daniel. *A History of Everyday Things: The Birth of Consumption in France, 1600-1800* (Cambridge: Cambridge University Press, 2000).
Stearns, Peter N. *Consumerism in World History: The Global Transformation of Desire*, 2nd ed. (New York: Routledge, 2006).

Sobre sexualidade:

D'Emilio, John, and Estelle B. Freedman. *Intimate Matters: A History of Sexuality in America*, 2nd ed. (Chicago, IL: University of Chicago Press, 1998).
Shorter, Edward. "Illegitimacy, Sexual Revolution, and Social Change in Modern Europe." *The Journal of Interdisciplinary History* 2, no. 2 (October 1, 1971): 237-272.

Sobre individualismo:

Taylor, Charles. *Sources of the Self: The Making of the Modern Identity* (Cambridge, MA: Harvard University Press, 1989).
Wahrman, Dror. *The Making of the Modern Self Identity and Culture in Eighteenth-Century England* (New Haven, CT: Yale University Press, 2004).

Sobre mudanças de postura com relação à morte:

McManners, John. *Death and the Enlightenment: Changing Attitudes to Death among Christians and Unbelievers in Eighteenth-Century France* (Oxford: Oxford University Press, 1985).
Stearns, Peter N., ed., *Routledge History of Death Since 1800* (London: Routledge, 2020).

Veja também:

Pape, Walter. "Happy Endings in a World of Misery: A Literary Convention between Social Constraints and Utopia in Children's and Adult Literature." *Poetics Today* 13, no. 1 (1992): 179-196.
Shackleton, Robert. "The Greatest Happiness of the Greatest Number: The History of Bentham's Phrase." In Theodore Besterman ed., *Studies on Voltaire and the Eighteenth Century* (Oxford: Voltaire Foundation, 1972).

A expansão da felicidade? As novas expectativas encontram a sociedade industrial

Em 1904, um produtor da então recente indústria cinematográfica, G. W. Bitzer, filmou uma dança de "*Cake Walk*", ou "Passo do Bolo", na popular praia de Coney Island, em Nova York. O filme apresentava casais de dançarinos formados por homens e mulheres sorrindo amplamente e fazendo muitas caretas para a câmera, improvisando sequências de movimentos cada vez mais elaboradas, enquanto os espectadores aplaudiam e participavam em vários momentos. Os estadunidenses cada vez mais se expressavam através de novas formas de lazer, criando o que alguns, na época e desde então, chamaram de uma nova "ética lúdica". Estariam as pessoas, pelo menos no Ocidente, finalmente aprendendo a se divertir? Elas sorriam com mais frequência porque estavam mais felizes do que nunca? Ou a situação, em perspectiva histórica, era um tanto mais complexa?

O século XIX, sem dúvida, viu muitas das diretrizes básicas da revolução da felicidade se traduzirem em uma série de novas práticas, algumas delas experimentais, mas outras cada vez mais adotadas entre muitos grupos no mundo ocidental. Um tanto ironicamente, a felicidade agora gerava menos interesse político explícito do que durante as décadas revolucionárias do século XVIII, mas a verdadeira ação estava em outro lugar. Também surgiram algumas ideias novas sobre a felicidade, e a ênfase realmente mudou para vários aspectos da cultura popular. A noção de que as pessoas deveriam ser capazes de encontrar a felicidade e parecer felizes se manifestava em uma série de novas expectativas, práticas e comportamentos.

O século também testemunhou a Revolução Industrial, lançada um pouco antes na Grã-Bretanha, mas agora realmente começando a remodelar a sociedade tanto na Europa Ocidental quanto nos Estados Unidos. Esse processo de grandes proporções pôs a felicidade em xeque de muitas maneiras, mas também gerou novas necessidades e novas expressões. É fundamental lembrar que a industrialização não criou as ideias ocidentais modernas sobre a felicidade, pois elas já faziam parte do contexto cultural. O século XIX foi o período em que, pela primeira vez, as implicações da industrialização para a felicidade se manifestaram, mas foi nesse momento também que conceitos especificamente ocidentais de felicidade ajudaram a moldar a resposta popular.

O desafio era bastante claro: em uma situação em que muitos grupos estavam predispostos a buscar a felicidade e até mesmo esperar que as pessoas ao seu redor fossem alegres, como esses princípios poderiam ser traduzidos nas formas emergentes da sociedade industrial? E que novas complicações surgiram? A fusão parcial do imperativo da felicidade com a sociedade industrial ocidental tornou-se mais clara na segunda metade do século XIX, à medida que o processo de industrialização superava suas dores do parto, mas algumas tendências importantes estiveram presentes já no início.

A ESTRUTURA CULTURAL

Filosofia e ciência

A felicidade continuou sendo um tema fundamental na vida intelectual do Ocidente durante o século XIX. As ênfases iluministas persistiam, com mais algumas reviravoltas, mas outras abordagens também se desenvolveram, algumas das quais sustentavam a crença na felicidade enquanto outras levantavam novas perspectivas. Várias escolas de pensamento tiveram impacto direto sobre a experiência efetiva da felicidade, mas, de modo geral, não houve uma revolução sistemática que se igualasse ao que o iluminismo já havia produzido.

Uma abordagem progressista

Vários escritores se basearam diretamente no legado do século XVIII. A maioria dos economistas e teóricos políticos liberais continuava argumentando que a felicidade era o principal objetivo humano e que uma liberdade maior ampliaria continuamente as oportunidades para alcançá-la. Para John Stuart Mill, por exemplo, a felicidade é o "teste de todas as regras de conduta" e o verdadeiro objetivo da vida. Dedicado à liberdade, Stuart Mill aceitava que, como princípio, as pessoas devem ter direito de fazer más escolhas, desde que não afetem injustamente aos outros, mas, em termos gerais, ele confirmava a abordagem iluminista. A maioria dos liberais permaneceu otimista de que as perspectivas de felicidade estavam melhorando, graças ao progresso industrial e às reformas políticas. De fato, desenvolveu-se uma visão que agora parece bastante simplista da história, mais no espírito de Condorcet, que via a sociedade contemporânea como o auge da felicidade humana até então, com coisas ainda melhores por vir.

Os nacionalistas liberais acrescentaram à visão liberal a importância do Estado-nação. Particularmente na Itália e na Alemanha, seus defensores promoveram a ideia de que alcançar a unidade nacional (com uma ordem política constitucional e parlamentar a seguir) daria um estímulo vital ao progresso. O indivíduo seria melhorado por pertencer a uma comunidade nacional comum. É verdade que líderes como Giuseppe Mazzini temiam que a própria noção de felicidade desse demasiada ênfase ao indivíduo e insistiram na importância do dever. Essa tensão se tornaria mais relevante posteriormente, em versões mais conservadoras do nacionalismo.

Embora fortemente contrário à economia liberal, Karl Marx e seus seguidores também se basearam nas ideias do iluminismo. Os marxistas condenavam o sistema capitalista ao seu redor, que estava claramente tornando a maioria das pessoas cada vez mais infelizes – na verdade, alienando-as da sociedade. Somente a revolução poderia corrigir essa miséria. Mas a revolução viria, e Marx estimulou intensamente o tipo de esperança em um futuro mais feliz que os movimentos populares de protesto já haviam começado a fomentar. Uma vez que a ordem capitalista fosse derrubada e o proletariado saísse vitorioso, a verdadeira felicidade na Terra seria finalmente possível. Como disse Friedrich Engels, "existem certos princípios básicos irrefutáveis que, sendo o resultado de todo o desenvolvimento histórico, não requerem provas": o de que "todo indivíduo se esforça para ser feliz" e o de que a "felicidade de cada um é inseparável da felicidade de todos". De fato, a visão marxista proporcionaria conforto a muitos participantes do movimento operário emergente e ajudaria a definir uma abordagem importante da felicidade no século XX.

Uma abordagem romântica

No início do século XIX, um movimento romântico cada vez mais forte atraiu uma grande variedade de pensadores e artistas de ambos os lados do Atlântico, com algumas ramificações que se mantiveram mesmo depois de 1850. Os românticos contestaram o iluminismo de várias maneiras. Especificamente, eles se opunham à insistência indevida na razão, buscando mais paixão e beleza fora de controle do que o século XVIII havia enfatizado. Em alguns casos, isso levou a disputas diretas com ênfase na própria questão da felicidade. Intelectuais românticos foram atraídos por um cristianismo mais tradicional, preferindo visões mais sombrias e até mesmo se deleitando com cenas de melancolia e tristeza. Dessa vertente do romantismo, surgiu a versão mais antiga do artista sofredor, incompreendido por sua época, mas decidido em sua condição infeliz.

No entanto, essa não foi a única abordagem romântica. Os românticos também falaram sobre alegria (com mais frequência do que sobre felicidade). Nesse sentido, o poeta inglês Percy Shelley disse: "Toda arte é dedicada à alegria, e não há empreendimento maior nem mais sério do que fazer os homens felizes". Esse impulso romântico daria origem a uma grande quantidade de poesia e ficção, juntamente com artes visuais, muitas vezes destacando cenas da natureza ou a encantadora simplicidade da vida camponesa, expressamente concebidas para dar prazer aos espectadores. Foi a partir desse mesmo impulso e de um poema do escritor Friedrich Schiller que Ludwig van Beethoven compôs o quarto movimento de sua *Nona Sinfonia*, a "Ode à Alegria" – sem dúvida, a mais influente homenagem musical à felicidade já composta.

Impactos: utopismo e variedade

Os impulsos progressista e romântico se combinaram para gerar outras contribuições à felicidade no século XIX.

A primeira foi uma série fascinante de esforços para criar comunidades especiais onde a organização social introduziria o máximo de felicidade, aqui e agora. Os utópicos criticavam o mundo industrial que se formava à sua volta, mas acreditavam em alternativas possíveis, sem revolução, que resolveriam todos os problemas da ganância e da desigualdade. Em sua maioria concebidos na Europa, experimentos utópicos concretos se espalharam particularmente nas terras mais abundantes disponíveis nos Estados Unidos.

Charles Fourier, por exemplo, imaginou uma comunidade na qual haveria contribuição gratuita de diferentes tipos de trabalho, cujos resultados seriam distribuídos de forma igual entre os membros. "A felicidade e a alegria universais reinarão. Surgirá uma unidade de interesses e pontos de vista, o crime e a violência desaparecerão [...] todos conquistarão a elegância e o luxo." Algumas comunidades utópicas também procuraram maximizar o prazer sexual. E, embora todas elas tenham fracassado, algumas das aspirações envolvidas deram esperança até mesmo para pessoas incapazes de participar de experiências tão dramáticas.

No longo prazo, o mais importante foi até onde o iluminismo e os legados românticos puderam se combinar para gerar mais diversidade nos romances, bem como nas obras de arte e na música, disponíveis para um público cada vez maior. A maior liberdade de imprensa, embora ainda incompleta, somada às melhorias na tecnologia de impressão e na alfabetização, deu sustentação a uma gama mais ampla de oportunidades do que as que estavam disponíveis no século XVIII. Por várias décadas, um grande número de pessoas foi atraído para palestras públicas, muitas vezes no espírito progressista. Os escritores românticos contribuíram com uma série de romances e contos, alguns destacando a tristeza, outros, como *Young Frankenstein* (O jovem Frankenstein), deleitando-se no medo e no terror, outros, ainda, apresentando as satisfações proporcionadas pelo amor jovem. No geral, as obras mais populares tendiam a oferecer finais felizes. Por exemplo, a escritora Louisa May Alcott ouviu de seu editor que suas histórias deveriam ter um final otimista em que o casal principal conseguisse se casar. Mas a variedade era impressionante por si só. A ideia de agradar a diferentes gostos – incluindo, agora, aqueles que tinham prazer em se assustar artificialmente – não era uma característica cultural nova, mas inquestionavelmente se ampliou no século XIX.

Ciência e dúvida

Uma terceira corrente intelectual geral tomou forma principalmente depois de 1850 e, sem tomar o lugar de temas progressistas ou neorromânticos, levantou algumas dúvidas novas sobre a felicidade. Charles Darwin, embora fosse um homem feliz, convencido de que as pessoas em geral podiam buscar a felicidade, associou a humanidade ao mundo animal em sua inovadora obra *A origem das espécies*, em 1859. Darwin observou que muitos animais demonstravam interesse pelo prazer, mas suas conclusões lançariam dúvidas sobre qualquer qualidade humana especial ou superior com relação à felicidade. Afinal de contas, a maior parte das emoções humanas agora podia ser relacionada a análogos no mundo animal, e com a felicidade não era diferente.

Algumas décadas depois, Sigmund Freud levantou outro conjunto de problemas do ponto de vista da psiquiatria. Grande parte da ação humana é determinada por um inconsciente e, embora possa buscar o prazer, esse inconsciente também sofre pressão de uma série de medos e recalques que podem comprometer seriamente a saúde mental, sem falar na felicidade. Freud não negou a possibilidade da felicidade, mas sem dúvida a fez parecer mais complexa, mais propensa à frustração ou a ser prejudicada por impulsos mais sombrios.

Em parte por causa das novas ênfases científicas, em parte por causa de certo legado romântico, um segmento da alta cultura europeia no final do século XIX tornou-se elegantemente pessimista. O clima de *fin de siècle* destacava um sentimento de cinismo e decadência, uma sensação de que a civilização burguesa estava se afogando no materialismo, de que a crise era iminente. Para alguns – por exemplo, aqueles que recorreram ao militarismo ou ao antissemitismo virulento –, a felicidade, agora ou no futuro, era quase irrelevante.

No geral, esses temas eram ainda menores, e mesmo as descobertas mais complexas de biólogos e psicólogos não tiveram necessariamente muito impacto sobre as visões populares de felicidade. É revelador que os vários artigos de jornal que olhavam para o passado recente e antecipavam o futuro, no momento em que um novo século surgia em 1900, enfatizavam fortemente o positivo. Um grande século havia terminado, repleto de avanços, desde a abolição da escravidão até o advento da educação universal, e o novo século seria mais brilhante, com possibilidades ainda maiores para a felicidade humana. Mesmo assim, é possível dizer que o clima intelectual em torno da felicidade se tornou um pouco mais complexo.

Cultura popular: sinais de espírito alegre

As ideias populares dominantes sobre a felicidade se baseavam mais claramente nos temas do século XVIII do que no mundo de intelectuais e artistas, embora houvesse uma importante sobreposição. Antes de tratarmos das principais interações entre as expectativas e o avanço da industrialização – que é onde se concentra a principal história da felicidade no século XIX – podemos considerar alguns exemplos importantes de continuidade e avanço.

O interesse pela alegria continuava crescendo. No início do século XIX, os manuais de criação dos filhos nos Estados Unidos começaram a enfatizar a importância da "obediência alegre" por parte das crianças. A obediência era um interesse antigo, mas a noção de que deveria ser acompanhada de alegria era uma ideia realmente nova (e com potencial para ser exigente). O tema persistiria na década de 1860, quando a obediência começou a entrar em declínio em favor da alegria pura e simples. Em torno da metade do século, a palavra *sulky* (emburrado) era dirigida principalmente a crianças que não conseguiam cumprir a nova exigência emocional.

Os primeiros manuais de autoajuda, embora, inicialmente, dessem importância à frugalidade e ao trabalho árduo, às vezes observavam que também era importante trabalhar com alegria. Assim proclamou o guru britânico Samuel Smiles, cujo nome era mera coincidência: "A alegria também é uma excelente qualidade para se usar. Já foi chamada de tempo bom do coração".

Os fazendeiros do Sul dos Estados Unidos começaram a enfatizar a importância da alegria entre seus escravos, destacando momentos de canto e dança, e exigindo sorrisos frequentes. Essa era uma afirmação que não figurava nas descrições dos escravos no século anterior. Inquestionavelmente, estava em jogo um novo motivo inconfessado: o mito do escravo feliz foi inventado em parte para conter o crescente sentimento abolicionista. Mas a ideia de que um fazendeiro patriarca bondoso tinha escravos felizes ao seu redor como testemunho de seu comando benigno pode ter confortado os próprios brancos sulistas. Ela se combinava com a esperança cada vez maior de um ambiente social alegre, além de acalmar os temores de revolta.

A alegria começou a aparecer nos manuais de etiqueta. Assim, Walter Houghton, um conhecido especialista do final do século XIX nos Estados Unidos, enquanto enfatizava a importância de evitar gargalhadas ou o péssimo hábito de fazer trocadilhos, recomendava uma postura positiva nas conversas com outras pessoas. "Ninguém tem direito de entrar na sociedade a menos que possa animar e ser animado. A sociedade exige alegria, e é dever de todos ajudar a construí-la e sustentá-la".

Os registros de sorrisos no século XIX são complicados porque a popularidade crescente da fotografia envolvia uma tecnologia cuja demora tornava muito difícil sustentar um sorriso; 1900 representou uma virada nesse sentido. As inovações contínuas na língua inglesa sugerem um esforço cada vez maior para impor a aparência de um espírito alegre. Assim, junto com a palavra *sulky*, o termo *cranky* (irritado) entrou em uso. Originalmente derivada do alemão para descrever pessoas que estivessem doentes, o significado mudou por volta de 1800 para indicar "*crabby* e *irritable*" (ranzinza e irascível). A própria palavra *crabby* era um rótulo novo, cada vez mais comum. *Grumpy* (rabugento) foi outro termo cujo uso cresceu continuamente desde o final do século XVIII.

Então, na década de 1890, aparentemente pela primeira vez entre as fraternidades universitárias nos Estados Unidos, as palavras "*grouch*" e "*grouchy*" (dois termos para "resmungão") assumiram seu significado atual, denotando, mais uma vez, alguém que não estava atendendo ao padrão social de então. Por um tempo, "*to have a grouch on*" ("resmungar") foi uma gíria comum. Uma crônica em 1902 ampliou seu significado:

O Resmungão, por outro lado, fez uma boa imitação de um urso com um dedo do pé dolorido. Ele tinha uma expressão facial que assustava criancinhas nos bondes e tirava toda a vitalidade de moças sentimentais. Ele parecia carregar perpetuamente as marcas de um terrível pesadelo.

A enxurrada de termos novos ou redefinidos era inédita, constituindo uma campanha reveladora para incentivar a adesão à nova norma e reprovar os não conformistas. Se não fosse cada vez mais importante convencer as pessoas a ficarem alegres ou constrangê-las quando não correspondessem, essas palavras novas teriam sido desnecessárias.

O século XIX também foi palco, cronologicamente, da ideia de um *Merry Christmas* (Feliz Natal), com as devidas cerimônias familiares. O primeiro uso conhecido da expressão (por um almirante da marinha britânica, desejando felicidades à sua tripulação) ocorreu em 1699, que também foi a data de surgimento da canção de Natal "*We wish you a Merry Christmas*". Mas foi no século XIX que a expressão adquiriu importância, mais uma vez traduzindo a "revolução da felicidade" em um ritual cativante.

A ideia de comemorar o Natal não era nova. Havia muito, ele era um festival que incluía banquetes e, muitas vezes, bastante barulho, com os pobres tentando coagir transeuntes mais ricos a lhes dar pequenos presentes. A ideia de felicidade não estava relacionada explicitamente a isso. Na verdade, a balbúrdia saía do controle com tanta frequência que as autoridades puritanas, tanto na Inglaterra quanto no que se tornou os Estados Unidos, proibiram a prática. Embora o Natal tenha sido restaurado rapidamente como feriado na Grã-Bretanha, a má reputação perdurou por muito tempo. Também em partes da Europa Ocidental, o Natal estava associado ao medo, com São Nicolau ou algum equivalente do Papai Noel que assustava, principalmente as crianças, ou aplicava punições por mau comportamento.

Só na década de 1820 é que começa a ganhar corpo um esforço para reviver um Natal mais sereno e positivo, com uma associação indelével à ideia de felicidade. Uma história do escritor estadunidense Washington Irving, de 1822, destacou o tipo de celebração alegre que ele experimentara entre os anglicanos na Grã-Bretanha. Também naquele ano, Clement Moore escreveu o famoso poema que veio a ser chamado de *The Night Before Christmas* (Véspera de Natal), com sua rica evocação da emoção das crianças, um Papai Noel decididamente alegre e presentes para a família.

Na própria Grã-Bretanha, a virada fundamental veio em 1843, com *Um conto de Natal*, de Charles Dickens. Foi essa história que realmente começou a popularizar a expressão "*Merry Christmas*" e a aumentar a associação do Natal com o prazer familiar, o banquete e o espírito de caridade. A história também forneceu outro termo, "*Scrooge*", para caracterizar pessoas que não estavam à altura da felicidade e da generosidade necessárias. Foi também em 1843 que o primeiro cartão de Natal foi disponibilizado comercialmente, mais uma vez, difundindo a noção de que aquele era um momento vital para a felicidade.

As celebrações propriamente ditas se expandiram na mesma proporção. Em 1856, o poeta estadunidense Longfellow comentou: "o antigo sentimento puritano impede que seja uma festa alegre e saudável, embora ela adquira mais dessas características a cada ano". Em 1860, muitos estados tornaram o Natal legalmente um feriado nos Estados Unidos, e em ambos os lados do Atlântico o costume alemão de armar árvores de Natal passou a fazer parte da celebração. O ato de presentear familiares e amigos foi ficando cada vez mais elaborado. Esse era um exemplo fundamental do compromisso cada vez maior com a felicidade – embora também representasse um desafio às minorias não cristãs na sociedade ocidental.

DIVISÕES DA VIDA INDUSTRIAL

Claras derivações das ideias do século XVIII sobre felicidade e alegria também começaram a se combinar com os efeitos arrebatadores da industrialização. A felicidade começou a se conectar, ou pelo menos a ser recomendada, para várias categorias básicas da existência industrial.

Para um número cada vez maior de pessoas, o ritmo da vida cotidiana começou a mudar. A sociedade pré-industrial fora marcada pela mistura de família, trabalho e tempo de descanso, temperada pelos festivais periódicos. Um dia típico envolvia alternâncias entre trabalho e intervalos, incluindo conversas e cochilos, tudo em um contexto familiar.

A vida industrial era diferente, embora isso só tenha ficado totalmente claro no final do século XIX. Família e trabalho estavam cada vez mais separados. Além disso, à medida que as jornadas de trabalho encurtavam, os dias normais eram divididos entre o tempo no trabalho e um período (além do sono) reservado para o lazer e a família. Cada vez mais, o fim de semana também era ampliado. Na Grã-Bretanha, na década de 1840, tiveram início experimentos de descanso no sábado ou em parte dele; a primeira referência em língua inglesa ao "*weekend*" ocorreu em 1879, e logo os trabalhadores de países como a França também começaram a exigir o que chamaram de "semana inglesa". Esse era outro tempo reservado para a família e o lazer, além de qualquer atividade religiosa.

Essas novas divisões de tempo também desenhavam as categorias nas quais ideias específicas sobre felicidade e alegria começavam a ser aplicadas ao padrão normal da vida industrial. Para muitos, o tempo em família foi redefinido, em parte, em termos de satisfação emocional. Expandiu-se a ideia do lazer como componente da felicidade. E a categoria trabalho levantou várias questões vitais; para as pessoas que estavam pelo menos parcialmente predispostas a uma expectativa de felicidade, a acomodação aos novos ritmos da vida industrial oferecia uma mistura de possibilidades e desafios.

Famílias felizes

De uma carta enviada por um americano, no final do século XIX, à mulher que ele estava cortejando:

> Minha querida Sarah! Como eu te amo, como tenho sido feliz! Você é a alegria da minha vida [...]. Eu não tenho palavras para descrever a felicidade que você me dá, nem o quanto ela está permanentemente em todos os meus pensamentos [...]. Minha querida, como eu anseio pela hora em que te verei!

Em muitos países ocidentais, o século XIX foi o apogeu da carta romântica, repleta de associações de amor e felicidade.

A história da família é um tema enorme e desafiador. A família ocidental mudou muitas vezes ao longo do tempo, mas a avaliação dessas mudanças deve sempre ser combinada com o reconhecimento de que algumas famílias, independentemente da época, devem ter experimentado algumas emoções iguais – incluindo felicidade recorrente e esperança de ser mais feliz. Vimos que o protestantismo pode ter ajudado a intensificar a experiência emocional positiva da vida familiar em partes importantes do mundo ocidental. Na verdade, porém, foi apenas no final do século XVIII que as palavras "feliz" e "família" começaram a ser associadas com frequência. A aplicação da expectativa cada vez maior de felicidade à vida familiar foi um acontecimento fundamental em uma época em que, independentemente do conteúdo emocional, a família passava por uma série de desafios assustadores. Essa foi uma das arenas onde o tema da felicidade interagiu com mais força com as mudanças estruturais trazidas pela crescente industrialização. As grandes mudanças – e elas ocorreriam a despeito de haver ou não um novo tema da felicidade – estavam centradas na redução das funções econômicas tradicionais da família. Pois, com a Revolução Industrial, a produção saiu da casa, em uma transição que muitas vezes ocorreu em poucas décadas. Em muitas famílias, os homens se tornaram os principais provedores, enquanto as mulheres trabalhavam apenas até o casamento, se tanto, e no máximo informalmente depois disso. Em pouco tempo, as crianças também perderam sua importância econômica em muitas atividades. Em poucas décadas, equipamentos de produção mais complicados reduziram as tarefas que as crianças menores podiam realizar, enquanto as novas expectativas de escolaridade também afastavam muitas delas das atividades produtivas. Cada vez mais, os filhos se tornavam uma despesa, em vez de um ativo e, não surpreendentemente, os índices de natalidade começaram a cair.

Essas mudanças foram agravadas por outros desafios, alguns dos quais já haviam surgido no século XVIII. Obviamente, os casamentos arranjados entraram em declínio quando a autoridade dos pais diminuiu. Quando os jovens se mudaram para a cidade – e a rápida urbanização foi um componente vital dos primórdios da industrialização –, o controle exercido pelos pais foi diretamente reduzido.

É claro que as funções familiares permaneceram. Mesmo perdendo importância como unidade de produção, as famílias podiam ajudar os adultos a lidar com a difícil combinação de trabalho e outras necessidades da vida: preparar comida, fazer a manutenção de algum tipo de lar e cuidar dos filhos, mesmo que em menor número.

Mas as famílias também eram procuradas em busca de apoio emocional, e foi aí que as noções ampliadas de amor e felicidade entraram em cena. Cada vez mais, muitos observadores, e muitos membros da própria família, argumentavam que, em meio às mudanças confusas de uma sociedade urbana e industrial, a família era um refúgio fundamental – como disse alguém, um "porto seguro num mundo sem coração". Uma família feliz e pacífica seria capaz de criar os filhos de maneira adequada e proporcionaria tranquilidade e satisfação aos adultos.

A própria família supostamente se iniciaria ao se fazer a corte romântica, livre da interferência direta dos pais, mas em geral não conflitando com os seus desejos. Nesse cortejar, o casal desenvolveria o tipo de amor que proporcionaria a verdadeira felicidade, na verdade, o tipo de amor sugerido nas muitas cartas que esses casais trocavam.

Na falta do cortejo clássico, muitos adultos solteiros começaram a colocar anúncios nos jornais locais em busca de um parceiro adequado, em um sinal de que os arranjos familiares tradicionais já não eram mais possíveis na maioria das vezes. Esse recurso começou primeiro em Londres, na década de 1790, mas se espalhou no continente Europeu e nos Estados Unidos, e mais tarde em outros lugares. Essa seção de anúncios se expandiu continuamente. Alguns enfatizavam o desejo de segurança financeira, mas um número cada vez maior apenas buscava um parceiro que proporcionasse satisfação emocional, a base para um casamento feliz. Assim, um anúncio expressava a esperança de encontrar alguém "com *cérebro* e *coração* (principalmente o segundo)", enquanto outro, de uma mulher, queria "amor e afeto". Os homens muitas vezes afirmavam ter tido sucesso em outros aspectos da vida, mas precisavam da parceira amorosa para completar a verdadeira felicidade.

A imagem da família feliz, descrita em muitos livros e artigos de revistas de aconselhamento ao longo do século, certamente ficaria completa com os filhos, que seriam amados e, por sua vez, dariam amor (e presumivelmente, seriam alegres), além da novidade de um animal de estimação da família, cada vez mais presente. Quando a família feliz conseguia se reunir em torno do piano – outra inovação de consumo do século XIX, mas amplamente adotada da classe média para cima –, o quadro podia parecer completo (Figura 1).

Figura 1 – Frequência da expressão *"happy family"* em inglês, 1700-2008, Google Ngram Viewer, acessado em 27 de maio de 2020.

Isso era uma coisa poderosa, promovida por uma variedade de materiais impressos e, até onde se pode avaliar, bastante procurada por muitas pessoas independentemente de qualquer incentivo. Sem se afirmar que uma família feliz era algo novo, há poucas dúvidas de que ela passou a ser mais observada explicitamente e mais buscada do que nunca, como um objetivo em si, na sociedade ocidental. A expressão "família feliz" surgiu com força e pela primeira vez em materiais publicados em inglês logo no final do século XVIII, e foi atingindo seu auge gradualmente nas décadas seguintes.

A combinação levanta duas questões. A óbvia, sobre quantas pessoas realmente buscavam – e, mais ainda, encontravam – essa experiência emocional na vida familiar, será discutida no final deste capítulo. Por enquanto, podemos simplesmente observar que o mesmo sistema de valores que alardeava a família feliz e amorosa também deu origem a um número crescente de divórcios, pois, se a família não fosse feliz, o parceiro não poderia ser livre para buscar a felicidade de outra maneira?

A segunda questão é mais sutil, mas tem sido muito discutida: essa combinação específica, seja em princípio ou de fato, visava à felicidade do marido e da esposa ou privilegiava desproporcionalmente o primeiro?

A relação entre gênero e felicidade já foi levantada antes – com Aristóteles, por exemplo, ou com algumas das fontes de prazer disponíveis nas cidades pré-modernas – e é importante. A noção de um cortejo amoroso implicava o envolvimento da satisfação emocional de ambos os parceiros, e cartas e diários sugerem que isso acontecia com frequência. Tanto as mulheres quanto os homens podiam encontrar a felicidade ao se apaixonar. Na prática, no entanto, e particularmente em ambientes industriais, onde só os homens recebiam remuneração, o relacionamento poderia se tornar bastante desigual, com os maridos dando as cartas sem muita atenção ao impacto na felicidade da esposa. Além disso, mesmo no imaginário, as mulheres eram consideradas responsáveis pelo bem-estar emocional da família em um nível desproporcional, e instadas a manter uma disposição feliz para o marido e os filhos. Às virtudes e ao trabalho masculino deveriam corresponder as qualidades particularmente afetuosas de boas mulheres.

Não há razão para sermos demasiado cínicos com relação às disparidades de gênero. É verdade que esposas e mães tinham mais liberdade do que nunca em casa, e a responsabilidade de promover a felicidade podia ser compatível com a própria felicidade. Mas podem ter surgido tensões novas.

A criança feliz

Os filhos eram uma parte essencial do modelo de família feliz, um componente que pode ter se manifestado pela primeira vez na ideia de que se deveria esperar que eles contribuíssem com alegria em resposta aos cuidados amorosos dos pais. Mas, aos poucos, foi surgindo a ideia de que eles próprios deveriam ser felizes. O Google Ngrams sugere que a combinação "*happy childhood*" (infância feliz) raramente era usada em textos em inglês antes de 1830, mas, uma vez introduzida, sua frequência relativa aumentou rapidamente.

Pois a ideia da criança feliz era uma grande inovação, uma das extensões realmente importantes do crescente interesse pela felicidade em geral. Vimos que, tradicionalmente, filhos e felicidade não costumavam ser associados. Na verdade, eles podem ter sido felizes, e suas oportunidades para brincar eram realmente importantes, mas não se *esperava* que fossem felizes, nem havia qualquer obrigação parental geral a esse respeito. A infância era muito precária, e os deveres do trabalho eram prementes demais para que essa parecesse uma fase particularmente feliz da vida. É por isso que, nas memórias, a infância quase nunca era lembrada com muito prazer.

Isso agora começava a mudar. Criar filhos felizes não apenas fazia parte do novo imaginário familiar, como também se tornava um objetivo em si, cada vez mais explícito. Os pais começaram a buscar maneiras de agir para tornar seus filhos felizes. Esse foi o principal motivo, por exemplo, do surgimento das tirinhas de jornal, que passaram, de maneira reveladora, a ser chamadas de *"funnies"* (engraçadas) no final do século XIX. O trabalho pioneiro nesse sentido foi na Alemanha e na Suíça, mas o gênero floresceu particularmente nos Estados Unidos. Em 1905, os jornais do país ofereciam as *funnies* regularmente aos domingos, em uma seção que durante muito tempo foi compartilhada por pais e filhos como uma fonte de divertimento mútuo.

Nada indica mais a reorientação no sentido de celebrar a criança feliz do que o surgimento da festa de aniversário, uma inovação genuína do século XIX em ambos os lados do Atlântico. Antes dessa época, as comemorações de aniversário eram limitadas aos adultos da classe alta. Desde os faraós egípcios, os governantes divulgavam publicamente os aniversários. Era uma oportunidade de evocar a adulação de súditos fiéis. O Natal, claro, destacava um aniversário, mas também era um caso especial. É possível que homens adultos da aristocracia tenham celebrado aniversários no período romano e retomaram esse costume na Europa Ocidental no século XVIII. Mas as pessoas comuns não o faziam, e as crianças de qualquer classe, de jeito nenhum.

A primeira festa de aniversário de criança na América do Norte envolveu a filha de uma família rica de Boston, em 1772. Foi uma oportunidade para a família ostentar sua riqueza e ensinar à criança a importância da gratidão. Aos poucos, na primeira metade do século XIX, a prática se espalhou, auxiliada por novos equipamentos que permitiam que os padeiros comerciais preparassem e vendessem bolos mais sofisticados, e festa passou a estar mais claramente associada a homenagear a criança e criar uma ocasião feliz. Diversos livros e artigos começaram a discutir o aniversário e quais eram seus objetivos, e revistas femininas fizeram isso com regularidade durante a segunda metade do século. Nascia uma das grandes instituições que pretendiam simbolizar a importância moderna da felicidade. Em meados do século, livros de aniversário com muita aceitação começaram a orientar as pessoas sobre o que fazer.

Pelos padrões de hoje, as festas ainda eram bastante discretas. Parentes e alguns amigos, bolo e, muitas vezes, frutas (que eram um prazer menos frequente um século e meio atrás) e presentes modestos. Das crianças, esperava-se gratidão e, às vezes, nas classes mais altas, davam-se algumas guloseimas aos serviçais, como expressão de caridade. As conotações religiosas também eram comuns.

Mas o foco principal era a criança e sua felicidade, com um pouco de consumismo. Um dos primeiros manuais sobre aniversários dizia às crianças que, feitos da forma correta, "seus aniversários serão felizes". Outro comentava: "coitadinhos, eles precisam de toda a diversão que puderem ter". Outro, ainda, sugeria mais grandiosamente que o aniversário de uma criança deveria ser um "jubileu de delícias", afinal, completar um ano era "uma coisa gloriosa". Uma autoridade estadunidense situava o aniversário no contexto mais amplo da família feliz, vendo-o como a expressão de "felicidade doméstica".

A expansão da prática provocou algumas críticas reveladoras por parte dos conservadores sociais. Alguns já se preocupavam com o excesso de consumismo, e citava-se a expressão "desfrute egoísta". Outros argumentavam que as crianças deveriam dar graças aos pais e a Deus, em vez de receber tanta atenção. Mas a maior preocupação, que refletia a maneira como as próprias crianças estavam se conectando à felicidade, era o fato de elas cada vez mais esperarem festas e presentes de aniversário como algo natural, adquirindo um controle indevido sobre seus pais. "Os presentes eram considerados (tanto pelos filhos quanto por seus pais) como pagamento de uma dívida."

Porém, o aniversário e a associação explícita com a felicidade e as expectativas de uma criança eram irreprimíveis. Cada vez mais grupos participavam, de modo que, em 1900, era visivelmente um lugar-comum. Claro que se passariam décadas até a popularização do hino *Happy birthday* (Parabéns a você), confirmando e espalhando ainda mais o padrão emocional, que na verdade, já era um fato consumado. A atenção agora seria redirecionada a proporcionar celebrações de aniversário aos próprios adultos.

Sem dúvida, crianças de famílias que celebravam aniversários nem sempre eram felizes; as próprias celebrações podiam dar errado. Mas as ideias de que as crianças deveriam ser felizes, que os pais eram responsáveis por isso, que a infância deveria ser lembrada como um momento feliz e, por fim, que uma infância infeliz era algo a se deplorar foram mudanças importantes que estavam bem estabelecidas em 1900 e se fortaleceriam depois disso.

Junto com os Natais felizes, os aniversários felizes representaram um esforço sem precedentes para institucionalizar a felicidade na sociedade ocidental, ambas as ocasiões representando maneiras pelas quais as famílias do século XIX se esforçavam para traduzir a revolução da felicidade em um ciclo anual.

Trabalho

Em contraste com as mudanças nos ideais da família, a relação entre trabalho e felicidade no século XIX era muito mais problemática. O assunto atraía muita atenção, pois o trabalho passou por mudanças dramáticas durante a Revolução Industrial. E houve, sem dúvida, um impulso para aplicar a fórmula da felicidade também a essa experiência, mas as conexões eram mais difíceis, e uma série de realidades desagradáveis interferia. Na verdade, a ideia de que trabalho e felicidade possam ser assuntos bastante separados – expressa hoje na estranha fórmula que chama a atenção para "equilíbrio entre trabalho e vida", como se o trabalho não fizesse parte da vida – começou a surgir nesse momento, mesmo que apenas implicitamente. Afinal de contas, uma das razões para enfatizar a importância das famílias felizes era o reconhecimento de que outros aspectos da vida moderna poderiam ser bastante sombrios. No mínimo, no contexto industrial, a equação felicidade/trabalho era problemática.

O trabalho havia muito tempo ocupava um lugar bastante desconfortável nas ideias sobre a felicidade, como discutido nos capítulos anteriores. A Revolução Industrial aumentou a carga em muitos aspectos, embora as generalizações sejam difíceis, já que os trabalhos disponíveis se ampliaram consideravelmente. Com certeza, os tipos de satisfação que os artesãos podiam obter nas economias pré-industriais foram sendo eliminados, e eles perderam terreno nos ofícios que sobreviveram. Os níveis de habilidade foram reduzidos em favor de uma produção mais rápida e uniforme. A autonomia no trabalho diminuiu: cada vez mais pessoas trabalhavam, ao longo da vida, sob a supervisão de outras. Nos primeiros tempos da Revolução Industrial, muitos trabalhadores explicitaram seu descontentamento, por meio de frequentes protestos trabalhistas e, muitas vezes, retornando aos empregos rurais, quando as condições permitiam. Mais dramáticos foram os esforços luditas para destruir diretamente o maquinário industrial, na esperança de retornar a uma economia artesanal idealizada. Nenhum desses esforços teve sucesso real, embora possam ter dado um pouco de alívio a alguns participantes, mas eles claramente indicavam novas tensões sobre o que significava o trabalho e o grande abismo entre muitas das rotinas cotidianas e a felicidade.

No longo prazo, mesmo quando os trabalhadores se acostumaram a contextos novos, como a fábrica, vários motivos de insatisfação se mantiveram. Era difícil preservar qualquer sentido de controle pessoal, quando capatazes ou outros supervisores monitoravam o chão de fábrica, e regras rígidas buscavam uniformizar as rotinas ao máximo possível. Muitos trabalhadores tinham pouca noção de seu produto final, já que trabalhavam apenas em um segmento do processo de manufatura. Críticos como Karl Marx indicaram corretamente que isso poderia gerar profunda alienação. O mais desafiador era o ritmo de trabalho, que se intensificava constantemente a cada nova geração de máquinas. No final do século XIX, muitos trabalhadores reclamavam de esgotamento nervoso, e uma série de novas expressões traduzia essa pressão em distúrbios diagnosticáveis, desde o que se chamou de neurastenia até, posteriormente, colapsos nervosos ou estresse.

Tudo isso aumentou a distância entre o trabalho moderno e a felicidade. É revelador o fato de que, no século XIX, não tenha surgido nenhuma literatura rica sobre felicidade no local de trabalho, em nítido contraste com a atenção dispensada à família. Isso mudaria mais tarde, mas, naquele momento, o vazio era perceptível.

O mais revelador é a ausência de referências explícitas à felicidade nas discussões divulgadas mais amplamente sobre a importância e a função do trabalho. Começando no final do século XVIII e atingindo o auge por volta de 1850, várias autoridades estabeleceram o que pode ser chamado de uma nova ética de trabalho da classe média, e seus pontos de vista eram compartilhados por muitos empregadores reais. A fórmula era a seguinte: o trabalho árduo era a âncora do sucesso. Trabalhar longas jornadas, evitar distrações, aprender a trabalhar com rapidez e eficiência eram as chaves para uma vida boa. As pessoas que não tinham sucesso, incluindo os pobres, só podiam culpar a si mesmas, pois claramente não se esforçavam o suficiente. Essa era uma fórmula poderosa, pregada em todos os países em processo de industrialização por pessoas como Ben Franklin, Samuel Smiles ou Horatio Alger. O que estava faltando – além de recomendações ocasionais sobre alegria, de pessoas como Smiles – era qualquer conexão clara com a felicidade.

Por sua vez, muitos trabalhadores, cientes de que essa ética de trabalho servia a interesses da classe empresarial, tentavam focar em um conjunto diferente de valores, empenhando seu tempo, mas também deixando claro que relutavam em trabalhar muito, uma vez que os lucros de seu trabalho iam para terceiros. Muitos empregadores reclamaram que, devido ao bate-papo ou perambulação pelo chão de fábrica, a contribuição da maioria dos trabalhadores era de 60% do que os proprietários diziam esperar. As limitações da ética do trabalho eram reais, mas a alternativa – trabalhar um pouco mais devagar – realmente não trazia felicidade.

Em muitos aspectos, a industrialização simplesmente aprofundou a velha crença de que trabalho e felicidade não se misturam, que qualquer felicidade que possa estar disponível na vida deve ser encontrada fora do trabalho.

Muitos trabalhadores, de vários tipos, de fato se sentiam presos e profundamente alienados. Um mineiro de carvão alemão chamado Max Lotz, no final do século, escreveu sobre o ódio que sentia por seu trabalho, que o exauria mental e fisicamente, impedindo-o até de dormir direito. Embora sua angústia tenha sido expressada de maneira incomum, muitos trabalhadores certamente compartilhavam parte dela.

A imagem da alienação, entretanto, precisa ser problematizada para além de qualquer julgamento generalizante sobre trabalho e felicidade nessa fase da Revolução Industrial.

1. As pessoas variavam em suas reações às situações. Muitas tinham bastante dificuldade para encontrar algum sentido no que faziam. E os empregos eram diferentes. Maquinistas de trens, em meados do século, costumavam comentar sobre o orgulho que sentiam em dirigir seus monstros mecânicos pelas áreas rurais. Os pudladores,* uma nova e perigosa ocupação na crescente indústria do aço, tinham prazer em sua habilidade.
2. Membros da classe média, trabalhando em empresas ou exercendo as modernas profissões liberais em ascensão, aderiram à ética do trabalho de maneira bastante direta, descobrindo que a devoção à profissão realmente trazia uma espécie de felicidade, embora raramente usassem essa palavra de forma explícita. Proprietários de fábricas se esforçando para ter sucesso, bem como médicos que desfrutavam do prestígio crescente e da expansão do conhecimento disponível na medicina, podiam facilmente ficar obcecados por seus trabalhos, mesmo com dificuldades de ter tempo livre. Eles tinham sido levados a uma definição diferente de felicidade.

---

* N.T.: Operários responsáveis pela pudlagem, processo metalúrgico extenuante através do qual se obtinha ferro ou aço pouco carregado de carbono.

Outra categoria tomou forma no final do século XIX, no leque cada vez maior de trabalhadores de colarinho branco: uma "classe média baixa", que trabalhava como secretários, balconistas de lojas de departamentos, professores de escolas primárias. Muitas dessas pessoas não tinham empregos intrinsecamente interessantes, mas absorviam a ética do trabalho da classe média e encontravam satisfação em andar na linha – orgulhosas, entre outras coisas, de serem claramente superiores aos operários das fábricas.

3. Muitos membros das classes média e média baixa e, à sua maneira, muitos trabalhadores encontraram um novo meio de conectar trabalho e felicidade: eles não tinham muitas esperanças de desfrutar profundamente do trabalho em si, mas o valorizavam em função do sustento que ele dava à vida além dele. Segmentos da classe trabalhadora fizeram essa opção de forma mais explícita a partir de meados do século. Os gráficos britânicos na década de 1850 começaram a negociar a seguinte fórmula com seus empregadores: eles aceitariam novas máquinas, ritmos mais acelerados e condições menos gratificantes no trabalho em troca de salários mais altos, dos quais pudessem desfrutar quando não estivessem trabalhando. O trabalho tornou-se não uma fonte, mas um *instrumento* de felicidade. Esta, por sua vez, seria encontrada no prazer que se podia ter em prover para a família (conectando-se ao imaginário feliz em torno da vida familiar e ao orgulho e ao amor verdadeiros que o êxito em sustentar a família poderia expressar). O prazer também podia ser encontrado em níveis mais elevados de consumismo. Da mesma forma, muitos funcionários de classe média, principalmente quando as burocracias empresariais começaram a suplantar o empreendedorismo individual, desenvolveram um cálculo comparável, descobrindo que um trabalho um tanto decepcionante poderia ser contrabalançado pelos outros aspectos da vida que os salários possibilitavam. O instrumentalismo

conectava trabalho e felicidade, pelo menos indiretamente, enquanto os ganhos reais estivessem aumentando.
4. Por fim, e ainda mais diretamente ligada à ética do trabalho, havia a atração da mobilidade social, outra ideia que começou a ganhar atenção explícita a partir do final do século XVIII. E se o emprego, quaisquer que fossem suas limitações no momento, servisse como base para ascender a uma posição superior na sociedade? Esse era um elo potencial entre felicidade e um tipo muito específico de esperança, que poderia ser bastante atrativo.

A mobilidade social não era algo novo: da China confucionista à Europa medieval, os indivíduos conseguiam por vezes sair do campesinato graças à educação, à iniciativa ou a alguma combinação desses dois elementos. Mas a mobilidade nunca foi oficialmente valorizada nem promovida por qualquer cultura pré-industrial, pois era muito mais importante incentivar o contentamento da pessoa com a posição que ocupava na vida naquele momento. Isso agora começava a mudar e, da Prússia aos Estados Unidos, sistemas escolares e textos muito lidos começavam a promover a ideia de subir na vida. Isso estava na base da nova ética do trabalho, ou seja, o esforço faria a pessoa avançar, tornando-a, nas palavras de Benjamin Franklin, "saudável, rica e sábia". A felicidade, nesse caso, estava centrada em como o trabalho se conectaria ao futuro.

Nem todos achavam isso relevante ou possível. O impulso de permanecer no mesmo lugar e fazer o que os pais faziam ainda era forte. Mas não há dúvida de que o tema da mobilidade ganhou força. Principalmente nos Estados Unidos, em uma cultura que se gabava do individualismo e da igualdade de oportunidades, o que as pessoas na época e desde então chamaram de "Sonho Americano" se baseava muito na noção de que uma pessoa, ou seus filhos, poderia subir na vida. E que esse sucesso por meio da mobilidade era, por sua vez, a essência da felicidade. Como disse um imigrante alemão por volta de 1850: somente nos Estados Unidos "os talentos, a energia e a perseverança de uma pessoa" podem ter plena "oportunidade de se mostrar" e, presumivelmente, selar o sucesso e a felicidade no futuro.

Conexões entre trabalho e felicidade permaneceram elusivas no primeiro século da industrialização. Ao mesmo tempo, o impulso da "revolução da felicidade", somado à simples adaptabilidade humana, impedia que se abandonasse totalmente a ideia de se ter felicidade *no* trabalho. Com o tempo, entretanto, grande parte da conexão passou a depender de satisfações obtidas *fora* do trabalho ou da esperança fervorosa de mobilidade.

LAZER

Sem dúvida, as inovações mais profundas envolvendo a felicidade na sociedade ocidental do século XIX estavam centradas em novidades relacionadas ao consumismo e ao lazer. Elas não eram necessariamente mais importantes do que o novo compromisso com a família feliz e, na verdade, as duas facetas se conectavam com frequência. Mas alteraram fortemente a natureza da vida fora do trabalho, até mesmo a estrutura do dia e da semana, e procuraram servir a uma preferência crescente pela felicidade.

Os desafios ao lazer eram consideráveis no novo contexto industrial. Em primeiro lugar, havia fortes resquícios de antigas suspeitas com relação a divertir-se, herdadas de convenções religiosas ou do esnobismo da classe alta em relação às preferências populares. Em segundo lugar, o próprio trabalho industrial simplesmente tomava muito tempo e, embora começasse a ser modificado com jornadas de trabalho um pouco mais curtas – de 12 ou até 10 horas, em vez de 14, nas fábricas – o processo de mudança foi lento. Terceiro, como vimos, o tipo de instrumentalismo que surgiu no local de trabalho presumia que a vida fora dele deveria se tornar cada vez mais divertida: era essa a barganha da felicidade moderna, e se supunha que as oportunidades de lazer corresponderiam às expectativas.

E, finalmente, novas formas de lazer surgiram na sequência de uma destruição substancial da antiga tradição dos festivais que havia servido como uma importante fonte de felicidade, principalmente para as massas na vida pré-industrial. À medida que as cidades cresciam, era difícil manter os festivais em meio a grupos de pessoas relativamente estranhas entre si, já que eles haviam dependido de comunidades mais ou menos estáveis. As novas forças policiais suspeitavam dos festivais, porque eles costumavam ser barulhentos e podiam, em contextos urbanos, levar a protestos coletivos. Os empregadores da indústria não gostavam dos festivais porque eles afastavam as pessoas do trabalho por muito tempo, e era comum deixarem os trabalhadores letárgicos e de ressaca por vários dias após o evento. Essa foi uma poderosa combinação de fatores, muitas vezes complementada pela desaprovação religiosa mais tradicional, que gradualmente desmantelou a tradição dos festivais, deixando apenas resquícios ou, com o Natal, confinando-os a um contexto bastante familiar. Não há dúvida de que o lazer popular se deteriorou por várias décadas no início do século XIX, concentrando-se sobretudo no aumento do consumo de álcool e em modestos passeios em família. O lazer, então, deveria compensar o trabalho e reproduzir ou substituir os antigos valores dos festivais. Não está claro se as inovações funcionaram totalmente – essa é uma avaliação a ser feita mais tarde –, mas não resta dúvida sobre o esforço envolvido, principalmente porque as jornadas de trabalho encurtaram um pouco e mais pessoas passaram a ter recursos para além da subsistência.

Três canais novos ou em expansão merecem atenção: uma segunda fase do consumismo, o crescimento intenso dos meios de entretenimento e a impressionante ascensão dos esportes para espectadores.

Consumismo

A noção de usar as coisas e o próprio processo de aquisição para proporcionar felicidade já havia se acelerado como parte da revolução que tomara forma no século XVIII. Agora, porém, o processo se ampliara visivelmente. A partir da década de 1830, uma nova instituição – a loja de departamentos – tornou-se a meca do consumidor urbano, oferecendo um leque inédito de produtos, exibidos de modo atraente, para tentar e seduzir os compradores. Nos Estados Unidos, os catálogos de pedidos pelo correio ofereceram oportunidades semelhantes de antecipar e desfrutar de uma variedade de produtos, mesmo nas áreas rurais. Os próprios produtos foram ficando mais elaborados e atraentes, graças à produção fabril e ao aumento das importações. As casas de classe média se encheram de tapetes e lâmpadas "orientais" importados. Os moradores das cidades desfrutavam de uma imprensa de massa cada vez mais sensacionalista, empenhada em transmitir empolgação e variedade, mais do que notícias. Nas últimas décadas do século, a bicicleta foi uma inovação fundamental. Útil para ir ao trabalho, era também um desencadeador de escapadas periódicas. Os deslocamentos ciclísticos deram início a uma nova rede de estradas. Casais de namorados podiam usar bicicletas para ficar mais longe dos olhares dos adultos, enquanto as roupas das mulheres se tornaram mais folgadas e menos pesadas para se adaptar às novas máquinas.

Pode-se argumentar que as oportunidades de consumo, incluindo os novos prazeres das compras, estavam se ampliando com rapidez suficiente para atender às necessidades geradas pelas pressões do trabalho, ao mesmo tempo que, com frequência, também enriqueciam a vida familiar. No entanto, as questões relacionadas à verdadeira contribuição para a felicidade também ficaram mais complexas. As pessoas estavam comprando coisas que realmente as deixavam felizes ou simplesmente se fascinavam com as vitrines das lojas de departamentos? A propaganda mais sofisticada aumenta o enigma: as primeiras agências de publicidade profissionais surgiram nos Estados Unidos na década de 1870, enquanto técnicas de impressão melhores e uma linguagem vívida tornaram os cartazes e as páginas das revistas mais atraentes. Foram-se os anúncios que promoviam principalmente o valor e a qualidade dos produtos, e chegava o material que os relacionava diretamente a uma noção de felicidade. Assim, em 1900, as meias de seda eram apresentadas não em termos de praticidade e durabilidade, mas porque eram "encantadoras", "atraentes": "Para se sentir jovem novamente, compre a nossa seda". No limite, o novo problema da cleptomania, principalmente por parte de mulheres de classe média em frenesi para comprar, sugere que o consumismo pode ter expressado mais compulsão do que felicidade.

Entretenimento

Mais do que nunca, as pessoas começaram a comprar entretenimento, em vez de depender de ofertas ocasionais ou esperar pelos festivais. Da mesma forma, o prestígio dos principais artistas profissionais começou a aumentar solidamente – um claro sinal de sua nova importância. Os atores não eram mais relegados aos degraus mais baixos da sociedade.

Para alguns, as oportunidades periódicas de viajar (por prazer, não para fins religiosos) faziam parte do novo pacote de entretenimento. As famílias de classe média alta cada vez mais aproveitavam a malha ferroviária para passar algumas semanas no campo durante o verão, muitas vezes com o marido ficando para trabalhar e indo apenas nos fins de semana. Surgiram redes de hotéis em locais montanhosos e litorâneos próximos às grandes cidades. A agência de viagens de Thomas Cook foi fundada na década de 1840 na Grã-Bretanha, para ajudar as pessoas inexperientes a organizar viagens regionais e, em pouco tempo, pela Europa continental. No final do século, as famílias da classe trabalhadora passaram a fazer viagens de trem nos fins de semana para ir a praias e hotéis no litoral.

O surgimento do parque de diversões foi uma contribuição dos Estados Unidos ao crescente interesse por prazer e entretenimento, como o nome sugeria. Ele também se baseava nas oportunidades apresentadas pela tecnologia industrial de proporcionar novas emoções, com rodas-gigantes e outros dispositivos, e muita iluminação elétrica. O parque manteve alguns dos entretenimentos anteriores associados a feiras comerciais e jardins de lazer na Europa, mas acrescentou oportunidades mais regulares para a empolgação, começando com as atrações construídas para a Exposição Universal de 1893, em Chicago. Os espetáculos itinerantes de variedades passaram a enriquecer as feiras rurais de condados e outros eventos, inclusive apresentando-se do lado de fora dos próprios parques de diversão.

No longo prazo, contudo, nada foi mais indicativo da nova "ética da diversão" do que a expansão do teatro popular, tanto na Europa quanto nos Estados Unidos, nas últimas décadas do século XIX. Os espaços chamados de *music hall* na Grã-Bretanha e *vaudeville* nos Estados Unidos atraíam um público cada vez maior interessado em combinações de comédia, dança e música. A iluminação elétrica permitia várias apresentações por noite (fazendo com que o público agora tivesse que controlar o tempo, outra inovação no lazer), enquanto os bondes e metrôs urbanos transportavam grandes grupos de pessoas de vários pontos da cidade.

A maior parte do teatro popular tinha origem na classe trabalhadora, mas atraía cada vez mais um grande número de expectadores das classes média e alta, ansiosas por escapar do moralismo ou da rigidez de alguns dos entretenimentos que estavam mais na moda, como palestras ou orquestras. A mistura era fascinante. Por sua vez, os artistas atenuavam a linguagem e o caráter sexual das apresentações para atender à sua nova clientela com um produto intermediário. Em 1900, esse tipo de entretenimento popular e os profissionais envolvidos começariam a povoar a recém-inventada indústria do cinema, ampliando ainda mais as oportunidades. Além de novos efeitos técnicos, os cinemas também desenvolveram uma nova cultura do silêncio, pois o entretenimento de massas não deveria mais incluir conversas incessantes, embora essa conversão fosse levar algum tempo para acontecer.

Claramente, para públicos provenientes de várias classes sociais, tanto homens quanto mulheres de várias faixas etárias (embora os adultos mais jovens aparecessem em uma proporção maior), a pergunta sobre o que fazer para se divertir era cada vez mais fácil de responder, e isso sem dúvida contribuía, pelo menos de tempos em tempos, para um sentimento de empolgação e felicidade. É claro que a experiência era, em grande parte, passiva, pois a condição de espectador estava atingindo novos níveis. Do lado positivo, a exposição a profissionais qualificados, em vez de uma oferta majoritariamente amadora, pode ter tido alguma influência no sucesso desses tipos de entretenimento.

Esportes

O crescimento sem precedentes dos esportes, tanto para participantes quanto para espectadores, foi o componente final mais importante do lazer da era industrial, mais uma vez, principalmente durante a segunda metade do século XIX, em todas as partes do mundo ocidental (e, logo em seguida, em outros lugares). Muitos esportes derivavam de jogos mais antigos (o fenômeno não era novo), mas o alcance e o envolvimento, além do nível de emoção envolvido, eram inéditos.

O interesse nos esportes aumentou constantemente a partir da década de 1840. O futebol atraía maior atenção na Europa e o beisebol, nos Estados Unidos, mas o boxe e as corridas de cavalos eram extremamente populares. O futebol americano universitário se desenvolveu a partir da década de 1870; o grande torneio de tênis de Wimbledon começou em 1877; os jogos olímpicos modernos foram lançados em 1896. A popularidade dos times profissionais de beisebol e futebol americano crescia continuamente. Os esportes havia muito tinham um papel importante na recreação, mas não há dúvida de que o tipo de interesse que eles despertaram na segunda metade do século XIX era realmente novo. O surgimento da redação esportiva refletia, mas também promovia, um interesse cada vez mais apaixonado. A primeira revista dedicada ao esporte surgiu na Inglaterra, em 1792; as colunas regulares de jornais apareceram na década de 1850, auxiliadas pela possibilidade de enviar notícias por telégrafo sobre jogos distantes. Embora haja alguma controvérsia sobre sua origem, a palavra *"fan"* (fã), aplicada pela primeira vez aos torcedores de beisebol e de corridas de cavalos nos Estados Unidos, captava adequadamente o interesse fanático que muitas pessoas agora dedicavam aos esportes, praticando, assistindo e lendo sobre eles nas novas seções esportivas da imprensa popular.

Uma série de explicações plausíveis para o surgimento dos esportes modernos já foram levantadas. Os campos em que alguns deles eram jogados contrastavam com o ambiente urbano onde havia excesso de construções, permitindo que os espectadores adultos relembrassem suas brincadeiras de criança. Sua velocidade e sua precisão combinaram com a era industrial, principalmente com o desenvolvimento de regras padronizadas e a manutenção de registros. Ajudaram a criar comunidades, mas também permitiram que as pessoas expressassem raiva, até mesmo ódio, de outros grupos, e proporcionaram catarse em meio às rotinas cada vez mais reguladas e às vezes enfadonhas da vida moderna.

Os esportes também deixavam as pessoas felizes, e é por isso que eles devem figurar com destaque em qualquer relato do esforço do século XIX para fundir o interesse pela felicidade com as novas estruturas da sociedade industrial. A participação propriamente dita, para além dos benefícios físicos, contribuía para produzir sentimentos mais positivos em geral, às vezes intensificados pelo companheirismo com colegas de equipe. A experiência do espectador podia representar uma mistura de coisas: os times perdiam, e muitos torcedores relatavam a tensão que sentiam na reta final de uma competição, mas também expressavam alegria quando suas equipes eram vitoriosas ("eu sou o cara mais feliz do mundo" era um exagero comum). A constante expansão do interesse por esportes atesta seu papel emocional.

A felicidade e um novo contexto emocional

Não é exagero dizer que, pelo menos para muitas pessoas, a interação das expectativas culturais de felicidade com a formação da sociedade industrial gerou um novo modelo de aspiração à felicidade na vida real. A família estava no topo da lista, não mais em termos de estabilidade econômica ou procriação (na verdade, agora o número de filhos tinha que ser mais limitado do que nunca). A chave era a interação emocional positiva entre os membros da família. O novo leque de atividades de lazer era um segundo pilar, proporcionando oportunidades inéditas de diversão. No meio disso, com alguns pontos de interrogação, estava o trabalho bem-sucedido, que era essencial para a sobrevivência econômica, possivelmente gerando algumas satisfações intrínsecas, mas também enriquecido por esperanças cada vez maiores de prosperidade e progresso.

A fórmula criou um novo conjunto de vínculos entre a felicidade e várias outras emoções. A ligação com o amor romântico era fundamental, e nunca havia sido tão enfatizada. Como vimos, muitas pessoas achavam difícil imaginar a felicidade sem uma família amorosa.

A inveja foi reavaliada. Depois de considerada um pecado por muito tempo, uma série de livros de aconselhamento, até mesmo publicados por algumas igrejas, agora começava a afirmar que a inveja era uma qualidade positiva, porque motivava as pessoas a se vestir melhor e a consumir mais. A inveja não deveria comprometer a felicidade, pois em uma sociedade de consumo, um pouco da primeira era algo bom, e estimulava a segunda.

O mais impressionante era uma nova preocupação com o tédio. A própria palavra (*boredom*) era nova – surgida no final do século XVIII, mas se tornou comum somente a partir de 1850. O neologismo era revelador: sem uma palavra clara para a experiência, é possível que as pessoas já tivessem passado por períodos enfadonhos de forma mais passiva e paciente do que seria possível na sociedade industrial. Agora, principalmente com o surgimento de novos interesses de lazer, a felicidade passa a ser cada vez mais associada ao entretenimento que acontecia com frequência, e não de tempos em tempos. As prescrições para ser feliz deixavam claro que era mais importante do que nunca não *ser* tedioso nem ser forçado a tolerar a postura enfadonha dos outros. O aspecto "divertido" da felicidade precisava ser alimentado com frequência, o que, ironicamente, poderia facilitar, quando as expectativas não fossem atendidas, um sentimento de impaciência e infelicidade. As novas conexões emocionais da felicidade podiam ser exigentes.

COMPLEXIDADES

As ligações entre a felicidade e objetivos mais específicos na vida familiar, profissional e de lazer no século XIX apontam para uma série de questões. As diferenças de classe social e, até certo ponto, de gênero, levantam alertas importantes. Áreas de repressão, ou tentativa de repressão, inibiam a busca do prazer, enquanto a morte representava um fardo maior do que os otimistas do iluminismo haviam previsto. Por fim, havia o óbvio problema potencial da decepção, ou seja, as novas expectativas eram claras, mas podiam ser frustradas. Todas as três categorias que seguem devem ser levadas em conta em qualquer avaliação da felicidade na vida do século XIX.

Divisões de classe

A avaliação da felicidade é sempre complicada por enormes desigualdades sociais, do advento da sociedade agrícola em diante, e o problema persistiu na era industrial. As classes média e alta tinham oportunidades que não estavam disponíveis aos trabalhadores, enquanto a divisão rural/urbano ia ficando mais importante do que nunca.

As diferenças eram particularmente evidentes na primeira metade do século. A qualidade de vida da classe trabalhadora no início da industrialização apresentava enormes obstáculos à felicidade. Ao trabalho realizado fora do âmbito familiar e em condições difíceis se somavam as novas limitações impostas ao lazer popular e as poucas oportunidades para consumir e ostentar.

Mesmo quando as condições melhoraram, os trabalhadores continuaram tendo uma postura diferente de seus contemporâneos de classe média em relação à felicidade. Menos inclinados a se entregar a definições românticas de vida familiar, eles formavam famílias que podiam dar alguma ajuda no sentido de encontrar trabalho ou oferecer apoio durante recessões econômicas. O trabalho tinha menos probabilidades de ser influenciado ou complicado pelas esperanças de mobilidade. Os trabalhadores braçais podiam ser mais realistas, nesse caso, do que trabalhadores de colarinho branco. Por outro lado, embora os trabalhadores tivessem menos oportunidades de lazer do que gente de classe média ou de colarinho branco, havia alguma convergência em torno de uma nova ética do lazer. De fato, como vimos, indivíduos de classe média aprenderam a relaxar participando de entretenimentos populares. Embora os interesses esportivos tenham surgido pela primeira vez entre as classes altas, em 1900 eles chegaram também aos trabalhadores, como fãs e, às vezes, aspirantes a profissionais, condição em que sabidamente jogavam com mais vigor e menos contenção do que os amadores oriundos da elite.

Entretanto, as divisões de classe podiam envolver mais do que diferenças de acesso ao lazer ou ideias distintas sobre ele. Em sociedades onde as ideias se espalhavam cada vez com mais facilidade, grupos que não conseguiam atingir os padrões dominantes de felicidade podiam desenvolver um novo ressentimento, não ser totalmente satisfeito pelas esperanças de uma sociedade melhor em algum momento futuro.

Sexo e morte

Mesmo para as classes médias, a busca pela felicidade encontrava obstáculos em várias preocupações comuns. Em uma classe que valorizava a respeitabilidade, as críticas à desordem e à irresponsabilidade populares se mantinham. A ênfase na adoção de modos bastante formais em situações sociais não ia necessariamente contra o interesse pelo prazer, mas impunha certa rigidez. Ocorriam debates acirrados sobre a questão da bebida, nos quais os hábitos populares pareciam particularmente suspeitos. Movimentos que promoviam a moderação procuravam, com algum êxito, limitar o acesso a essa forma de prazer, pelo menos restringindo o horário para se beber em bares e pubs (no final do século, surgiu também uma nova preocupação: os opiáceos). As classes médias não eram abstêmias como um todo, e havia tensão.

A sexualidade, no entanto, era a preocupação mais óbvia. Códigos da classe média insistiam na importância de evitar o sexo antes do casamento e chegavam a aconselhar contra o ardor sexual exagerado dentro do próprio casamento. Mulheres respeitáveis, em particular, não deveriam manifestar muito desejo sexual. Havia mais do que respeitabilidade envolvida aqui: a vida da classe média dependia da redução dos índices de natalidade e, na ausência de dispositivos de controle de natalidade confiáveis e disponíveis, da dependência forçada de períodos de abstinência. Esforços incomuns para reprimir a masturbação eram um sinal da nova ansiedade em relação ao sexo, e isso também afetou o comportamento adulto. Somente no final do século XIX esse aspecto pudico da moralidade da classe média começou a relaxar um pouco, por exemplo, permitindo-se mais interesse sexual dentro do casamento. Mas as visões discordantes em relação ao sexo continuariam afetando a "ética da diversão" até o século XX.

A morte também era um grande desafio. O interesse pela felicidade ajudava a limitar o impacto da morte, o que já havia ficado claro durante o iluminismo, mas os índices de mortalidade permaneceram bastante altos até cerca de 1880. Várias reações características refletiam a tensão. Para facilitar o encontro com a morte, um movimento crescente, dos dois lados do Atlântico, buscou remover cemitérios do centro das cidades e torná-los mais parecidos com parques. No fim do século, ressurgiu o interesse pelo embalsamamento, com uma nova geração de profissionais competindo para tornar os cadáveres tão realistas quanto possível, e a preparação do corpo para o sepultamento passou da casa das pessoas para a funerária. Em outras palavras, houve um esforço para reduzir a interação com a morte. Por outro lado, o século XIX também enfatizou expressões complexas de pesar e luto. Em uma cultura que normalmente valorizava o bom humor, parecia que a morte agora causava mais tristeza do que antes, o que era uma complicação importante na busca pela felicidade.

Grandes expectativas

Uma última problemática em qualquer avaliação da felicidade no século XIX envolve o reconhecimento de que vários dos ajustes fundamentais da vida industrial envolviam aspirações e riscos. Isso fica menos evidente na categoria fundamental do lazer; é claro que um ou mais dos novos canais de recreação podiam se revelar decepcionantes, mas havia um leque cada vez maior de opções para compensar. O aumento dos interesses esportivos seja talvez a mais vulnerável: os vínculos apaixonados dos espectadores eram frustrados muitas vezes quando seu time perdia, e a intensidade do envolvimento dos torcedores podia fazer disso isso um verdadeiro golpe emocional. Mas outros aspectos da experiência de espectador proporcionavam alguma gratificação, e as equipes às vezes venciam. Pesquisas já mostraram que as pessoas, felizmente, se lembram das vitórias de seu time com mais clareza do que das derrotas.

As aspirações familiares são outra questão. O ideal de família feliz era real, mas, sem dúvida, era mais valorizado em princípio do que concretizado de fato. Muitos casais apaixonados começavam com toda a esperança de manter um relacionamento feliz, até que se deparavam com estresse crescente quando, por exemplo, os interesses profissionais do homem começavam a afastá-lo ou a responsabilidade da mulher por gerar e criar filhos a impediam de avançar. Ou seja, amor e desigualdade de gênero nem sempre combinam. Em um extremo, a vulnerabilidade da família feliz se revelava no aumento do índice de divórcios, mas, independentemente disso, o excesso de aspiração costumava causar decepção.

A mesma coisa se aplica definitivamente ao papel da esperança em suavizar a experiência de trabalho. Era ótimo ter sonhos de mobilidade, mas eles podiam ser facilmente frustrados. As falências de empresas eram frequentes no século XIX, e muitas vezes traziam desgraça pública; uma nova indústria se desenvolveu em torno da manutenção de índices de crédito, e muitas pessoas foram consideradas não aptas nesse sentido. Além do fracasso, a ascensão das grandes empresas frustrava muitas esperanças da classe média de se estabelecer por conta própria, e até os advogados se viam cada vez mais forçados a trabalhar para escritórios grandes e impessoais. Nos Estados Unidos, onde as pessoas eram profundamente apegadas às histórias sobre pobres que enriqueceram, elas podem ter sido particularmente vulneráveis à distância entre esperança e realidade.

Por fim, até mesmo o interesse pela alegria pode ter provocado resistências inesperadas. A necessidade de inventar uma série de novos termos para rabugice ou resmunguice sugere que algumas pessoas simplesmente resistiam aos novos padrões. As celebrações de Natal eram esplêndidas, mas havia Scrooges* por perto. O apego a símbolos de felicidade certamente ajudava a constranger ou estimular as pessoas para que tentassem cumprir as expectativas, mas, também nesse caso, pode ter havido uma distância entre as aspirações e o desempenho real. Os rostos taciturnos que aparecem nas fotos do século XIX refletem o estado da tecnologia, mas talvez algo mais.

* * *

Ao contrário do século XVIII, quando o iluminismo elaborou a estrutura básica para reconsiderar a felicidade, o século XIX não

---

* N.T.: Referência a Ebenezer Scrooge, protagonista do livro de Charles Dickens *A Christmas Carol*, publicado em 1843, com várias adaptações e traduções em português. Scrooge é caracterizado como um homem avarento, ranzinza, insensível e indiferente ao Natal.

ofereceu nenhuma proposta geral. As principais mudanças ocorreram em nível de divulgadores – como os autores de manuais para pais – e dos vários patrocinadores de novos tipos de entretenimento. Houve determinados experimentos sociais interessantes, como as comunidades utópicas, mas a maior preocupação foi encontrar maneiras de implementar o interesse pela felicidade e a alegria em meio aos novos padrões que surgem da vida industrial.

A própria industrialização criou algumas novas oportunidades de felicidade no final do século, sobretudo por meio de maior tempo de lazer, uma quantidade maior de produtos de consumo e, embora ainda não estivessem totalmente consolidadas, melhores condições de saúde. No entanto, outros desafios também surgiram no local de trabalho e nas novas distinções sociais e de gênero. Os esforços para promover a felicidade e as pressões para parecer alegre podem ter gerado suas próprias tensões, até mesmo para as crianças. Uma pergunta fundamental – se a sociedade industrial seria capaz ou não de promover a felicidade humana – ainda não havia sido respondida.

Sejam quais forem os questionamentos que possamos ter em retrospecto, não restam dúvidas sobre a confiança que era sentida em alguns setores da sociedade na virada do século. O *New York Times* saudava o novo século com entusiasmo reconhecido por Condorcet: "Podemos, portanto, dizer sem medo de ser questionados, que os homens estão mais livres no final do século XIX do que no seu início. Eles são mais felizes por isso? Comprovadamente, e sem qualquer possibilidade de dúvida." E mais:

> Mais uma vez, expressamos nossa crença de que a totalidade da felicidade humana aumentou muito nos últimos cem anos pela transferência do controle sobre os destinos das nações, das mãos dos Príncipes para as mãos do povo.

E havia mais por vir, com avanços na medicina, "riqueza nacional" e conhecimento.

LEITURAS COMPLEMENTARES

Sobre ideias relevantes acerca da felicidade:

Quennell, Peter. *The Pursuit of Happiness* (Oxford: Oxford University Press, 1990).
Taylor, Charles. *Sources of the Self: The Making of the Modern Identity* (Cambridge, MA: Harvard University Press, 1989).
Von Eckardt, Ursala. *The Pursuit of Happiness in the Democratic Creed: An Analysis of Political Ethics* (New York: Praeger, 1959).

Sobre o utopismo:

Beecher, Jonathan. *Charles Fourier: The Visionary and His World* (Berkeley: University of California Press, 1986).
Taylor, Keith. *The Political Ideas of the Utopian Socialists* (London: Cass, 1982).

Sobre o Natal e aniversários:

Baselice, Vyta, Dante Burrichter, and Peter Stearns. "Debating the Birthday: Innovation and Resistance in Celebrating Children." *Journal of the History of Childhood and Youth* 12, no. 2 (April 1, 2019): 262-284.
Restad, Penne L. *Christmas in America: A History* (New York: Oxford University Press, 1995).
Waits, William Burnell. *The Modern Christmas in America: A Cultural History of Gift Giving* (New York: New York University Press, 1993).

Sobre a família e o amor romântico:

Coontz, Stephanie. *Marriage, a History: How Love Conquered Marriage* (New York: Penguin Books, 2006).
Lystra, Karen. *Searching the Heart: Women, Men, and Romantic Love in Nineteenth-Century America* (New York: Oxford University Press, 1989).

Sobre animais de estimação:

Grier, Katherine C. *Pets in America: A History* (Chapel Hill: University of North Carolina Press, 2006).

Sobre crianças:

Fass, Paula S. *The End of American Childhood: A History of Parenting from Life on the Frontier to the Managed Child* (Princeton, NJ: Princeton University Press, 2016).
Mintz, Steven. *Huck's Raft: A History of American Childhood* (Cambridge, MA: Belknap Press of Harvard University Press, 2004).
Olsen, Stephanie. *Juvenile Nation: Youth, Emotions and the Making of the Modern British Citizen, 1880-1914* (London: Bloomsbury Academic, 2014).

Sobre trabalho:

Berlanstein, Lenard R. *The Industrial Revolution and Work in Nineteenth-Century Europe* (London: Routledge, 1992).
Rodgers, Daniel T. *The Work Ethic in Industrial America, 1850-1920*, 2nd ed. (Chicago, IL: The University of Chicago Press, 2014).
Stearns, Peter N. *From Alienation to Addiction: Modern American Work in Global Historical Perspective* (Boulder, CO: Paradigm Publishers, 2008).
Thompson, E. P. (Edward Palmer). *The Making of the English Working Class*, 1st Vintage ed. (New York: Vintage Books, 1966).

Sobre o novo lazer:

Adams-Volpe, Judith. *The American Amusement Park Industry: A History of Technology and Thrills* (Boston, MA: Twayne Publishers, 1991).
Bailey, Peter. *Music Hall: The Business of Pleasure* (Philadelphia, PA: Open University Press, 1986).
Gleason, William A. *The Leisure Ethic: Work and Play in American Literature, 1840-1940* (Stanford, CA: Stanford University Press, 1999).
Jackson, Lee. *Palaces of Pleasure: From Music Halls to the Seaside to Football, How the Victorians Invented Mass Entertainment* (New Haven, CT: Yale University Press, 2019).
Levine, Lawrence W. *Highbrow/lowbrow: The Emergence of Cultural Hierarchy in America*, 1st pbk. ed. (Cambridge, MA: Harvard University Press, 1990).

Sobre a ascensão dos esportes:

Anderson, Nancy F. *The Sporting Life: Victorian Sports and Games* (Santa Barbara, CA: Praeger, 2010).
Crego, Robert, and Gale Group. *Sports and Games of the 18th and 19th Centuries* (Westport, CT: Greenwood Press, 2003).
Guttmann, Allen. *Sports Spectators* (New York: Columbia University Press, 2012).
Steen, Rob. *Floodlights and Touchlines: A History of Spectator Sport* (London: Bloomsbury, 2014).

Sobre inveja e tédio:

Fernandez, Luke, and Susan J. Matt. *Bored, Lonely, Angry, Stupid: Changing Feelings about Technology, from the Telegraph to Twitter* (Cambridge, MA: Harvard University Press, 2019).
Matt, Susan J. *Keeping up with the Joneses: Envy in American Consumer Society, 1890-1930* (Philadelphia: University of Pennsylvania Press, 2003).

Sobre várias complexidades:

D'Emilio, John, and Estelle B. Freedman. *Intimate Matters: A History of Sexuality in America*, 3rd ed. (Chicago, IL: The University of Chicago Press, 2012).
Sandage, Scott A. *Born Losers: A History of Failure in America* (Cambridge, MA: Harvard University Press, 2005).

Sobre a morte:

Farrell, James. *Inventing the American Way of Death, 1830-1920* (Philadelphia, PA: Temple University Press, 1980).
Stearns, Peter, ed., *Routledge History of Death Since 1800* (London: Routledge, 2020).

Sobre a questão da desigualdade e da felicidade:

Ahmed, Sara. *The Promise of Happiness* (Durham, NC: Duke University Press, 2010).

Mudanças globais nos séculos XVIII e XIX

Nenhum padrão abrangente ou mundial de mudança surgiu nas atitudes e experiências envolvendo a felicidade durante os séculos em que as referências ocidentais estavam se transformando tão rapidamente. As novas ideias ocidentais sobre a felicidade ainda não exerciam influência global clara, nem (com algumas exceções) provocavam qualquer reação explícita. As tradições religiosas regionais, ou, em partes do Leste da Ásia, o legado confucionista, tinham mais impacto na felicidade do que qualquer nova influência cultural. Ou seja, a continuidade era mais óbvia do que a mudança. É claro que algumas inovações religiosas são dignas de nota, como o surgimento da versão wahabita ou salafista rígidas do islamismo onde hoje é a Arábia Saudita, que introduziu novas restrições às atividades seculares. Mas seu impacto ficou confinado a essa região específica por muito tempo.

No entanto, o alcance global cada vez maior do Ocidente – por meio da conhecida combinação de conquista militar, imperialismo e exploração econômica – certamente teve implicações

229

potenciais para a felicidade. Nos séculos XVIII e XIX, mas principalmente depois que a industrialização se consolidou no Ocidente, a distância econômica entre essa e outras partes do mundo aumentou consideravelmente. As sociedades ocidentais ficaram mais ricas, embora os resultados não fossem distribuídos de maneira uniforme. Porém, mais importante, outras sociedades realmente viram seus padrões de vida se deteriorar. A pressão cada vez maior do Ocidente para produzir alimentos e matérias-primas baratos muitas vezes reduzia os salários. Em alguns casos, o rápido crescimento populacional regional também contribuiu para a pobreza. Além disso, o século também viveu ciclos graves de doenças epidêmicas, principalmente a recorrência de surtos de cólera. A combinação de problemas novos e antigos introduziu restrições importantes à felicidade em muitas regiões, gerando algumas queixas profundas por parte da população.

Mesmo ao mobilizar um novo poder econômico e militar, o Ocidente não fez nenhum esforço específico para exportar suas ideias revolucionárias sobre a felicidade. Na medida em que os países ocidentais trabalhavam para ampliar uma nova influência cultural, às vezes com referências a uma "missão civilizatória", os alvos se concentravam em determinados costumes locais considerados imorais ou improdutivos, ou ainda, em alguns casos, na reforma dos sistemas educacionais, e não em qualquer conceito específico de felicidade. Ironicamente, considerando-se os desafios da religião no próprio Ocidente, a atividade missionária guiou grande parte da expansão do Ocidente, além do imperialismo direto e da pressão econômica. Nada disso era irrelevante para a felicidade, mas a relação era, na melhor das hipóteses, indireta.

Ainda assim, a combinação da crescente influência ocidental com mudanças políticas e econômicas regionais conseguiu promover alguns novos debates sobre o que é felicidade. O resultado nunca foi um modelo totalmente ocidental, mas houve algumas novas combinações, mais acentuadas na Rússia e no Japão e, possivelmente, na América Latina. Seria extraordinariamente complicado fazer qualquer tipo de "mapa da felicidade" mundial a partir de 1900.

O problema das evidências é importante em qualquer avaliação dos padrões globais na era do imperialismo, em parte por causa da ausência de mudanças culturais sistemáticas, em parte porque o assunto da felicidade não recebeu muita atenção nas pesquisas dos historiadores desse período, fora do Ocidente. Se houve alguma grande tendência global, é possível que ela tenha se concentrado na deterioração da felicidade, principalmente por causa do declínio econômico e político e da interferência ocidental. Mas mesmo isso é especulativo e pode não conseguir dar conta adequadamente das novas ideias que também ganharam terreno ou do poder das tradições regionais.

Este capítulo será dividido em três partes. A primeira descreve brevemente alguns acontecimentos fundamentais na China e no Império Otomano, dois dos grandes Estados que conseguiram evitar o controle total pelo Ocidente. Ambos sofreram com crescente instabilidade no século XIX, o que teve algumas implicações para a felicidade. A segunda parte trata do impacto relevante do imperialismo ocidental, uma vez que ele afetou algumas fontes tradicionais de prazer e promoveu mudanças religiosas. Por fim, voltando-nos mais especificamente para o final do século XIX, examinaremos outras reações à introdução de novas formas de consumismo e o surgimento do nacionalismo não ocidental em várias sociedades importantes.

OS IMPÉRIOS CHINÊS E OTOMANO

Na China, as ideias confucionistas estabelecidas sobre a felicidade não foram substituídas sistematicamente. Uma série de tradições relevantes persistiu. Por exemplo, manteve-se a ênfase em casamentos arranjados pelos pais, com presentes de noivado da família do noivo e um dote da família da noiva. Em grande parte, tratava-se de arranjos econômicos com pouca preocupação com fatores emocionais, embora se presumisse, obviamente, que ter uma família era vital para a felicidade. O símbolo duplo da felicidade na escrita chinesa era vinculado à cerimônia de casamento; por outro lado, era comum que as noivas demonstrassem, e muitas vezes sentissem, considerável tristeza por estarem se afastando dos pais. As implicações eram complexas, mas não fundamentalmente novas à luz das tradições estabelecidas.

No entanto, o século XIX trouxe vários desafios para a sociedade chinesa em geral, e isso pode ter sido muito importante para a felicidade. Os deslocamentos econômicos aumentaram, em parte devido à crescente interferência ocidental, mas também como resultado de uma pressão populacional cada vez maior. A insistência britânica para que a China importasse ópio levou a problemas generalizados com as drogas e, quando o governo tentou resistir, foi forçado a recuar.

Esse aumento da instabilidade foi o contexto para um novo e extraordinário movimento religioso, o que acabou provocando uma guerra civil particularmente sangrenta, de 1850 a 1864. A chamada Rebelião Taiping foi liderada por Hong Xiuquan, que traduziu ensinamentos de um missionário batista dos Estados Unidos em uma doutrina híbrida que, segundo ele, purificaria a China e estabeleceria um "reino celestial" na Terra – tendo o próprio Hong como rei. A propriedade privada seria abolida, haveria igualdade entre os sexos, sendo que mulheres e homens ficariam bastante separados, e seria imposto um rígido código moral. Parte da retórica da versão Taiping do cristianismo e sua ideia de um mandato celestial expressavam a importância da obediência absoluta ao movimento em termos de felicidade: "Uma porção da desobediência ao céu será recebida com uma porção de choro/E uma porção de reverência será atendida por uma porção de felicidade". A ideia de felicidade por meio da lealdade coletiva era um tema que se repetiria, na China e em outros lugares, embora o próprio movimento Taiping tenha sido esmagado de forma brutal. Ele havia captado, ainda que os tenha distorcido, alguns valores chineses anteriores, bem como uma versão do milenarismo cristão, mas provavelmente também refletia a crescente dificuldade de encontrar a felicidade no ambiente cada vez mais sombrio da China do final do século XIX.

Embora o Império Otomano tenha enfrentado algumas das mesmas dificuldades da China no século XIX, incluindo interferência ocidental e instabilidade política cada vez maiores, algumas novas referências à felicidade eram menos idiossincráticas.

O foco principal das décadas de meados do século estava nas grandes iniciativas reformistas, as reformas do Tanzimat, levadas a cabo pelo governo central. A maioria delas não estava direcionada explicitamente à felicidade que era, como já se disse, um tema político ou religioso menor em muitas regiões durante o século XIX, quando muito. As reformas visavam aprimorar as estruturas jurídicas, criando um Estado mais eficiente e tentando estimular o crescimento industrial. Os sultões reformistas estavam realmente interessados nos modelos ocidentais. Eles começaram a importar arte e a patrocinar traduções de obras literárias, e estavam ávidos por incorporar a ciência do Ocidente, mas a preocupação ocidental com a felicidade não figurava explicitamente nessa agenda cultural.

Mesmo assim, algumas referências acabaram passando, e mesmo uma associação limitada entre reforma e felicidade pode ter sido uma espécie de precedente para o futuro. Assim, um artigo de 1862, apregoando a importância de ampliar a educação, fazia uma referência complicada à felicidade como parte do raciocínio:

> A única maneira de glorificar o Estado é ampliar a educação geral. Tanto alunos quanto alunas devem frequentar as escolas. Uma mulher que faz sua família feliz deve ser decente tanto nas práticas seculares quanto nas espirituais. Educar as meninas é dever de seus pais e suas mães.

No século XIX, era comum se afirmar a importância da educação das mulheres, principalmente para o aprimoramento da família, mesmo no Ocidente, mas a felicidade familiar como critério foi uma extensão interessante desse argumento no final do período otomano.

Outras conexões entre felicidade e o que pode ser considerado modernização eram mais diretas. Assim, em 1904, após o próprio período de reforma ter terminado em fracasso, um apelo por apoio ao projeto de construção de uma ferrovia na província de Hejaz pressupunha uma conexão óbvia: "Todos deveriam ajudar em uma iniciativa que levará felicidade a 300 milhões de pessoas". Mais uma vez, não há base para afirmar que os padrões de felicidade estivessem se transformando significativamente no Oriente Médio nesse momento, mas o uso da palavra para justificar a mudança era uma espécie de inovação.

IMPERIALISMO E FELICIDADE

Imperialismo e felicidade não são termos que costumam vir associados, e com razão. Ocasionalmente, o imperialismo europeu trouxe alguns benefícios: a robusta rede ferroviária inicial da Índia, os esforços para acabar com a escravidão formal na África. Mas o imperialismo também trouxe novos controles econômicos que visavam beneficiar o país de origem. Assim, na Índia, os britânicos por muito tempo procuraram desencorajar a indústria em favor da dependência das suas importações, enquanto em muitas regiões da África, as autoridades europeias pressionaram as populações para que exercessem trabalho assalariado mal remunerado em minas ou plantações de cana-de-açúcar. Os controles políticos podiam ser um pouco mais ambivalentes, beneficiando determinados grupos e proporcionando alguns novos tipos de formação social, mas as posições principais e a formulação de políticas eram sempre reservadas a autoridades europeias.

Nem mesmo a noção amplamente divulgada de uma responsabilidade europeia de levar a civilização aos bárbaros costumava ser formulada em termos de felicidade, mesmo com seu vocabulário obviamente degradante. O "fardo do homem branco" enfatizava a promoção da boa ordem e a melhoria da educação, mas também a correção de deficiências morais e, muitas vezes, o incentivo à atividade missionária. Se fossem pressionados, os europeus poderiam alegar que tudo isso aumentaria a felicidade, mas não faziam essa conexão diretamente. E é provável que muitas das pessoas submetidas não vissem qualquer felicidade envolvida nisso, nem de longe, e os historiadores que estudam a experiência colonial concordariam amplamente com essa avaliação. A maioria dos historiadores africanos, por exemplo, argumentaria que o ideal iluminista de um indivíduo feliz e autodeterminado teve pouca influência em seu continente, em qualquer sentido formal.

Previsivelmente, nas ocasiões em que surgia de forma explícita na retórica imperialista, a felicidade parecia se aplicar aos conquistadores, e não aos conquistados. Assim, um apologista estadunidense, o senador A. J. Beveridge, escrevendo em 1900 na esteira da expansão dos Estados Unidos no Caribe e no Pacífico, apontava a "missão divina" de sua nação ao levar progresso aos povos "selvagens e decrépitos" do mundo – uma missão que "tem para nós todo o proveito, toda a glória, toda a felicidade possível ao homem. Somos os depositários do progresso do mundo, os guardiões de sua justa paz".

Ainda assim, sem pretender detalhar muito um tema que não recebeu muita atenção explícita, podem-se sugerir certas conexões entre colonialismo ou imperialismo e felicidade, muitas vezes no sentido de abordar algumas deteriorações prováveis, dependendo do grupo envolvido.

América Latina

A colonização espanhola e portuguesa da América Latina trouxe grandes sofrimentos, além da experiência da derrota em combate. Mais de 80% da população foi dizimada por doenças. Governantes estabelecidos e camadas privilegiadas foram descartados. Os novos sistemas de trabalho impuseram pesados fardos a muitos trabalhadores indígenas, por exemplo, nas propriedades açucareiras ou nas minas de prata andinas. É difícil imaginar que a infelicidade – e a consciência dessa infelicidade – não tenha aumentado pelo menos por um período considerável. As poucas evidências diretas sobre o assunto vêm principalmente do clero católico, ávido por converter as populações nativas ao cristianismo. O processo de conversão propriamente dito nem sempre foi tão difícil quanto se pode imaginar, pois muitas crenças tradicionais e até mesmo alguns líderes locais conseguiram combinar suas visões e atividades com as da Igreja. Mas o ponto de vista católico predominou nas opiniões sobre as emoções e, talvez combinado com a experiência dos nativos, tendeu a enfatizar a tristeza e a melancolia em lugar da felicidade.

No México colonial, por exemplo, os católicos fiéis, preocupados com a alegria que podia estar esperando por eles no céu, achavam natural pensar em uma vida cheia de tristeza neste mundo. O desespero excessivo não era aceitável, pois colocaria em questão a misericórdia de Deus, mas felicidade demais também não era considerado normal. Imagens de um Cristo sofredor ou de uma Maria pesarosa e chorosa – uma *Mater dolorosa* – eram muito disseminadas na Igreja colonial. Eram comuns as imagens da Virgem Maria com lágrimas escorrendo, e cerimônias religiosas e processões também destacavam o sofrimento. Essa ênfase pode muito bem ter correspondido às diversas adversidades da vida durante o período colonial. Muitas pessoas, em busca de consolo religioso, descreviam sentimentos intensos de melancolia.

As evidências mais diretas sobre os padrões e as experiências emocionais durante esse período vêm de colonos europeus, que trouxeram consigo o catolicismo. Sabemos menos sobre os indígenas. Mas os colonos rotineiramente descreviam as comunidades indígenas em termos de melancolia, e essa pode ter sido uma leitura correta, já que a conversão ao catolicismo se combinou com as dificuldades concretas da vida sob o domínio espanhol. Assim, uma fala voltada a mulheres indígenas da camada privilegiada enfatizava:

> Oh, minha filha, este mundo é um lugar de pranto, aflições e infelicidade [...]. Ouça com atenção, minha filha. A Terra não é um lugar bom. Não é um lugar de alegria. Não é um lugar de contentamento.

Sentimentos semelhantes sobre tristeza e lágrimas, e a necessidade de humildade, também eram transmitidos aos rapazes. A Virgem de Guadalupe, que se tornou o símbolo católico mais famoso do México, era representada como uma consoladora das misérias desta vida. Como consta em um relato nahuá em 1649, ela "ouvia os prantos e as tristezas deles". No século XVII, alguns visitantes europeus afirmaram que o tom emocional da vida mexicana havia se tornado visivelmente diferente dos padrões que eram comuns na própria Europa, e a ênfase na tristeza era o ponto fundamental.

É certo que havia vislumbres de felicidade. A própria religião era uma fonte de consolo que podia pelo menos aliviar a carga, com uma expectativa de salvação posterior. Uma fonte documental também destacou as recompensas da reprodução, "com a qual nos multiplicamos neste mundo. Tudo isso nos dá um certo contentamento na vida, para que não soframos com pranto e tristeza". Os católicos fervorosos também falavam da felicidade que poderia advir da contemplação de Deus. Alguns mexicanos comuns chegavam a ser descritos como "embriagados de Deus", pois experimentavam o que muitas vezes era uma alegria profunda que resultava de experiências místicas em suas relações com o divino.

Em termos mais prosaicos, a experiência colonial também ofereceu uma série de canais de divertimento, que eram as fontes mais comuns de felicidade fora da própria religião. Há evidências abundantes da busca fervorosa do prazer pelos mexicanos, ou o que foi descrito, com frequência, como "deleite", por meio de vários tipos de diversão. Algumas das distrações eram pessoais, quando os indivíduos, por exemplo, tinham prazer em estudar astrologia, mas várias comunidades também realizavam celebrações, muitas vezes combinando uma ocasião religiosa com desfiles e banquetes. Festejos e danças propiciavam muitas gargalhadas. A cultura popular conseguiu resgatar uma série de tradições mais antigas, incluindo roupas coloridas, ao mesmo tempo que criou novos estilos que mesclavam elementos nativos, europeus e, muitas vezes, africanos. A simples alegria encontrada na sociabilidade fazia parte dessa mesma tradição popular. Ocasionalmente, a Igreja tentou intervir contra muitos prazeres terrenos, pois havia muita desconfiança em relação ao excesso de sexualidade local, mas também uma boa dose de tolerância, na prática.

Oficialmente, e é possível que também na vida real, essa experiência de felicidade era vista como transitória, não uma condição normal ou estável, e é aqui que a tristeza predomina. Mas a experiência popular pode ter sido de fato um precedente para expectativas de felicidade posteriores na história da América Latina.

O que *não* parece ter acontecido no século XVIII – o último do domínio colonial – foi o tipo de revolução da felicidade que estava ocorrendo na Europa Ocidental e nas colônias inglesas do Atlântico Norte naquela época. O pensamento iluminista teve algum impacto, mas em meio à alfabetização limitada e meios para impressão restritos, seu alcance foi pouco. Há algumas evidências de que as classes altas no México (de origem europeia) estavam começando a pensar na melancolia excessiva como um transtorno de saúde que merecia tratamento, e não um estado emocional normal. Mas o aparato completo para uma redefinição maior da felicidade não estava presente. Entre outras coisas, não houve mudanças radicais no consumismo nem nos níveis de conforto material. E, embora o momento mais devastador das doenças importadas já tivesse passado, as condições de saúde continuavam precárias.

Contudo, um componente seria acrescentado no início do século XIX. Líderes das guerras pela independência, como Simón Bolívar, estavam profundamente imersos no pensamento iluminista, incluindo, é claro, o que havia entrado na Declaração de Independência dos Estados Unidos. Bolívar foi particularmente influenciado pelo utilitarismo britânico, e escrevia e falava com frequência sobre a "maior felicidade para o maior número". "O sistema de governo mais perfeito é aquele que gera a maior quantidade possível de felicidade, a maior quantidade de segurança social e a maior quantidade de estabilidade política." Ele argumentava que os latino-americanos estavam se erguendo em nome da liberdade, "a partir daquele instinto humano universal de aspirar à maior felicidade possível, que se encontra em sociedades civis fundadas nos princípios de justiça, liberdade e igualdade". Nacionalista fervoroso, ele também falava da felicidade associada à independência nacional e à "*la patria*".

Esse tipo de pensamento persistiria na história da América Latina do século XIX e depois, alimentando uma corrente liberal constante que tinha muito em comum com suas equivalentes em outras partes do mundo atlântico. Mas essa vertente liberal encontrou mais oposição na América Latina do que na Europa Ocidental ou nos Estados Unidos, inclusive por parte de uma Igreja Católica entrincheirada que tinha suas próprias ideias, bastante diferentes, sobre a felicidade. Além disso, ainda sofrendo de graves disparidades econômicas com o Ocidente industrial, a América Latina não engendrou os padrões de vida associados à evolução das ideias ocidentais sobre felicidade. O resultado foi uma espécie de enigma: um vínculo genuíno com a revolução da felicidade, mas também uma distância visível.

Outro evento do século XIX merece atenção: um interesse crescente no amor conjugal e a importância desse tipo de vínculo para a felicidade. Já no período colonial, a noção de uma "vida ruim", ou *mala vida*, havia sido associada à discórdia doméstica e, às vezes, à violência doméstica explícita. No século XIX, isso evoluiu para uma definição mais completa do papel de um casamento sólido em uma vida feliz, junto à consciência de que casamentos ruins ainda eram comuns e prejudiciais. As novas aspirações em relação ao casamento difeririam das ideias sobre o amor romântico que se desenvolviam em lugares como a Grã-Bretanha e os Estados Unidos; respeito mútuo e obrigação, em vez de profunda realização emocional, parecem ter sido o objetivo. Mas elas contribuíram, até certo ponto, para a sensação de que a felicidade pode ser parte permanente de uma vida boa, em vez de uma experiência episódica em meio a tristezas comuns. As ideias latino-americanas de felicidade continuaram evoluindo.

O resultado é uma espécie de desafio comparativo. A evolução de conceitos de felicidade na América Latina parece ter sido um tanto distinta, principalmente quando se acrescentam os prazeres disponíveis nas celebrações populares. Ligados até certo ponto a um padrão ocidental mais amplo, eles se desenvolveram em um contexto diferente, que incluía menos foco no individualismo, e apresentavam ênfases diferentes. É tentador sugerir uma conexão entre esse precoce interesse latino-americano pela felicidade e os diferentes níveis regionais sugeridos nas pesquisas contemporâneas sobre felicidade, mas nós simplesmente ainda não sabemos o suficiente sobre esse aspecto da história latino-americana para avaliar essa relação.

África Subsaariana

O impacto do imperialismo na África Subsaariana veio muito mais tarde do que nas Américas, e estava apenas começando a tomar forma no final do século XIX. Independentemente da cronologia, envolveu muitos níveis diferentes de influência europeia. Não houve um despovoamento radical desse enorme subcontinente e, embora alguns europeus tenham se mudado para algumas áreas, os colonos nunca tiveram mais do que uma presença minoritária. Em áreas fundamentais, incluindo a populosa África Ocidental, sua presença era ainda menor.

No entanto, a influência existiu, alguns elementos relevantes podem ser sugeridos, embora o tema da felicidade ainda não tenha chamado muita atenção entre os historiadores que trabalham com a África. As mudanças mais óbvias foram desagregadoras. Os africanos de muitas regiões foram pressionados a trabalhar por salários baixos, muitas vezes em condições inseguras. Os homens com frequência eram afastados de suas aldeias, enquanto muitas mulheres ficavam para trás, o que desestabilizava a vida familiar. Os padrões econômicos tradicionais foram desestruturados em favor da produção de metais preciosos, minerais, algodão, óleo vegetal e outros itens destinados ao mercado de exportação. As dificuldades materiais foram agravadas por outras novidades. As atividades missionárias atacavam as crenças tradicionais e às vezes destituíam os líderes das aldeias. Os europeus também criticavam os hábitos sexuais africanos, usando termos como "*debauched*" (libertinos) e "*licentious*" (devassos), e às vezes tentavam introduzir novas normas de comportamento, direcionadas principalmente às mulheres. A poligamia, comum em partes do subcontinente, foi bastante reprovada. Novas leis, baseadas em códigos europeus, tiveram efeitos diversos. Em alguns casos, ficou mais fácil para as mulheres se divorciarem; em outros, a autoridade de maridos e pais foi reforçada. No geral, parece bastante provável que muitos africanos tenham sentido um estresse cada vez maior.

Por outro lado, houve alguns pontos positivos, incluindo a capacidade, em muitas regiões rurais, de manter tradições importantes. A ênfase na vitalidade da vida familiar e nas relações de parentesco ampliadas permaneceu forte, apesar de alguns desafios; esse foi, sem dúvida, um elemento central da definição africana de felicidade. Os zulus, no sul da África, enfatizavam a importância de "construir a área de moradia", em favor da felicidade pessoal, mas também de outros parentes vivos e até mesmo dos ancestrais. Ao proporcionar segurança, a criação e a manutenção de uma grande família promoviam a felicidade. Ao mesmo tempo, uma variedade de costumes, que às vezes incluíam acusações de feitiçaria, funcionava para evitar que qualquer indivíduo transgredisse as normas da comunidade e acumulasse demasiada prosperidade ou felicidade; a felicidade pessoal indevida podia gerar sentimentos de inveja e sofrimento em outras pessoas e, por vezes, o vocabulário usado para descrever a felicidade também incluiu esses perigos.

Muitos africanos podem ter experimentado um forte sentimento de conexão com uma comunidade mais ampla, refletindo, mais uma vez, uma ideia de felicidade focada em relacionamentos e não no individualismo. Uma nova palavra para humanidade, *ubuntu*, foi introduzida em uma língua banto no sul da África a partir de meados do século XIX, embora viesse a ganhar mais importância posteriormente. Ela transmitia um sentido de compartilhamento com uma humanidade mais ampla, dando ênfase à gentileza.

A religião também podia ser uma fonte de apoio, apesar das mudanças incentivadas por missionários muçulmanos e cristãos. Embora ofendessem profundamente os anciãos das aldeias, as conversões ao cristianismo podiam proporcionar um sentido novo a outros membros da comunidade, como mulheres e jovens. Desenvolveram-se várias versões do cristianismo, incluindo algumas adaptações regionais. No geral, embora pudessem criticar a pecaminosidade, os líderes cristãos não transmitiram na África o tipo de tristeza que impregnava o cristianismo latino-americano durante o período colonial. Na prática, eles também trouxeram reformas na educação e na saúde, o que pode ter contribuído para passar uma mensagem positiva. A religião na África ganhou lealdades intensas, e com frequência enfatizava a alegria e a esperança. Muitos pregadores protestantes, em particular, por meio da promessa de um relacionamento pessoal com Deus, ofereciam "contentamento" e traziam boas-novas.

Outro componente potencial da felicidade adquiriu novo destaque no final do século XIX, embora tenha causado desavenças. Os trabalhadores de algumas minas africanas ganhavam dinheiro suficiente para voltar periodicamente às suas aldeias, ávidos por conquistas sexuais ou românticas. Interrompiam relacionamentos tradicionais arranjados pelos pais; muitas vezes, compravam gado suficiente para pagar "multas por sedução" ou até mesmo para oferecer o tradicional dote sem a contribuição ou o consentimento de seus pais. Em outras palavras, puderam implementar uma definição nova e mais individualista de prazer ou felicidade. Temas semelhantes surgiram a partir de indícios de novos tipos de consumo em algumas áreas urbanas, pelo menos no início do século XX. *A paz dura pouco*, um romance nigeriano ambientado em Lagos na década de 1920, apresenta um jovem educado no estilo ocidental que trabalha na administração colonial, tão preocupado com seu estilo de vida baseado no consumo que ignora suas obrigações tradicionais para com sua família, recusando-se a voltar à aldeia quando um dos pais morre.

Obviamente, nesse período confuso próximo da virada do século XX, nenhuma definição de felicidade prevaleceu, e houve muitos motivos para um crescente descontentamento. As combinações de fontes tradicionais e mais recentes, com as tensões entre elas, levantaram questões importantes para o futuro africano.

RÚSSIA E JAPÃO

Não é de surpreender que as questões relacionadas à felicidade na Rússia e no Japão, incluindo algumas discussões explícitas, tenham evoluído de forma bastante diferente do que ocorreu em outras regiões fora do Ocidente no final do século XIX. Nesses dois países, as reformas foram mais abrangentes em comparação, por exemplo, com o Império Otomano, e foi neles onde um início de industrialização tomou forma. Os contatos com as ideias ocidentais, somados à extensão da ruptura social, criaram um contexto distinto.

Os dois países tinham várias características importantes em comum. Em primeiro lugar, para ambos, a reforma social era coisa séria, raramente expressada em termos de felicidade. Para o bem ou para o mal, ambas as sociedades deram início à industrialização sem antes reconsiderar a felicidade, como ocorreu no Ocidente. Ou seja, não houve uma "revolução da felicidade" para ajudar a orientar as respostas. Em segundo lugar, em ambos os casos, surgiu uma clara resistência às ideias ocidentais de felicidade. Também no Ocidente houve um debate, por exemplo, manifesto no pessimismo de fim de século, popular entre alguns intelectuais, mas as alternativas japonesa e russa foram mais complexas e mais amplamente compartilhadas. Em terceiro lugar, surgiram algumas sobreposições importantes com as noções ocidentais, incluindo o impacto das novas formas de consumismo.

Rússia

À medida que a Rússia experimentava sua mistura de reforma e repressão a partir da década de 1860, surgiram várias reações gerais, criando um novo equilíbrio distinto e disseminado. As evidências disso vêm em grande parte das classes média e alta instruídas; como de costume, as indicações sobre as massas da população são menos claras, embora a alta incidência de protestos rurais e urbanos certamente sugira um nível considerável de infelicidade.

Alguns grupos, pelo menos durante parte do tempo, ficaram maravilhados com as mudanças que viam ao seu redor. As cidades modernizadas eram alvo de comentários particularmente favoráveis, sobretudo em razão da instalação da iluminação pública. Lojas de departamentos eram importadas do Ocidente (a primeira desse tipo em Moscou foi criada por um empresário francês) e os bens de consumo proliferavam para os ricos. Vitrines se encheram de "invenções da civilização ocidental" – cadeiras preguiçosas, meias de seda, utensílios domésticos. As cidades eram vistas como "templos luminosos", cheios de um "ambiente ousado e repleto de alegria de viver". O romance mais popular do início do século XX, intitulado *As chaves da felicidade* (1910), apresentava uma jovem deliberadamente empenhada em encontrar a felicidade. Os centros de entretenimento urbanos, incluindo o teatro popular, destacavam a "busca da felicidade"; até mesmo anúncios de medicamentos patenteados (muitos importados do Ocidente e de mérito duvidoso) afirmavam que eles contribuiriam para a "alegria da vida". Esse otimismo se tornou um novo componente da cultura russa e se transformaria em uma abordagem marxista no século XX, principalmente em seu compromisso com o progresso econômico.

Contudo, uma segunda reação caracterizou-se pela desaprovação e, embora tenham surgido críticas semelhantes ao consumismo no próprio Ocidente, há pouca dúvida de que a preocupação russa foi mais forte, sobretudo entre as classes altas e muitos intelectuais. Afinal, grande parte dessa "felicidade" vinha de fora, além de ser supreendentemente nova. As mulheres foram criticadas por sua nova escravidão diante da moda. O romancista Tolstói lamentou, de forma um tanto misteriosa, que "as mulheres, como rainhas, [tenham forçado] nove décimos da raça humana a trabalhar para elas como seus escravos". Os padrões morais estavam decaindo; mulheres de classe alta, com seus vestidos extravagantes, não eram melhores do que as prostitutas. Outra crítica, um tanto inconstante, detonava as novas uniformidades criadas por produtos, ou seja, todos então pareciam iguais. As influências estrangeiras, junto com as novas máquinas, estavam destruindo "a natureza benigna de antigamente, a boa convivência, a desordem e a liberdade cativantes" da vida russa tradicional. Até mesmo os camponeses, base da vida no país, adquiriam novos gostos, e alguns deles, ao comprar roupas urbanas, começavam a parecer "dândis".

O debate entre "ocidentalizadores" e conservadores na Rússia remonta ao início do século XVIII, mas ganhou nova intensidade nesse momento. Embora raramente tenham se concentrado na questão da felicidade, os conservadores montaram uma campanha permanente contra os valores ocidentais. A seu ver, a alma russa centra-se na religião e em um profundo sentido de comunidade. É vital preservar essas tradições contra as atrações do individualismo e da inovação. Muitos conservadores começaram a enfatizar a importância de um nacionalismo russo diferenciado, uma identidade de grupo intensa, que pudesse servir como alternativa a ideias mais superficiais de felicidade.

Um terceiro tema perpassava, em grande medida, as divisórias liberais e conservadoras, embora certamente resistisse ao otimismo de estilo ocidental. Uma sensação de solidão e desespero surgia frequentemente em textos russos, muitas vezes enfatizando a palavra "desilusão" e argumentando contra a "falta de sentido e propósito da vida moderna". A luta e o sofrimento substituíram qualquer sensação de felicidade; no máximo, essa abordagem estava direcionada à "felicidade negada". Esse era um pessimismo sombrio que alimentava grupos anarquistas ou "niilistas" que não viam alternativa a não ser a violência muitas vezes aleatória e, com frequência, com risco deliberado a suas próprias vidas. É claro que alguns anarquistas tinham esperança de uma sociedade melhor no futuro, mas outros, incluindo aqueles que eram francamente suicidas, só enxergavam caos, sem felicidade à vista.

Japão

As amplas reformas que os líderes japoneses começaram a introduzir a partir de 1868, no chamado período Meiji, foram formuladas em termos de propósito e devoção rigorosos ao bem comum. O slogan "País rico, exército forte", voltado a preservar a independência nacional e promover a força do país diante da crescente pressão ocidental, pouco tinha a ver com as definições de felicidade no estilo ocidental. E, em paralelo aos solenes pronunciamentos oficiais, os primórdios da industrialização japonesa foram construídos nas costas de camponeses altamente tributados, operárias da seda trabalhando em condições miseráveis e esforços rigorosos, embora nem sempre bem-sucedidos, para reprimir qualquer protesto popular significativo. Aquela era uma nação solene.

Havia, é claro, ocidentalizadores declarados, que não raramente mencionavam o tema da felicidade. Assim, o líder das reformas educacionais, Fukuzawa Yukichi, que fez grande parte de seus estudos na Europa e nos Estados Unidos, falava diretamente do que chamava de "a maior felicidade do maior número". Observando cuidadosamente os diversos méritos das tradições japonesas, que não deveriam ser completamente destruídas, Fukuzawa defendia as vantagens da educação e da ciência ocidentais, que é onde ele considerava que o Ocidente estava à frente na promoção da felicidade. Por alguns anos após a introdução em massa da educação escolar obrigatória, em 1872, até o governo japonês parecia aberto à promoção de novos valores, nomeando um estadunidense para chefiar seu órgão educacional. E um novo interesse em ciência e tecnologia acabou se revelando uma característica duradoura da cultura japonesa a partir de então.

Além disso, embora os japoneses não tenham se precipitado ao consumismo ávido (por um bom tempo, relógios de parede e de pulso, além de escovas de dente, foram os únicos itens ocidentais que atraíam grande entusiasmo popular), certamente houve alguma mudança. As lojas de departamentos foram inauguradas em Tóquio na década de 1890; associadas a produtos estrangeiros por um longo tempo, tiveram que se esforçar muito para construir uma clientela, oferecendo música e entretenimento teatral junto com itens de consumo. Mudanças mais amplas na moda popular só viriam na década de 1920, mas alguns novos interesses surgiram já no XIX. A primeira cadeira de estilo ocidental foi instalada em um prédio público em 1871. O beisebol, aprendido inicialmente com marinheiros estadunidenses, também ganhou nova atenção, sobretudo quando um time japonês derrotou um dos Estados Unidos na década de 1890.

No entanto, a abordagem oficial dominante alertava contra as definições fáceis de felicidade e individualismo indevido. Em 1881, teve início uma mudança de tom no Ministério da Educação. A lealdade ao grupo passou a ser enfatizada, os textos ocidentais nos Estudos Sociais foram banidos. Currículos escolares se encheram de ataques ao foco excessivo no individualismo ou em preocupações pessoais. O consumismo também foi alvo de repreensão. Um Decreto Imperial de 1908 exortava as pessoas a ser "frugais na administração de seus domicílios [...] respeitar a simplicidade e evitar a ostentação, e se dedicar a trabalhar muito sem ceder a qualquer grau de extravagância". Os conservadores japoneses, incluindo muitos líderes empresariais bem-sucedidos, enfatizavam temas confucionistas, como obediência e sentido do dever, criticando as ideias individualistas de "autossuficiência". Muitos líderes destacaram as virtudes militares, falando de "fidelidade e retidão" e de "cumprimento dos deveres".

Na verdade, pode-se dizer que as autoridades japonesas a essa altura estavam desenvolvendo uma espécie de alternativa nacionalista às ideias ocidentais de felicidade, inspiradas pelo culto ao imperador. A devoção a uma causa comum, o autossacrifício, substituía as discussões mais diretas sobre a felicidade. A lealdade ao grupo e um sentido de pertencimento podiam proporcionar uma satisfação diferente da fórmula ocidental, a ponto de ter um vocabulário diferenciado.

No entanto, essa tampouco é a história completa. Discretamente, por volta de 1900, em meio à urbanização e industrialização, muitos japoneses também estavam descobrindo um novo interesse pela vida familiar, embora sem toda parafernália da versão ocidental da época. Eram auxiliados, nesse caso, por conselhos de japoneses convertidos ao protestantismo, permitido pouco tempo antes, embora não incentivado pelo regime da reforma. Assim, em 1894, um manual de educação doméstica recomendava que "a verdadeira essência do entretenimento doméstico deve incluir a todos na casa", com marido e mulher se juntando para o divertimento mútuo. Os pais podem olhar para o "rosto cativante" de um bebê e "sorrir juntos". Essa nova ênfase serviria para pelo menos modificar tradições anteriores, segundo as quais os maridos buscariam, em grande parte, o prazer fora de casa e a noção de que, dentro de casa, as esposas deveriam simplesmente servir aos maridos (que podiam até comer sozinhos). Curiosamente, a compra de mesas de jantar começou a se tornar popular por volta de 1900, sugerindo refeições em família em vez da separação de homens e mulheres. O tema da felicidade no período Meiji gerou uma série de respostas, claramente diferentes, em termos coletivos, das que surgiram no Ocidente ou mesmo na Rússia, mas envolvendo mudanças consideráveis em relação aos padrões puramente tradicionais.

* * *

Durante o século XIX, nenhuma região adotou os padrões ocidentais de felicidade. Algumas áreas apenas não tiveram interesse (é importante lembrar que a maioria da população ainda era rural e, em grande parte, desconhecia as mudanças que afetavam desproporcionalmente os habitantes urbanos. Muitos líderes religiosos (por exemplo, no hinduísmo ou no islamismo) simplesmente mantiveram uma abordagem tradicional, insistindo na importância dos exercícios espirituais como a melhor chance de se ter alguma felicidade nesta vida. Vários grupos se opuseram ativamente aos conceitos ocidentais, embora se concentrassem no que consideravam as desvantagens do individualismo e do consumismo, mais do que na felicidade em si. Em alguns casos, sobretudo no Japão, promoveu-se vigorosamente uma espécie de alternativa, por meio da lealdade ao grupo e do nacionalismo. Mas isso não foi tudo, pois uma combinação de mudanças econômicas e influência ocidental também trouxe alguns entusiasmos novos por determinadas formas de felicidade. Grande parte dessa diversidade, incluindo a resistência total, embora não se limitando a ela, seria transmitida para os padrões globais mais complexos que surgiriam no século XX.

LEITURAS COMPLEMENTARES

Sobre a rebelião Taiping:

Reilly, Thomas H. *The Taiping Heavenly Kingdom: Rebellion and the Blasphemy of Empire* (Seattle: University of Washington Press, 2004).
Yapp, Malcolm. *The Making of the Modern Near East, 1792-1923* (London: Longman, 1987).

Sobre a América Latina:

Lipsett-Rivera, Sonya, and Javier Villa-Flores. *Emotions and Daily Life in Colonial Mexico* (Albuquerque: University of New Mexico Press, 2014).
Seed, Patricia. *To Love, Honor, and Obey in Colonial Mexico: Conflicts over Marriage Choice, 1574-1821* (Stanford, CA: Stanford University Press, 1988).

Sobre a África:

Achebe, Chinua. *No Longer at Ease* (London: Heinemann, 1964).
Carton, Benedict. *Blood from Your Children: The Colonial Origins of Generational Conflict in South Africa* (Charlottesville: University Press of Virginia, 2000).
Eze, Michael Onyebuchi. *Intellectual History in Contemporary South Africa*, 1st ed. (New York: Palgrave Macmillan, 2010).
Therborn, Göran. *African Families in a Global Context* (Uppsala: Nordiska Afrikainstitutet, 2006).

Sobre nacionalismo:

Suny, Ronald Grigor. *The Revenge of the Past: Nationalism, Revolution, and the Collapse of the Soviet Union* (Stanford, CA: Stanford University Press, 1993).

Sobre a Rússia:

Geifman, Anna. *Thou Shalt Kill: Revolutionary Terrorism in Russia, 1894-1917* (Princeton, NJ: Princeton University Press, 1993).
Steinberg, Mark D. *Petersburg Fin de Siècle* (New Haven, CT: Yale University Press, 2011).
Steinberg, Mark D., and Valeria Sobol. *Interpreting Emotions in Russia and Eastern Europe* (DeKalb: Northern Illinois University Press, 2011).

Sobre o Japão:

Minichiello, Sharon. *Japan's Competing Modernities: Issues in Culture and Democracy, 1900-1930* (Honolulu: University of Hawai'i Press, 1998).
Seidensticker, Edward, Donald Richie, and Paul Waley. *Tokyo from Edo to Showa 1867-1989: The Emergence of the World's Greatest City*. (Tokyo: Tuttle Pub., 2010).
Tobin, Joseph Jay. *Re-Made in Japan: Everyday Life and Consumer Taste in a Changing Society* (New Haven, CT: Yale University Press, 1992).

PARTE III
A FELICIDADE NA HISTÓRIA MUNDIAL CONTEMPORÂNEA

No início do século XXI, quando a influência das redes sociais começou a se tornar um fenômeno global, praticamente qualquer pessoa que posasse para o que agora era chamado de "*selfie*", em qualquer lugar do mundo, tinha o cuidado de mostrar um grande sorriso. Parecer feliz passou a ser mais importante do que nunca. Algumas sociedades certamente incentivaram mais o sorriso do que outras, mas também é provável que esse incentivo tenha se tornado mais difundido do que nunca.

No século passado, ainda não havia uma história global única da felicidade. Muitas regiões importantes tinham abordagens diferenciadas ao tema, e até mesmo a felicidade familiar continuava sendo definida de maneiras variadas. Como antes, distinções nos padrões materiais e tradições culturais anteriores se combinavam em padrões regionais diferentes.

Porém, surgiram algumas tendências comuns. A influência da cultura do consumo, parte dela definida por padrões ocidentais, difundiu-se mais do que nunca. Com um número cada vez maior de sociedades se industrializando e se urbanizando – acontecimentos que começaram a abranger a maioria das pessoas do mundo – foi possível sacudir as ideias mais antigas sobre a felicidade. No início do século XXI, já era possível discernir alguns contornos de uma abordagem global, ou pelo menos multirregional, à felicidade.

Em termos gerais, o compromisso ocidental com a felicidade se manteve bastante bem na Europa Ocidental, nos Estados Unidos, no

Canadá, na Austrália e na Nova Zelândia, embora tenha enfrentado desafios internos. Nas últimas décadas, algumas influências de outras culturas se somaram à abordagem regional e as limitações do compromisso ocidental com a felicidade também ficaram mais evidentes.

Ao mesmo tempo, o século passado presenciou uma série de tentativas deliberadas de desenvolver alternativas aos modelos ocidentais de felicidade, algumas refletindo atualizações nos valores tradicionais e outras, como no comunismo, buscando avançar em novas direções.

Obviamente, a análise da felicidade no século passado também tem que levar em conta algumas divisões cronológicas internas. As misérias das guerras mundiais e da depressão econômica geraram algumas disputas particularmente intensas sobre a felicidade nas décadas posteriores a 1920. Depois de 1945, as polêmicas ideológicas foram menos agudas, principalmente com o fim da Guerra Fria. Foi nesse momento que começaram a surgir algumas dimensões globais da felicidade, mas em uma interação complexa com as tendências regionais.

Com muito mais clareza do que no século XIX, os eventos das últimas décadas – com as características básicas da sociedade industrial sendo geradas na maior parte do mundo, incluindo a urbanização – possibilitam uma avaliação provisória das implicações da industrialização para a felicidade e uma comparação especulativa com a avaliação aplicada ao advento da agricultura que foi vista no capítulo "Os primórdios da sociedade agrícola". A Conclusão aborda esse desafio diretamente, embora de forma um tanto inconclusiva.

Disputa pela felicidade, 1920-1945

Este capítulo destaca várias tendências muito diferentes que afetaram a felicidade em partes distintas do mundo durante o período das guerras mundiais e da Grande Depressão. Por um lado, a Primeira Guerra Mundial prejudicou gravemente a felicidade na Europa Ocidental, inaugurando um período de dúvidas que modificou significativamente os padrões predominantes no século XIX. Ao mesmo tempo, embora mais nos Estados Unidos, temas anteriores foram ampliados com outros componentes importantes. A ascensão do fascismo em partes da Europa durante as décadas de 1920 e 1930 sinalizou uma rejeição explícita à primazia da felicidade individual, apresentando uma definição bastante diferente, na qual a palavra felicidade raramente figurava de forma explícita. Por fim, nos movimentos anticoloniais e nacionalistas, que ganhavam cada vez mais força, líderes como Gandhi e Ataturk desenvolveram outro conjunto de alternativas em relação à felicidade, informado por tradições anteriores, mas também pelas necessidades de construção de nação. Não há, deliberadamente, nenhum tema unificador em tudo isso: a única unidade é a cronologia compartilhada do período conturbado entre as guerras mundiais. Os padrões globais permaneceram muito diversos, embora nenhum tivesse sido estático. Alguns deles deixariam apenas um legado modesto, por exemplo, o desespero do entreguerras e o fascismo como respostas inter-relacionadas ao desastre militar e econômico, não sobreviveriam incólumes. Mas o tema da diversidade continuaria a complicar a história contemporânea da felicidade.

CHOQUE

A Primeira Guerra Mundial foi um conflito horrível, a mais sangrenta guerra já travada até aquele momento, em um período tão curto. Os índices de mortalidade na casa dos muitos milhões foram agravados pela presença de uma grande quantidade de sobreviventes mutilados – lembretes claros para si próprios e para as pessoas ao seu redor. A experiência da brutal guerra de trincheiras e do bombardeio constante marcou até mesmo quem saiu fisicamente ileso, em aspectos que essas pessoas consideravam que a sociedade civil ao seu redor não tinha como entender. O poeta britânico Wilfred Owen, ele próprio morto nas fases posteriores da guerra, apontou para o que chamou de "aquela velha mentira", de que era nobre morrer pelo país.

A guerra foi ainda mais chocante por causa do otimismo generalizado que a precedeu, ou seja, as expectativas de um progresso feliz podem fazer com que as realidades pareçam particularmente desanimadoras. Muitos soldados partiram para a batalha no início, em 1914, supondo que a luta seria fácil, com vitórias rápidas e gloriosas, e que voltariam para casa em poucos meses. Cartazes de recrutamento britânicos afirmavam explicitamente que ingressar no exército era um caminho para a felicidade. Mas os soldados em combate logo descobriram a verdade brutal. De modo mais geral, as sociedades ocidentais haviam sido muito expostas ao tipo de confiança expressa nas avaliações otimistas da virada do século, que afirmavam que as décadas de progresso do século XIX continuariam inevitavelmente no século seguinte. Agora, era quase impossível acreditar nisso. Uma geração de jovens promissores, cujas fileiras haviam sido especialmente dizimadas pela guerra de trincheiras, chegaria confusa à idade adulta, muitas vezes sem esperanças.

Em nível intelectual, quem melhor captou o novo clima foi Oswald Spengler, cujo livro, *O declínio do Ocidente*, foi publicado em 1918. Spengler afirmou que a civilização ocidental agonizava e um evento como a guerra era apenas um episódio em um colapso irreversível. Menos importante do que sua afirmação absoluta, a grande popularidade do livro (que foi rapidamente traduzido do alemão para várias outras línguas) sugere que ele captou o sentimento do público e se aprofundou nele. Novos estilos artísticos também surgiram para transmitir confusão ou desespero, particularmente em torno de temas surrealistas ou dadaístas.

As desestruturações econômicas agravaram em muito o problema. A inflação altíssima afetou vários países logo após a guerra e, depois disso, a depressão global assumiu o centro das atenções a partir de 1929. O desemprego atingiu níveis nunca vistos, causando o trauma psicológico da perda de empregos agravado pelo aumento da pobreza. Nos Estados Unidos, os índices de suicídio aumentaram cerca de 25% nos piores anos.

A década seguinte, os anos 30, foi ainda marcada por aumento da instabilidade internacional e, com a ascensão da Alemanha nazista e um agressivo regime militar no Japão, os temores de guerra aumentaram. A autoconfiança foi abalada, pois a liderança de muitos países ocidentais parecia incapaz de enfrentar problemas econômicos e diplomáticos que só cresciam. Nos Estados Unidos, uma transmissão de rádio fictícia sobre uma invasão alienígena, em 1938, gerou pânico considerável, em um sinal do nível de ansiedade pública.

As expectativas de felicidade nunca haviam sido distribuídas de maneira uniforme na sociedade ocidental, e nem todas as pessoas arcaram com os problemas dos anos do entreguerras da mesma forma. Mas parece bastante provável que muitos tenham experimentado uma deterioração substancial em sua sensação de satisfação ou esperança. A cultura da felicidade não foi desalojada, mas certamente foi colocada em xeque.

NOVAS FRONTEIRAS

No entanto, essas mesmas décadas testemunharam sinais contínuos de felicidade em alguns setores da sociedade ocidental. Não apenas alguns temas estabelecidos se mantiveram, mas também foram acrescentados pelo menos dois outros componentes, que continuariam após a Segunda Guerra Mundial.

Tanto as continuidades quanto os aprimoramentos mostram a força da cultura que já havia sido estabelecida. Os compromissos persistentes com a felicidade também refletem o fato de que alguns setores da população, mais visivelmente nas classes médias, conseguiram continuar desfrutando de oportunidades na condição de consumidores e espectadores, apesar das perturbações ao seu redor, intensificando interesses anteriores em esportes e desfrutando da expansão constante da indústria do cinema. As rígidas maneiras vitorianas relaxaram, conforme demonstram as roupas femininas mais reveladoras. O novo fenômeno do "namoro" começou a substituir o cortejar formal. O quadro não era de todo desolador, mesmo na década de 1930, devastada pela Depressão.

Também vale ressaltar que esse foi o período em que ficou mais fácil registrar o sorriso em público. O aprimoramento da fotografia eliminou as esperas agonizantes até que a foto fosse tirada, e era impossível resistir à vontade de apresentar um rosto sorridente. Políticos como Franklin Roosevelt, nos Estados Unidos, foram mestres em usar o sorriso amplo para cativar o público. Também contribuiu para a popularidade do sorriso um aumento nas propagandas de pó e creme dentais, que apresentavam dentes luminosos como resultado gratificante.

Alguns fatores nacionais entraram em cena. Os Estados Unidos estavam, em grande parte, livres da tristeza do pós-guerra que afetava consideravelmente muitos europeus. Apesar de algumas mortes e perturbações causadas, o país não foi profundamente alterado pela Primeira Guerra Mundial e, na verdade, sua posição econômica global melhorou consideravelmente.

A literatura de aconselhamento nos Estados Unidos mais do que nunca ficou repleta de recomendações sobre felicidade e alegria. Muitos manuais sobre como criar filhos agora incluíam frequentemente um capítulo sobre "como fazer seu filho feliz" (uma inovação do século XX), e surgiram alguns livros só sobre o assunto. Os pais, então se presumia, tinham a responsabilidade de garantir que seus filhos fossem felizes, embora houvesse alguma confusão sobre quanto esforço seria necessário para isso: seriam os filhos naturalmente felizes, de modo que os pais só tinham que não estragar ou cuidados extras eram essenciais? A noção frequentemente discutida de "infância infeliz" refletia a importância de tentar proporcionar o contrário. O mesmo ocorreu a partir da noção de que o fracasso continuaria repercutindo na idade adulta (a expressão começou a ser amplamente mencionada no período entreguerras). A ênfase mais ampla na família alegre também foi mantida, ou seja, o marido deveria poder contar com o bom humor "incansável" de sua esposa, e a esposa ideal deveria "ter sempre um sorriso". Em alguns setores, claramente, a revolução da felicidade estava viva e passava bem.

Alegria americana

Para muitos estrangeiros de hoje, uma das maneiras mais fáceis de identificar alguém dos Estados Unidos é por meio do sorriso amplo e frequente. Incomum, ou pelo menos exibida de forma incomum, essa alegria é alvo frequente de análises e comentários, sobretudo entre os europeus. Ela pode ser muito desconcertante e parecer desrespeitosa ou simplesmente falsa, mas era e certamente é bastante notada, além da sensação dos europeus de que os americanos continuavam tendo um otimismo demasiado ingênuo. Um observador finlandês, recentemente questionado sobre como identificá-los, repetiu uma versão da piada russa: quando se vê alguém sorrindo muito para estranhos, presume-se que seja louco, bêbado ou dos Estados Unidos. Era comum que empresas americanas, tentando se estabelecer na Europa, recomendassem uma atitude sorridente nas vendas, o que foi um problema quando a Walmart tentou, sem sucesso, entrar no mercado alemão.

A questão é: quando essa tendência surgiu nos Estados Unidos?

Algumas observações sobre a alegria incomum dos americanos remontam ao início do século XIX. Harriet Martineau, uma visitante britânica, observou como seus anfitriões não apenas sorriam muito, mas contavam um número exagerado de piadas para tentar convencê-la a fazer o mesmo. Será que essa ênfase na alegria fazia parte da cultura democrática que os americanos estavam tentando construir na esteira da revolução bem-sucedida? Ela estaria sendo incorporada ao "caráter nacional" naqueles primeiros tempos? Uma teoria diz que sociedades que recebem muitos imigrantes (como os Estados Unidos, embora haja outras), enfatizam o sorriso porque, em meio a diferentes culturas e idiomas, expressões faciais positivas são essenciais na tentativa de criar uma atmosfera construtiva, embora a mesma teoria também mencione que muitos sorrisos não indicam necessariamente uma felicidade especial. Mas isso não explica por completo a tendência dos estadunidenses, em comparação, por exemplo, com os canadenses.

As condições entre as guerras podem ter ampliado as disparidades, pelo menos em termos de comparações transatlânticas, dado o maior desafio que muitos europeus enfrentaram com as dificuldades da Primeira Guerra Mundial e as tensões que se seguiram. Quaisquer que sejam as causas (e explicar as diferenças comparativas no sorriso representa uma espécie de desafio analítico), o que fica claro é que os Estados Unidos começaram a assumir a liderança em algumas das outras inovações na "revolução da felicidade", mesmo quando estas também envolveram rapidamente outras partes da sociedade ocidental.

Assim, foi em 1923 que a Disney Company iniciou a sua lendária carreira no entretenimento, que, da Califórnia, se fez explicitamente em torno do tema "criar felicidade". A empresa rapidamente passou a refazer contos de fadas clássicos para crianças, eliminando a crueldade e a tristeza em favor de finais felizes e criando novos personagens (como o inquestionavelmente alegre Mickey Mouse) destinados a promover o deleite de pais e filhos. Esse foi um dos muitos casos em que uma inovação vinda dos Estados Unidos teria um impacto amplo em pouco tempo.

Outra inovação americana foi reveladora: a introdução da trilha de risadas no rádio (em 1946), e depois nas comédias da TV (usada pela primeira vez em 1950), em contraste com os padrões da Europa, onde se deixava que o público em casa decidisse se riria ou não. O truque sugeria maior alegria ou maior compulsão para parecer alegre – ou um pouco de cada uma?

Ou ainda, em outra frente: a música "*Happy Birthday*" teria surgido nos Estados Unidos e seu uso em um espetáculo da Broadway de 1931 selou sua popularidade. Nesse momento, ela começou a se espalhar para outros países de língua inglesa e logo apareceu em várias traduções. Aqui estava outra contribuição americana para uma cultura popular feliz.

Felicidade no trabalho

Duas outras inovações que apareceram nos Estados Unidos, mas com ativo envolvimento europeu, não apenas ilustraram como também intensificaram de forma visível o compromisso permanente com a felicidade, mesmo no terreno difícil das décadas entre as duas guerras mundiais.

A primeira foi uma tentativa mais explícita de associar felicidade e trabalho – uma área que constituiu um certo enigma durante a industrialização do século XIX, quando a relação da felicidade com a ética do trabalho dominante era, no mínimo, ambígua.

Ideias mais antigas de que o trabalho poderia ser um instrumento para uma vida mais feliz fora do emprego ou a base para a mobilidade social persistiram com força, mas agora se apresentava uma noção mais clara de que o trabalho poderia ou deveria ser agradável em si. Duas fontes relacionadas contribuíram para isso.

Uma nova subdisciplina, a Psicologia industrial, começou a surgir no final do século XIX. Os primeiros praticantes eram alemães, mas o campo se desenvolveu definitivamente nos Estados Unidos logo após a Primeira Guerra Mundial. Os praticantes da Psicologia industrial se esforçavam para estudar o local de trabalho, bem como os próprios trabalhadores, para tornar o processo de produção mais eficiente e reduzir os conflitos trabalhistas. Algumas de suas inovações pouco tiveram a ver com felicidade, mas outras buscaram melhorar diretamente o estado de espírito dos trabalhadores. Estudos feitos por expoentes como Elton Mayo concluíram, por exemplo, que períodos de descanso posicionados criteriosamente aumentavam a produtividade, assim como tocar música suave por 45 minutos a cada hora. Dedicou-se muita atenção ao treinamento de supervisores de nível inferior para que tivessem mais tato com os trabalhadores, incluindo mais paciência para ouvir queixas. Na década de 1930, na esteira desse tipo de orientação, muitas empresas começaram a estabelecer departamentos de pessoal ou de recursos humanos. Embora tivessem várias funções, uma meta importante era tentar tornar o trabalho mais agradável ou, pelo menos, não tão pesado, como ainda acontece hoje. Essa foi uma inovação burocrática que logo se consolidaria na maioria dos países ocidentais.

Ao mesmo tempo, o crescimento das burocracias administrativas e das equipes de vendedores profissionais despertou uma atenção explícita à importância da alegria no trabalho. Surgiram cursos de treinamento voltados a "produzir vendedores alegres, que tivessem cuidado para evitar provocar os clientes, que eram vitais". Na década de 1930, as companhias ferroviárias dos Estados Unidos introduziram as "escolas do sorriso" para reeducar maquinistas e vendedores de passagens. Dale Carnegie, também na década de 1930, fez da alegria a tônica de seus cursos para aspirantes a vendedores e de seu livro muito popular, *Como fazer amigos e influenciar pessoas*. Ele gabava-se de sua capacidade de continuar sorrindo mesmo diante do cliente mais irritado, argumentando que essa era a melhor forma de fechar o negócio.

Nada disso necessariamente fez do trabalho uma experiência mais feliz, mesmo para funcionários administrativos. Na verdade, a manipulação emocional envolvida pode ser extremamente estressante. E, no entanto, estavam sendo empregados cada vez mais recursos na tentativa de promover a felicidade e, ainda mais, para que certos tipos de trabalhadores *parecessem* felizes. Ganhava mais espaço o antigo tema – que remonta ao século XVIII – de querer que as pessoas ao nosso redor fossem alegres.

Luto e morte

Uma das grandes dificuldades enfrentadas pelos ideais de felicidade do século XIX, os altos índices de mortalidade, foi redefinida substancialmente no início do século XX em todo o mundo ocidental, apesar das enormes perdas na guerra.

Em 1920, os índices de mortalidade infantil caíram para 5% de todas as crianças nascidas vivas, muito abaixo dos 25% ou mais que eram comuns apenas 40 anos antes. Além disso, embora a epidemia de *influenza* de 1918-1919 tenha tido um grande impacto, o ciclo epidêmico foi bastante modificado depois disso, graças ao aperfeiçoamento das medidas de saúde pública. Em termos gerais, nas sociedades industriais avançadas, a morte generalizada estava cada vez mais confinada a grupos de mais idade. Por fim, foi também na primeira metade do século XX que as mortes começaram a ocorrer predominantemente em hospitais, em vez de em casa ou nas proximidades.

Tudo isso fez com que os encontros com a morte fossem se tornando muito menos comuns do que jamais haviam sido na experiência humana. Ficou muito mais fácil adornar o impulso do século XIX para suavizar essa realidade desagradável e esperar pela continuação dos avanços no futuro. Os médicos, combatentes da morte por formação, haviam se tornado as figuras dominantes no seu enfrentamento, enquanto os consoladores mais tradicionais eram relegados a papéis inferiores. Um ingrediente fundamental para a felicidade, agora, podia ser não ter que pensar muito sobre a morte.

Um resultado imediato dessa transformação, bastante discutido em revistas populares na Europa e nos Estados Unidos na década de 1920, foi uma redefinição do luto, que passou de essencial para indesejável. Como disse uma dessas revistas: "Provavelmente, nada é mais triste na vida do que pensar em todas as horas gastas em luto pelo que é passado e irrecuperável". Qualquer pranto prolongado sugeria "algo mórbido, fosse mental ou físico". Os livros de boas maneiras mudaram, deixando de apresentar longas passagens sobre como lidar educadamente com uma família enlutada para insistir em que, a partir dali, exibir muito sofrimento era simplesmente descortês, um fardo irracional para outras pessoas. Qualquer pessoa que sofresse de luto mais do que temporário era instada a buscar orientação psicológica, e toda uma categoria de "trabalho de luto" se desenvolveu na área para promover maior controle sobre ele. Não era exagero sugerir, agora, que ter que lidar com a dor de outras pessoas, sobretudo fora da família imediata, muitas vezes parecia ser um fardo irracional sobre a felicidade.

Nessa mesma linha, as práticas de luto foram se reduzindo ao longo do tempo em ambos os lados do Atlântico (com exceção dos Estados Unidos, por causa da elevada devoção religiosa). Desapareceram as sofisticadas cortinas colocadas nas janelas das casas onde alguém morrera. Até mesmo o fumo desapareceu dos braços. As cerimônias funerárias ficaram mais curtas, e as crianças passaram a ser mantidas totalmente afastadas. A morte ainda acontecia, mas devia ser o mais discreta possível.

Mudou até mesmo o que era considerada a melhor forma de morrer. Durante séculos, uma boa morte implicava um processo que poderia levar várias semanas, quando uma pessoa idosa, em geral sofrendo de alguma doença respiratória, tinha a chance de se despedir de amigos e familiares. Agora, para quase todo mundo, a melhor morte era a súbita e inesperada, não demandando qualquer reflexão nem preparação.

Essas enormes mudanças na incidência e na experiência da morte acabaram gerando um debate igualmente grande sobre se o melhor para a felicidade é minimizar a importância da morte – embora os argumentos sobre os efeitos deletérios do chamado "tabu" moderno com relação ao tema tenham surgido sobretudo após a Segunda Guerra Mundial. A felicidade agora é perigosamente superficial porque a morte é relegada a um segundo plano? Será que as pessoas têm mais medo da morte e, nesse sentido, são menos felizes porque a encontram com menos preparação? Várias evidências sugerem que muitas pessoas na verdade complicam desnecessariamente suas mortes por não se prepararem devidamente com antecedência. Por exemplo, muita gente evita especificar se deseja prolongar a vida por meio de medidas de saúde "heroicas", e esse tipo de relutância pode indicar uma redefinição radical da relação entre felicidade e morte.

Pelo menos na superfície, no entanto, o declínio da morte (incluindo o fato novo de que os pais não precisavam mais vivenciar a expectativa da morte de pelo menos um filho) contribuiu para um realinhamento emocional significativo a partir do início do século XX, em ambos os lados do Atlântico. Cada vez mais, especialistas em Psicologia e divulgadores diferenciavam emoções positivas e negativas, devendo as últimas ser evitadas tanto quanto possível (e com os pais instados a proteger seus filhos nesse sentido). O medo, a raiva, a tristeza, a vergonha e até a culpa indevida passaram a ser vistos como sentimentos sem qualquer função útil e, embora não pudessem ser evitados totalmente, deveriam ter sua importância minimizada. Em princípio, isso deixou o caminho livre para emoções como amor, alegria ou, até mesmo, uma inveja leve, compatíveis com o consumismo ativo e com a felicidade.

Prazeres

Uma das características marcantes da década de 1930 na maioria das sociedades ocidentais, embora provavelmente tenha sido mais forte nos Estados Unidos, foi a busca bem-sucedida do prazer em meio à severidade mais óbvia da Depressão. A classe social era um fator vital nesse sentido, pois os trabalhadores sofriam mais do que os grupos de empresários e profissionais qualificados, e os jovens, mais do que as pessoas de meia-idade.

A crescente indústria do entretenimento, agora liderada em nível global pelos estúdios de Hollywood, procurava aliviar o ambiente sempre que possível. Os finais felizes passaram a ser uma marca do cinema, e apenas filmes de arte feitos para a elite ousavam contrariar essa tendência. Shirley Temple tornou-se uma estrela típica, com uma extraordinária popularidade como atriz infantil. Como disse Franklin Roosevelt, "É fantástico que, por apenas 15 centavos, seja possível ir ao cinema nos Estados Unidos, ver o rosto sorridente de uma criança e esquecer os problemas". Mas havia muitas outras coisas – sensações românticas, comediantes, dançarinos – que proporcionavam distração. Os esportes profissionais e o futebol universitário estavam em alta. A popularidade do "Happy Birthday", entoado com frequência para aniversariantes adultos por meio de um "telegrama cantado", era diretamente atribuída à sua função de antídoto para as preocupações da Grande Depressão. Na Grã-Bretanha, o final da década já testemunhava os primeiros passos da próxima distração de massas: a televisão.

A fartura relativa (junto com a pobreza avassaladora) e a expectativa de felicidade na década de 1930 geraram uma combinação sem precedentes: uma década sombria e um compromisso generalizado com a diversão. A Segunda Guerra Mundial daria continuidade a essa estranha combinação, principalmente para os soldados dos Estados Unidos, com esforços deliberados para fornecer programas de entretenimento ao estilo de Hollywood nos acampamentos militares (preferencialmente, com comediantes e jovens atrizes atraentes). A United Service Organizations (USO), fundada em 1941, especializou-se na promoção de turnês de espetáculos em instalações militares no país e no exterior.

FASCISMO E FELICIDADE

Adolf Hitler, líder da Alemanha nazista, deixou sua posição muito clara: "O dia da felicidade individual já passou". O italiano Mussolini apresentou essencialmente o mesmo argumento: "O fascismo se opõe, portanto, a todas as abstrações individualizadas baseadas no materialismo do século XVIII [...]. Ele não acredita na possibilidade de 'felicidade' na Terra tal como é concebida pela literatura economicista do século XVIII". Os líderes nazistas e fascistas não costumavam falar diretamente sobre a felicidade, mas procuraram deliberadamente construir um sentido de propósito humano diferente dos conceitos de felicidade que vinham se constituindo no Ocidente por um século e meio. Embora não seja destacado com frequência, o ataque fascista à felicidade foi, na verdade, uma característica importante – e extraordinária – do movimento. A felicidade convencional, de fato, tornou-se uma inimiga.

Nessa linha, a alegria foi substituída por rostos graves e atitude militar. Como disse Mussolini, "A vida, como a concebe o fascista, é séria, austera [...]. O fascista desdenha uma vida 'fácil'". Disciplina e autoridade eram as novas palavras de ordem, tudo sob a orientação do Estado e de seu líder.

O experimento fascista teve vida relativamente curta, em grande parte enterrado com a derrota na Segunda Guerra Mundial, mas foi um esforço interessante para se contrapor às expectativas usuais de felicidade com um modelo muito diferente. Segundo essa visão, o indivíduo deveria ser subsumido por meio da lealdade apaixonada à nação – ou, no caso nazista, ao *Volk*, ou raça – e ao Estado. Dever e devoção eram as marcas registradas. Enormes comícios buscaram criar uma empolgação que facilmente suplantaria os prazeres mais pessoais. Muitas formas de consumismo moderno foram desencorajadas, algumas delas rejeitadas como "decadência modernista". Como disse Mussolini,

> O fascismo vê no mundo não apenas aqueles aspectos superficiais e materiais em que o homem aparece como um indivíduo autocentrado, egocêntrico [...] impulsionado em direção a uma vida de prazer egoísta momentâneo, mas também a nação e o país, indivíduos e gerações unidos por uma lei moral, com tradições comuns e uma missão que, suprimindo o instinto fechado em um círculo breve de prazer, constrói uma vida superior, fundada no dever, na qual o indivíduo, por meio de autossacrifício, da renúncia ao interesse próprio, da própria morte, pode alcançar aquela existência puramente espiritual em que consiste seu valor como homem.

O fascismo, e principalmente sua versão nazista, também enfatizava a importância de uma vida familiar dedicada, somente, à procriação, com as mulheres claramente subordinadas aos maridos.

As causas desse esforço para substituir o que parecia ser noções bem estabelecidas de felicidade em países como Itália e Alemanha eram complexas. Desestruturação e decepção com a Primeira Guerra Mundial, desorganização econômica grave combinada com liderança enérgica, propaganda engenhosa e intimidação pela força. Para muitas pessoas, a felicidade vinha diminuindo de qualquer maneira, então o apelo de um modelo radicalmente diferente poderia fazer sentido.

O fascismo também procurou oferecer alternativas a algumas das vantagens convencionais da felicidade moderna. Mussolini e Hitler criaram novas oportunidades coletivas de lazer. No caso alemão, um movimento curiosamente denominado "Força pela Alegria" procurou oferecer aos trabalhadores uma série de possibilidades feitas sob medida para pessoas com salários relativamente baixos e imbuídas da propaganda nazista. De 1933 até ser interrompido pela eclosão da Segunda Guerra Mundial, o movimento Força pela Alegria organizou exibições de filmes, peças de teatro, concertos e excursões. A caminhada em trilhas era muito enfatizada, pois os fascistas gostavam de promover a atividade física em detrimento do intelectualismo indevido. Ambicionadas férias anuais eram oferecidas por meio de resorts massificados e padronizados e, por algum tempo, o movimento foi o maior empreendimento turístico do mundo. Em 1938, uma minoria substancial de alemães estava usufruindo das férias promovidas pelo Força pela Alegria. Houve até mesmo algum esforço para atrair também turistas estrangeiros, chegando a apresentar o ministro da propaganda da Alemanha sorrindo atipicamente em um pôster colorido.

O esforço fascista para substituir a felicidade convencional também foi alimentado pela propaganda e a intimidação ativa por parte de uma rede de polícia secreta. Os movimentos juvenis promoveram entusiasmadas lealdades de grupo, na esperança de construir um tipo diferente de personalidade para o futuro. E, claro, qualquer sinal de dissidência era reprimido de forma implacável. É difícil avaliar o equilíbrio entre aceitação e medo nesse esforço para criar uma alternativa à felicidade.

NACIONALISMO FORA DO OCIDENTE: OUTRAS VISÕES DA FELICIDADE

Embora ofuscados por conflitos militares e desafios econômicos, os anos entre as duas guerras mundiais também testemunharam a consolidação de uma série de movimentos nacionalistas importantes fora do Ocidente. A necessidade de assumir uma posição a respeito da felicidade não era uma preocupação central do nacionalismo, mas tampouco era incomum que se emitissem opiniões breves. Nenhum líder adotou integralmente o conceito ocidental de felicidade, pois, entre outras coisas, individualismo e consumismo demais poderiam desviar a atenção da causa comum. Isso já havia sido um problema para os líderes nacionais japoneses, é claro, mas agora se aplicava a outras regiões. Por outro lado, a linguagem grandiloquente do fascismo também obteve poucos adeptos fora do Ocidente (com a exceção parcial do Japão).

Dois enfoques foram atraentes: um simplesmente enfatizava a importância do dever e da obrigação social, já que construir a nação ou conquistar a independência eram fundamentais para qualquer tipo de felicidade. O outro apelava de forma mais sofisticada às tradições culturais nacionais, para enfatizar um conceito de felicidade que se diferenciava de forma muito visível da abordagem ocidental ou fascista.

Turquia

Kemal Ataturk liderou a fundação da nova nação turca sobre as ruínas do Império Otomano, no início da década de 1920, e depois a presidiu até sua morte, em 1938. Ele foi um fervoroso modernizador e reformador, incorporando muitos valores ocidentais em seus esforços para fazer da Turquia uma nação importante. As mudanças incluíram desde exigências de uso de roupas de estilo ocidental até a adoção do alfabeto latino e a concessão do direito de voto às mulheres. Em seu percurso, ele trilhou uma linha tênue na coordenação de grandes mudanças que não impusessem uma ocidentalização total, por exemplo, esforçando-se para evitar a competição política de estilo ocidental.

Nesse sentido, sem atacar diretamente as ideias ocidentais de felicidade, Ataturk procurou ardentemente enfatizar uma visão alternativa. Primeiro, associou a felicidade ao sucesso nacionalista. Em 1933, no décimo aniversário da fundação da República turca, apresentou uma lista das muitas melhorias ocorridas na vida nacional durante a década anterior. Ele afirmou que a Turquia estava no caminho certo para se tornar uma grande nação, e logo estaria à frente do mundo em níveis de prosperidade e civilização. Isso significava, por sua vez, que a felicidade consistia em se regozijar com esse sucesso nacional: "Feliz é aquele que diz: 'sou turco'". Essa frase de efeito foi usada de tempos em tempos por regimes posteriores para promover a lealdade ao sistema, simplesmente evitando maiores questionamentos sobre definições pessoais de felicidade.

Mas Ataturk foi além da ênfase estritamente nacionalista ao insistir em que a felicidade consiste em trabalhar arduamente pelo progresso nacional.

> O necessário para que alguém esteja feliz e contente é trabalhar para aqueles que virão depois, e não para si mesmo. Podem-se alcançar a satisfação e a felicidade verdadeiras nesta vida, apenas trabalhando pela existência, a honra e a felicidade das gerações futuras.

Essa era uma formulação um pouco diferente, talvez mais vaga, do que a abordagem japonesa do período Meiji, mas tinha conotações semelhantes. Faltava-lhe a linguagem grandiloquente e o autossacrifício das definições fascistas, mas ela também sugeria uma alternativa bastante clara à abordagem ocidental, mais individualista e orientada ao consumo.

Índia

O nacionalismo na Índia sob o domínio britânico começou, de maneira bastante moderada, no século XIX, tornando-se muito mais forte após a Primeira Guerra Mundial, em parte porque muitos soldados indianos serviram na guerra e conheceram melhor os objetivos nacionalistas. Cresceram então as demandas por independência total.

Vários líderes ajudaram a promover a agitação, mas, sem dúvida, Mohandas Gandhi foi o mais visível e influente deles. A visão de Gandhi foi moldada por muitas influências. O hinduísmo foi a

269

mais profunda delas, mas Gandhi também leu autores ocidentais e russos, combinando uma série de ideias diferentes em sua própria filosofia. O resultado mais famoso foi um profundo compromisso com a não violência e, em última análise, determinadas reformas na tradição da Índia, incluindo a abolição do sistema de castas. Mas uma abordagem diferenciada da felicidade foi outra característica interessante da sua visão.

Gandhi via a felicidade não em termos de deveres para com o Estado ou a sociedade (embora acreditasse profundamente na importância de servir aos outros) e certamente não em termos de prazeres ou progressos pessoais. Em vez disso, retomando parte do pensamento comum entre os líderes religiosos e filosóficos anteriores, a felicidade era uma questão de cultivar uma mentalidade adequada. Sua frase mais famosa sobre o assunto é: "Felicidade é quando o que você pensa, o que você diz e o que você faz estão em harmonia".

Algumas pessoas, principalmente nas décadas mais recentes, interpretaram isso como um elogio ao que agora é chamado de pensamento positivo, como o desenvolvimento de atitudes que incentivam o amor-próprio. Também pode ser visto como um apelo para ser digno de confiança, para combinar ações com opiniões. Gandhi apostava muito na integridade e na sinceridade, mas o significado principal provavelmente envolve a ênfase na harmonia, no alinhamento do eu e do entorno. Assim como para muitos pensadores hindus anteriores, a importância da busca da verdade e da autorrealização era fundamental na visão de Gandhi. Esses foram os elementos que outros pensadores hindus e budistas enfatizaram para enriquecer as ideias dele e que o ajudaram a adquirir a reputação de Mahatma, ou "grande alma", diante de muitos indianos da época. Além disso, essa abordagem mais espiritual à felicidade era totalmente coerente com o profundo interesse de Gandhi pela paz e pela não violência, bem como sua falta de qualquer preocupação específica com os aspectos materiais da vida. A paz interior era um componente muito importante da paz social no sentido mais convencional.

Apesar de todo o sucesso inegável em galvanizar o nacionalismo indiano, Gandhi foi uma figura atípica, em comparação com nacionalistas como Ataturk ou mesmo com a maioria de seus contemporâneos na Índia. Ainda que fervoroso partidário da independência, Gandhi não queria ver a Índia avançar no caminho do desenvolvimento econômico ou de um maior poderio militar. Ele imaginava uma economia rural e artesanal, deliberadamente diferente da maioria das sociedades do século XX e, portanto, suas opiniões sobre a felicidade são incomuns, embora engenhosas. Ele nos lembra, porém, que ideias tradicionais e novos movimentos podiam se combinar de maneiras imprevisíveis e que visões religiosas sobre a felicidade ainda exercem uma influência contínua. O papel da tradição nos conceitos indianos de felicidade, embora não seja exatamente uma fórmula de Gandhi, será alvo de mais atenção no capítulo seguinte.

* * *

A felicidade se tornou um conceito polêmico nas décadas da guerra e da Depressão, não apenas por causa das várias tradições, mas também em função de novos níveis de competição pela lealdade das pessoas. Os resultados se somaram à diversidade global, embora algumas das afirmações tenham durado pouco. O único denominador comum era um sentimento crescente de que o tópico da felicidade tinha de ser abordado explicitamente na política, mesmo que as definições resultantes entrassem em conflito diretamente. Essa necessidade de produzir padrões bem definidos para a felicidade também teria um papel considerável na retórica e na política geradas pelo movimento comunista em ascensão, inicialmente na União Soviética, e depois, de forma mais ampla.

A ausência de um padrão global claro para a felicidade torna evidentemente mais complexa a análise dessas décadas conturbadas; a ênfase em uma abordagem majoritariamente regional seria modificada no final do século XX. Mas o interesse em encontrar alguma alternativa aos conceitos ocidentais, mesmo quando o Ocidente acrescentou alguns novos ingredientes ao compromisso com a felicidade, implicou um desafio importante que também ecoaria nas décadas seguintes.

LEITURAS COMPLEMENTARES

Sobre o papel cada vez maior dos governos e das empresas na tentativa de fazer propaganda da felicidade e vendê-la:

Davies, William. *The Happiness Industry: How the Government and Big Business Sold Us Well-Being* (London: Verso, 2015) – Também aplicável a períodos posteriores.

Sobre o impacto da Primeira Guerra Mundial:

Winter, Jay Murray. *Remembering War: The Great War between Memory and History in the Twentieth Century* (New Haven: Yale University Press, 2006).

Sobre a alegria:

Kotchemidova, Christina. "From Good Cheer to 'Drive-By Smiling': A Social History of Cheerfulness." *Journal of Social History* 39, no. 1 (2005): 5-37.
Stearns, Peter N. *Satisfaction Not Guaranteed: Dilemmas of Progress in Modern Society* (New York: New York University Press, 2012).

Sobre o estado de espírito americano no entreguerras:

Allen, Frederick Lewis. *Only Yesterday: An Informal History of the 1920s* (New York: Harper, 1931) and *Since Yesterday: The 1930s in America* (New York: Harper, 1939).

Sobre mudanças no trabalho:

Hochschild, Arlie Russell. *The Managed Heart: Commercialization of Human Feeling*, Updated, with a New Preface (Berkeley: University of California Press, 2012).

Sobre luto e morte:

Ariès, Philippe. *The Hour of Our Death*, 1st American ed. (New York: Knopf, 1981).
Gorer, Geoffrey. *Death, Grief, and Mourning* (New York: Arno Press, 1977).
Stearns, Peter N. *Revolutions in Sorrow: The American Experience of Death in Global Perspective* (Boulder, CO: Paradigm Publishers, 2007).
Stearns, Peter N., ed., *Routledge Modern History of Death* (London: Routledge, 2020).

Sobre o fascismo:

Paxton, Robert O. *The Anatomy of Fascism* (New York: Knopf, 2004).
Redles, David. *Hitler's Millennial Reich: Apocalyptic Belief and the Search for Salvation* (New York: NYU Press, 2005).

Sobre Ataturk:

Gokalp Ziya, and Robert Devereaux. *The Principles of Turkism* (Leiden: E. J. Brill, 1968).
Hanioğlu, M. Şükrü. *Atatürk: An Intellectual Biography*, Revised Paperback Edition (Princeton, NJ: Princeton University Press, 2017).

Sobre Gandhi:

Erikson, Erik H. *Gandhi's Truth: On the Origins of Militant Nonviolence*, 1st ed. (New York: Norton, 1969).
Gandhi, Rajmohan. *Gandhi: The Man, His People, and the Empire.* (Berkeley: University of California Press, 2008).

Felicidade comunista

Começando com a União Soviética em 1917, as sociedades comunistas desempenhariam um grande papel na história mundial por pelo menos 80 anos, com ecos importantes ainda hoje. Os líderes comunistas se depararam com um dilema fascinante em relação à felicidade. Por um lado, ela era uma meta vital, da qual era impossível fugir fazendo referências ao dever ou à vida após a morte. Nesse sentido, o marxismo – e o comunismo em seu rastro – estava totalmente inserido na tradição do iluminismo, mesmo quando se difundiu para sociedades fora do Ocidente.

Embora assumissem a bandeira da felicidade, os comunistas se opunham fortemente ao tipo que, em sua opinião, estava sendo priorizado no Ocidente. Eles consideravam a felicidade ao estilo ocidental incoerente com seu compromisso de progresso social em direção a um objetivo final de igualdade e liberdade. Corria-se o risco de desviar as pessoas comuns da nobre tarefa de avançar em direção a esse futuro ideal. Nesse sentido, a felicidade ao estilo ocidental era vista como uma cilada burguesa, uma isca estrangeira, que precisava ser vigorosamente combatida.

275

Portanto, a questão era como estabelecer uma ideia definitiva, mas diferenciada, de felicidade. Parte do desafio foi resolvido apontando para o futuro, mas um futuro aqui na Terra: a felicidade plena não poderia ser alcançada até que a revolução tivesse eliminado todos os traços do capitalismo e suas armadilhas. Mas não bastava ter esperança. Os líderes comunistas, ansiosos por inspirar a lealdade popular, e particularmente a lealdade da classe trabalhadora, também precisavam oferecer alguma felicidade no presente.

O desafio de definir uma abordagem comunista da felicidade se tornou ainda mais difícil quando a concorrência com os Estados Unidos durante a Guerra Fria se acirrou, no final dos anos 1940. Os estadunidenses não hesitavam em exibir sua versão consumista de felicidade o tempo todo, usando feiras internacionais para divulgar o que havia de mais recente em equipamentos para cozinha e outras atrações de consumo. Os comunistas, ávidos por provar a superioridade de seu sistema, ficaram divididos entre querer demonstrar que podiam vencer os Estados Unidos em seu próprio jogo por meio de força e prosperidade cada vez maiores e continuar trabalhando em uma definição distinta de felicidade.

A essa altura, o desafio da felicidade marxista também estava sendo assumido pelos chineses, após a vitória comunista de 1949. Essa foi outra oportunidade de construir uma versão alternativa, acrescentando alguns valores explicitamente chineses.

É fundamental lembrar que as principais sociedades comunistas do século XX também buscaram acelerar o processo de industrialização que as sociedades ocidentais haviam promovido um século ou mais antes. A industrialização em seus primeiros tempos, como vimos, impôs suas próprias tensões e restrições à felicidade, e isso também deve ser levado em consideração na avaliação das alternativas comunistas.

O COMPROMISSO SOVIÉTICO

Escrevendo recentemente sobre Lenin, A. J. Polan afirma que a visão fundamental do líder da vitória comunista na Rússia em 1917 se assemelha à que Thomas Jefferson tinha um século e meio antes. Mais do que eliminar os males de um regime estabelecido, ambos queriam construir uma sociedade nova na qual as pessoas pudessem alcançar outro nível de felicidade por meio de liberdades mais amplas. Ao defender a necessidade da revolução, o próprio Lenin argumentou que os russos enfrentavam "duas estradas: liberdade e felicidade ou o túmulo".

É verdade que Lenin e outros líderes russos falavam com menos frequência da felicidade do que os entusiastas do iluminismo. Fiéis à cultura russa, eles também raramente sorriam, embora Lenin aparentasse adorar boas piadas e Stalin gostasse de retratar uma multidão feliz olhando para ele com rostos sorridentes. Todo o projeto soviético envolvia uma complexa mistura de esperanças inegáveis de um futuro em que uma sociedade socialista teria sido construída integralmente, e um profundo interesse em enfatizar níveis mensuráveis de felicidade na nova Rússia que já estava em construção. Mas não restam dúvidas de que a felicidade era o objetivo final, em contraste, por exemplo, com o esforço fascista de se afastar completamente de um conceito desse tipo.

Para muitas pessoas em um público ocidental e, principalmente, nos Estados Unidos, podia parecer estranho, até mesmo questionável, discutir felicidade soviética em quaisquer termos que não falsa propaganda. E não havia dúvidas sobre um forte elemento de doutrinação direta, principalmente sob o comando de Stalin nas décadas de 1930 e 1940, embora, mesmo assim, seja sintomático que se desse tanta ênfase explícita à felicidade. O regime recorreu muito ao medo e à repressão, matando milhões de seus próprios cidadãos, sobretudo no período de Stalin, mas também ampliou imensamente a educação, melhorou a saúde pública e reduziu a mortalidade infantil, além de oferecer muitas oportunidades de mobilidade. Suas afirmações de felicidade nem sempre foram inteiramente vazias.

Também é importante lembrar que antes da revolução a Rússia havia estabelecido algumas abordagens ligeiramente céticas em relação à felicidade. Os comunistas se esforçaram para modificar a cultura anterior, incluindo uma forte investida contra as religiões estabelecidas, e certamente procuraram construir uma atitude mais positiva, atacando explicitamente a melancolia ou o desespero. Mas alguns dos temas desenvolvidos na época do czar não foram totalmente apagados.

Trabalho

Os líderes comunistas se sentiam ainda mais confortáveis do que os defensores da felicidade no Ocidente em ver o trabalho e a vida econômica como os pilares da felicidade, pressupondo que as injustiças do sistema capitalista teriam sido eliminadas. Na década de 1930, cartazes com trabalhadores e camponeses fortes e esperançosos, raramente sorrindo, mas transmitindo um ar positivo e de cabeças erguidas, tornavam-se um elemento básico do realismo socialista patrocinado pelo governo. Em 1935, lançou-se o chamado movimento stakhanovista, em homenagem a um mineiro de carvão, Alexy Stakhanov, que supostamente produziu 14 vezes sua cota de carvão em um único turno. Trabalhadores heroicos começaram a ser identificados em todos os tipos de indústrias para simbolizar o avanço econômico soviético e as recompensas do trabalho árduo. É claro que o programa se encaixava na agenda de um regime que pressionava por uma industrialização rápida, mas também destacava esse aspecto da felicidade. Como afirmou a filha de Stakhanov: "Ele adorava o seu trabalho, e tudo o que ele conquistou foi através do esforço".

Infância e juventude

Desde o início, os soviéticos deram muita ênfase à geração mais jovem, na esperança de converter seus valores em outros, diferentes dos da época czarista. Proliferaram não apenas as escolas, mas também vários grupos de jovens comunistas. Na década de 1930, esses esforços se combinaram com uma necessidade cada vez maior, centrada na obsessiva preocupação de Stalin com a lealdade, de promover os êxitos de um regime que já existia há duas décadas. Assim, o governo e o Partido Comunista se esforçaram para convencer as pessoas de que o progresso estava ocorrendo e que a felicidade ganhava terreno constantemente, e os jovens formaram um público fundamental para isso.

"Obrigado, caro camarada Stalin, por uma infância feliz." Esse lema começou a ser pintado nas entradas de jardins de infância e creches. Até mesmo os orfanatos ficaram repletos desse tipo de mensagem. Cartazes retratando um Stalin sério, mas de aparência benigna, na frente de jovens sorridentes, eram comuns e foram parte central da campanha mais geral de cartazes otimistas. As histórias infantis foram povoados por temas semelhantes. A campanha apresentava a felicidade coletiva – ou seja, toda a sociedade estava avançando – e não a realização individual. Mas não havia dúvida sobre a ênfase poderosa.

Alguns autores abordavam a ideia de que o sofrimento era uma parte básica da cultura russa. O sucesso comunista deveria derrubar essa imagem, com a promessa de conquistas ainda maiores no futuro. O programa também destacou o que afirmava ser a óbvia infelicidade da sociedade capitalista no Ocidente: maus-tratos aos trabalhadores, racismo, falta de oportunidades para as mulheres. E todos os esforços eram feitos para incorporar profundamente essa ideia de felicidade à vida pessoal. Os programas para crianças eram um aspecto disso, mas o tema da felicidade também permeava livros de receitas e outros materiais de grande aceitação. E, sem dúvida, muita gente foi convencida, inclusive algumas pessoas na Rússia e na Europa Oriental que hoje olham para o período comunista com profunda nostalgia.

Programas coletivos

A ênfase soviética na felicidade não se baseou apenas na propaganda. Stalin e outros líderes estavam profundamente cientes da necessidade de promover a satisfação popular, sobretudo na classe trabalhadora cada vez maior, apesar das demandas de uma economia em processo de industrialização. Enquanto os salários permaneciam bastante baixos, com recompensas por produtividade individual, o regime se esforçava para proporcionar uma série de canais coletivos para o entretenimento e o prazer populares. O leque de espetáculos disponíveis aumentava o tempo todo, incluindo filmes, bem como produções de teatro e dança e, principalmente após a Segunda Guerra Mundial, uma ampla gama de esportes com público espectador.

As férias patrocinadas pelo Estado constituíram o esforço mais ambicioso, muito semelhante ao que a Alemanha nazista estava desenvolvendo no mesmo período. Essa era uma chance de recompensar o trabalho, e também uma alternativa anual, sem a necessidade de atender a gostos individuais. Foram construídos enormes resorts de praia nos litorais do mar Negro e do Báltico. Programas especializados atendiam a grupos de jovens, enquanto spas mais luxuosos recompensavam funcionários de alto escalão com banhos termais e outros confortos.

Nas décadas de 1970 e 1980, o turismo soviético tornou-se ainda mais ousado, incentivando viagens de férias a outros países comunistas. A essa altura, cerca de metade da população fazia algum tipo de viagem anual. Apesar de suas características coletivas, o programa também promovia uma sensação de escolha pessoal e um determinado grau de autoexpressão. As pessoas começaram a organizar suas próprias viagens e, obviamente, tinham um conjunto cada vez maior de opções individuais.

O dilema do consumismo

No caso do consumo mais rotineiro e de sua relação potencial com a felicidade, o regime soviético enfrentou um problema mais difícil, que nunca resolveu integralmente. Havia duas restrições. Primeiro, apesar da industrialização cada vez mais bem-sucedida, aquela não era uma sociedade rica, e os investimentos continuaram privilegiando a indústria pesada e o desenvolvimento de armas. Construir uma ampla gama de opções de consumo revelou-se difícil. Mas os soviéticos também se preocuparam com o aspecto individualista do consumismo, que entrava em conflito com o interesse em uma definição mais coletiva de felicidade e o desejo de criar uma alternativa visível aos valores supostamente decadentes do Ocidente capitalista.

Como resultado, os produtos disponíveis à maioria dos russos tendiam a ser de baixa qualidade. Na década de 1960, por exemplo, era muito fácil obter televisores, mas geralmente eles não funcionavam bem. No início, os soviéticos converteram o que havia sido uma loja de departamentos em um estabelecimento estatal batizado de GUM, com localização privilegiada em Moscou. Na década de 1950, 130 mil pessoas visitavam o empório moscovita diariamente. Em termos globais, esse número de frequentadores é inferior apenas ao da Macy's nos Estados Unidos. Mas, repetindo, os produtos em exibição, na melhor das hipóteses, tinham pouco controle de qualidade.

Igualmente interessante do ponto de vista da felicidade era a falta de atenção ao atendimento. Os balconistas da GUM nem sequer tinham caixas registradoras – eles usavam ábacos. As filas de espera eram longas, mesmo para alimentos básicos. Os balconistas não eram incentivados a sorrir nem mesmo a ser especialmente corteses. Em uma sociedade proletária, parecia mais importante permitir que os funcionários se expressassem, apesar dos resultados muitas vezes grosseiros, do que tentar manipulá-los emocionalmente.

Porém, era impossível evitar por completo o consumismo. Em 1934, foi inaugurada uma loja de alimentos de luxo em Moscou para figurões do partido comunista, repleta de delícias importadas. Na década de 1950, mais e mais russos adquiriam pelo menos algum conhecimento sobre os padrões de consumo no Ocidente (também foi nesse momento que o governo dos Estados Unidos começou a usar feiras internacionais para se gabar de eletrodomésticos e coisas do gênero). Além disso, começou-se a dedicar atenção às roupas, que não eram de uma monotonia tão uniforme como os ocidentais da Guerra Fria gostavam de alegar.

Em 1959, o primeiro-ministro russo Nikita Khrushchev visitou os Estados Unidos, onde seus anfitriões mostraram novamente o estilo de consumo do país. Ele ficou muito chocado com a pouca roupa que viu em um cenário de Hollywood (para os padrões soviéticos, a exibição sexual em público era outro sinal de decadência), mas encerrou sua visita com um slogan reveladoramente ambíguo: "Vamos enterrar vocês", em referência à ênfase na felicidade do consumidor nos Estados Unidos. Isso significava que os soviéticos triunfariam com uma versão diferente de felicidade ou que se gabavam de poder derrotar os Estados Unidos em seu próprio jogo? A tensão nunca foi resolvida e contribuiu para a insatisfação que acabaria derrubando a União Soviética no final da década de 1980.

CHINA COMUNISTA

Enquanto líderes como Mao Tsé-Tung trabalhavam para construir uma sociedade comunista na China depois de conquistar o controle do governo em 1949, sua abordagem da felicidade se assemelhava à da União Soviética em muitos aspectos, mas com algumas diferenças cruciais. A China era um país mais pobre, devastado por mais de um século de agitação e invasões externas. Construir uma sociedade industrial foi um processo mais difícil, pelo menos por várias décadas. Embora Mao tenha atacado intensamente as tradições confucionistas, a cultura chinesa pode ter facilitado a ênfase nas satisfações coletivas em vez das individuais.

Como ocorreu com os soviéticos, os líderes chineses rapidamente expandiram a educação e melhoraram a saúde pública, mas tinham menos recursos para construir algumas estruturas comunitárias destacadas pelos soviéticos, como resorts públicos. Além disso, ao mesmo tempo que miravam o objetivo final de uma sociedade sem classes, os comunistas chineses de certa forma estavam tentando uma reestruturação social e cultural ainda mais dramática do que aquela ocorrida na União Soviética. Por exemplo, tentaram reduzir a autonomia de cada família (enquanto pressionavam por uma alta taxa de natalidade); um amplo sistema de comunas introduziu refeições coletivas e limitou as atividades familiares separadas.

O próprio Mao tinha considerável experiência em trabalhar para produzir mudanças nos padrões emocionais. Durante seus longos anos de luta contra oponentes da China e invasores japoneses, com seguidores que eram em grande parte camponeses, ele enfatizou a validade da raiva contra a injustiça, procurando modificar a tradicional deferência confucionista, e obteve algum êxito.

O Grande Salto Adiante

A abordagem maoísta da felicidade passou por duas fases um tanto distintas. Na primeira delas, que se estendeu até a década de 1960, dedicou-se muita energia ao que o líder chamou de Grande Salto Adiante, buscando promover uma industrialização rápida, mas sem uma infraestrutura tecnológica forte. O Partido Comunista exortava a lealdade das massas, enfatizando, de um lado, a profunda indignação contra as estruturas tradicionais que haviam trazido tanta miséria ao povo e, de outro, uma esperança igualmente profunda de progresso rápido. As reuniões de pequenos grupos destacavam os "inimigos" da classe trabalhadora, incluindo formas mais antigas de pensar, mas também enfatizavam o que um estudioso chamou de "euforia", ou seja, esperanças entusiasmadas de um iminente futuro melhor. Um lema revelador passava a mensagem básica: "Trabalhe muito por poucos anos, seja feliz por mil".

Essa abordagem dava pouca ênfase à felicidade no aqui e agora. As opções de consumo eram extremamente limitadas, pois o governo mobilizava todos os recursos disponíveis para investimentos no futuro. As roupas, por exemplo, eram deliberadamente monótonas e, seguindo o exemplo de Mao, adotou-se uma jaqueta unissex, geralmente em cores suaves. No máximo, a inspiração do próprio Mao deveria proporcionar elevação: "O presidente Mao disse uma palavra, a felicidade caiu do céu". Graças à visão do líder, "o som da felicidade é como um trovão [...] os velhos riram até chorar". Graças a Mao e ao Partido Comunista, "qualquer milagre" pode ser criado.

Essa propaganda abrangente utilizava alguns dos mesmos mecanismos empregados pelos stalinistas na União Soviética. Eram distribuídas imagens de um "Mao feliz", e os cartazes costumavam proclamar simplesmente "O presidente Mao nos dá uma vida feliz", com multidões sorridentes.

Um novo debate

O Grande Salto Adiante, no entanto, foi um fracasso gigantesco e, na década de 1960, a desilusão generalizada colocou em questão a própria posição de Mao. Muitos membros mais jovens do Partido, particularmente, começaram a expressar interesse em mais bens materiais e mais tempo de lazer. O resultado, resumidamente, foi uma discussão instigante, embora um tanto manipulada, sobre o que era felicidade, agora que a euforia voltada ao futuro já não era suficiente.

Aqui estava a nova sabedoria: "A felicidade é um dia de trabalho árduo". Mao e seus seguidores começaram a enfatizar essa nova mensagem em meados da década de 1960. Sua declaração encerrava um debate bastante público, que durara um ano, sobre a natureza da felicidade na China comunista. Vários jornais, primeiro na região norte, depois no resto do país, em vez disso começaram a sugerir a necessidade de maior satisfação aqui e agora. Como disse um autor da ilha de Hainan: "Não concordo com a opinião de alguns camaradas de que 'sofrimento é felicidade'". "Para que servem os produtos desse tipo de trabalho ou esforço? Nós não trabalhamos para desfrutar desses produtos e dessas coisas materiais?" Ou outro: "Acho que felicidade significa levar uma vida pacífica e agradável, e não uma vida de luta em meio a adversidades, todos os dias".

Depois de alguma hesitação, o Partido criticou duramente essa definição suave e "burguesa" de felicidade. Os jornais que haviam publicado os apelos logo apresentaram correções explícitas, levando alguns a acreditar que todo o debate não tinha passado de uma armação para destacar a abordagem "certa" e ajudar a identificar os inimigos da revolução que poderiam precisar de "educação especial". Certamente, o progresso não seria fácil, mas deveria envolver muito mais do que bens materiais; qualidades morais deveriam ser "valorizadas e cultivadas": "A sociedade comunista mais feliz e satisfatória... é resultado de trabalho abnegado e árdua luta levada a cabo durante muito tempo por nossos precursores revolucionários e nossos sucessores revolucionários".

"Uma vez que a burguesia considera que a felicidade pessoal está acima de tudo, sua ideia sobre a chamada felicidade consiste naturalmente em comer, beber e se divertir."

> No que diz respeito ao proletariado, a felicidade coletiva está acima da felicidade individual, a vida espiritual está acima da vida material [...]. Não hesitaremos em passar pelos momentos bons e pelos maus, e então todo o nosso mundo espiritual se encherá de um sentimento de orgulho e felicidade.

Essa foi uma abordagem mais extrema do que a adotada pela maioria dos líderes soviéticos. Argumentava-se que, mesmo após a conquista do comunismo, o "trabalho árduo" ainda seria necessário. A dedicação à causa, lutando pelas pessoas e pelos ideais nobres, seria sempre a essência da "glória e da felicidade". A definição era um tanto vaga, pois o que felicidade *não* era estava muito mais claro do que o que ela era ou viria a ser. As referências espirituais não eram especificadas, mas havia pouca dúvida quanto ao desejo de Mao de manter o mesmo sentido de luta que o levara ao poder.

Revolução Cultural

A nova ênfase foi muito além da retórica, quando Mao introduziu o que viria a ser conhecido como "Revolução Cultural" em 1966 (oficialmente, a "Grande Revolução Cultural Proletária"). Remanescentes de instituições e ideias mais antigas foram brutalmente atacados por grupos de jovens comunistas chamados de Guardas Vermelhos. Líderes comunistas locais foram criticados, em meio à nova licença para lutar e se rebelar. Instituições – por exemplo, universidades – foram em grande parte desmanteladas.

Nesse processo, muitos intelectuais e estudantes foram forçados a ir para o campo fazer trabalho agrícola, supostamente para serem purificados de resquícios de sentimentos "burgueses", o que desorganizou de forma deliberada suas vidas na época e por muito tempo depois disso. Esse foi um exemplo concreto da noção de que trabalhar pela causa coletiva era considerado a essência da felicidade.

A Revolução Cultural fracassou em meados da década de 1970, e o próprio Mao morreu em 1976. A China logo adotou uma série de novas políticas, que incluíam mais limitações ao tamanho da família, maior incentivo ao crescimento econômico convencional e até mesmo alguma iniciativa privada, além de contatos muito mais amplos com o mundo exterior. Como aconteceria com a União Soviética dez anos depois, embora sem abrir mão formalmente do comunismo, a China seria lançada em um novo caminho.

AS CONSEQUÊNCIAS

A tentativa comunista de desenvolver uma abordagem diferenciada à felicidade foi intrigante. Não era o primeiro esforço para atacar os prazeres materiais e as formas de entretenimento por sua inadequação ou para insistir em que a felicidade deveria ser baseada em alguns princípios mais elevados, mas foi o programa mais amplo desde a revolução da felicidade no Ocidente – a tentativa mais ambiciosa de desenvolver alternativas no contexto de uma sociedade em vias de industrialização. O programa foi definido, em parte, pelas necessidades políticas dos partidos comunistas e pelo culto às personalidades de Stalin e Mao, mas também respondia a uma válida questão subjacente sobre o propósito da vida na era industrial.

O fracasso efetivo dos experimentos mais ambiciosos levantou outra questão, tanto para a Rússia quanto para a China: depois de décadas de intensa propaganda e ataques sistemáticos ao que era visto como uma abordagem ocidental, como se definiria a felicidade?

Seria possível produzir outra opção? As respostas ainda estão sendo elaboradas. Uma considerável nostalgia em relação aos tempos de Stalin ou Mao – surpreendente para a maioria dos observadores externos – reflete o poder da mensagem comunista inicial e a dificuldade de estabelecer alternativas aceitáveis. Tanto na China quanto na Rússia, também houve uma grande ênfase no nacionalismo, e ambas testemunharam um renascimento parcial da religião, embora monitorado de perto pelo Estado, principalmente no caso chinês.

Todavia, os dois países também assistiram a uma virada considerável em direção a valores mais consumistas. Na década de 1990, surgiu uma linhagem dos chamados "novos russos", basicamente uma nova classe média urbana, ansiosa por tirar proveito de uma oferta cada vez maior de bens de consumo. Um fenômeno semelhante ocorreu na China à medida que a prosperidade industrial crescia. Por exemplo, um novo dia de compras on-line, apresentado em 11 de novembro de 2011 como "Dia dos Solteiros", rapidamente se tornou o maior festival de consumo do mundo. Estudos realizados no início do século XXI afirmavam que a maioria dos chineses agora define uma vida boa em termos de "liberdade de escolha" adequada e "ter os meios para adquirir os recursos desejados". É claro que esse apelo por mais expressão própria também pode ter sido enriquecido com um pouco da sabedoria tradicional, como aconteceu com um pai que aconselhou seu filho adulto, em 2002: "Esforce-se para estar contente e encontrará o prazer". Mas a nova orientação estava muito distante dos dias de Stalin ou Mao.

Principalmente na China, surgiram novos patamares de ambição individual, sugerindo uma recalibragem das ideias sobre a felicidade. "Luto por uma vida melhor. É essa luta para melhorar que faz a vida valer a pena." "Quero abraçar a vida e aproveitá-la o máximo que puder." "Eu quero um desafio. Dinheiro não é tudo, mas é importante hoje em dia." Ou, de forma mais sucinta: "A felicidade é uma boa motivação." Atitudes desse tipo geralmente se concentram não apenas na satisfação e na autorrealização pessoais, mas também no compromisso de criar oportunidades para uma vida ainda melhor para os filhos. O compromisso emocional com a família nuclear e, sobretudo para as mulheres, um vínculo intenso com o que costuma ser um filho único, também são importantes no atual sistema de valores.

Tanto na Rússia quanto na China, as experiências compartilhadas com outras sociedades de consumo formam uma parte cada vez mais importante do contexto contemporâneo, desde a Disneylândia de Xangai até as paixões dos torcedores por esportes como futebol e basquete. Um estudante de Xangai explica que gosta de ir a lanchonetes do McDonald's não porque a comida seja melhor, mas porque lhe dá a sensação de participar de uma experiência cultural com jovens de todo o mundo. Uma mulher russa descreve sua primeira visita ao McDonald's quando ele foi inaugurado em Moscou, em 1990, dizendo que ficou tão contente que guardou a embalagem do hambúrguer como lembrança. Ela ficou muito impressionada com os funcionários sorridentes que limpavam a mesa depois que o cliente saía (esses sorrisos refletiam deliberadamente a política da empresa, em oposição à tradição nacional).

No entanto, continua havendo dúvidas em ambos os países. Afinal, nos dois casos, há um legado de diferentes abordagens anteriores da felicidade, e o próprio experimento comunista, bem como as decepções que causou, ainda estão na memória. Enquanto alguns observadores concluem que os níveis de felicidade atuais na China são mais altos do que no passado maoísta, outros apontam a classificação internacional do país relativamente baixa e alguma provável queda nos últimos anos. A Rússia também enfrenta um problema de felicidade, a julgar por pesquisas internacionais. As desorganizações causadas pela industrialização rápida – e o tanto que muitas pessoas, principalmente em zonas rurais, se sentem excluídas – definitivamente deixaram uma marca. A disposição generalizada dos russos, sob a presidência de Vladimir Putin, de enfatizar as aspirações nacionais acima dos objetivos do consumidor levanta todo um outro conjunto de questões. Nesses dois países importantes, as pessoas ainda podem estar vivenciando opções pós-comunistas para a felicidade. Por fim, a virada em direção a um maior autoritarismo após 2013, principalmente na China, assistiu a um renascimento dos usos propagandísticos da felicidade, reminiscentes dos sistemas comunistas anteriores. Assim, depois de destruir um cemitério uigur no noroeste do país como parte de um amplo esforço repressivo, as autoridades instalaram um centro de recreação com um nome revelador: "Parque da Felicidade". Preocupados com as classificações internacionais relativamente baixas, o governo chinês e muitos acadêmicos do país têm trabalhado para resolver o problema de promover a felicidade incentivando novos canais de consumo, como mais filmes que transmitem alegria, parques de diversões, e também, adotando uma retórica promocional.

LEITURAS COMPLEMENTARES

Sobre a União Soviética:

Balina, Marina, and Evengy Dobrenko, eds. *Petrified Utopia: Happiness Soviet Style* (London; New York; Delhi: Anthem Press, 2009).
Bonnell, Victoria E. *Iconography of Power: Soviet Political Posters under Lenin and Stalin* (Berkeley: University of California Press, 1997).
Boym, Svetlana. *Common Places: Mythologies of Everyday Life in Russia* (Cambridge, MA: Harvard University Press, 1994).
Koenker, Diane P. *Club Red: Vacation Travel and the Soviet Dream* (Ithaca, NY: Cornell University Press, 2016).
Pisch, Anita. *The Personality Cult of Stalin in Soviet Posters, 1929-1953: Archetypes, Inventions and Fabrications* (Acton: Australian National University Press, 2016).
Polan, Antony J. *Lenin and the End of Politics* (Berkeley: University of California Press, 1984).

Sobre a China:

Pye, Lucian W. "Mao Tse-Tung's Leadership Style." *Political Science Quarterly* 91, no. 2 (1976): 219-235.
Schram, Stuart R. (Stuart Reynolds). *Mao Tse-Tung* (New York: Simon and Schuster, 1967).
Yu, Liu. "Maoist Discourse and the Mobilization of Emotions in Revolutionary China." *Modern China* 36, no. 3 (May 1, 2010): 329-362.

Sobre eventos mais recentes:

Fong, Vanessa L. *Only Hope: Coming of Age under China's One-Child Policy* (Stanford, CA: Stanford University Press, 2004).
Stites, Richard. *Russian Popular Culture: Entertainment and Society since 1900* (Cambridge: Cambridge University Press, 1992).
Tang, Wenfang, and William L. Parish. *Chinese Urban Life under Reform: The Changing Social Contract* (Cambridge: Cambridge University Press, 2000).

Comparando a felicidade nas sociedades contemporâneas

Seria útil tentar comparar os níveis de felicidade de um país com os de outro? A resposta não é totalmente clara, pois existe o perigo real de compararmos maçãs e laranjas. Mas o desafio certamente é tentador, e o processo pode levar a descobertas importantes, mesmo que determinadas questões básicas não possam ser respondidas de maneira conclusiva. Embora alguns historiadores cautelosos (com razão) tenham evitado esse desafio, outros cientistas sociais entraram em ação com vontade.

Este capítulo trata das transformações regionais relativas à felicidade desde a Segunda Guerra Mundial, muito além do debate implícito entre as abordagens comunista e ocidental. Pois, mesmo nas décadas em que os contatos globais aumentaram muito, as características regionais continuaram tendo um papel importante tanto nos níveis quanto nas concepções de felicidade. Por sua vez, o fator regional destaca as oportunidades de comparação, mas também as complexidades envolvidas.

O problema óbvio é a tensão entre características que podem ser comparadas com um razoável grau de precisão, como o Produto Interno Bruto ou a expectativa de vida, e atributos culturais que são muito mais difíceis de definir. Visões e valores diferenciados, e mesmo sistemas políticos específicos, podem afastar muito as avaliações da felicidade de condições econômicas ou demográficas específicas. As diferenças de idioma costumam expressar esse componente cultural. As recentes classificações internacionais de felicidade citadas no capítulo introdutório já esboçaram algumas dessas questões.

Embora não proponha, de forma alguma, uma comparação global completa, este capítulo explora algumas dimensões do desafio de duas maneiras. Em primeiro lugar, examinaremos brevemente os resultados de duas grandes pesquisas realizadas no final da década de 1950 e início da de 1960, e também em meados dos anos 1970. Depois, apresentaremos os estudos de caso sobre a Índia e o Japão, onde fatores culturais distintos têm papel importante na formação das expectativas e experiências de felicidade.

PROJETOS EM CIÊNCIAS SOCIAIS

Embora os dados de pesquisas de opinião com foco explícito na felicidade em nível transnacional só tenham sido gerados recentemente, os cientistas sociais nas décadas do pós-guerra fizeram muitas avaliações de tópicos intimamente relacionados ao assunto, como esperanças e medos ou expectativas de futuro. Dois grandes projetos encontraram diferenças importantes, mas não totalmente previsíveis, entre vários países. Um deles, liderado por Hadley Cantril, sobre os "padrões das preocupações humanas", apresentou uma pesquisa complexa que abrangia várias nações ricas/capitalistas, comunistas e outras, incluindo Brasil, Índia, Filipinas e Nigéria. A pesquisa foi realizada no final dos anos 1950 e início dos 1960, em um período de considerável crescimento econômico global e, em algumas sociedades, de grande otimismo quanto à promessa das recentes mudanças políticas (independência da Nigéria, a então recente revolução comunista em Cuba). Um segundo estudo, realizado no início dos anos 1970 sobre as previsões para o ano 2000, investigou dez países que representavam agrupamentos globais semelhantes.

Ambos os estudos concluíram que os padrões nacionais tenderam a superar as diferenças internas. Em todos os lugares, é claro, as distinções baseadas em padrões de vida e níveis educacionais eram importantes, assim como a idade e, com menos frequência, o gênero. As variações internas ficaram mais evidentes em alguns casos do que em outros: mais na Índia e nas Filipinas, por exemplo, do que nos Estados Unidos ou em Cuba (com a exceção importante, nos Estados Unidos, dos afro-americanos, cujos níveis de frustração eram atipicamente altos). Mesmo assim, pode-se captar um tom geral, que é onde o componente nacional predominava.

Por volta de 1960

É possível tirar várias conclusões do ambicioso esforço para categorizar as principais preocupações, cerca de 15 anos após a Segunda Guerra Mundial.

Em primeiro lugar, falando de maneira muito ampla, gente de diversos países expressava as mesmas características relevantes para a felicidade. Quase sempre, os fatores econômicos tinham mais relevância quando as pessoas tentavam avaliar esperanças e ansiedades. Questões de saúde e família vinham logo em seguida. Esse tipo de preocupação pessoal sempre superou tópicos mais amplos, como estrutura política ou condições internacionais. Em certos países, as pessoas projetavam alguns interesses maiores. Os alemães ocidentais, recém-derrotados na guerra e apanhados no meio da Guerra Fria, preocupavam-se com a paz ao avaliar sua situação individual. A recente instabilidade colocava as preocupações políticas na agenda da República Dominicana e do Brasil. Em nenhum lugar, entretanto, questões maiores superaram a primazia de critérios mais pessoais.

Além disso, Cantril e seus colegas concluíram que, em quase todos os lugares, naquele momento, as esperanças superavam as preocupações. Eles também observaram que o aumento do conhecimento global estava contribuindo para as aspirações compartilhadas por uma vida melhor.

Além disso, algumas das principais diferenças entre os países eram totalmente previsíveis com base nos níveis de desenvolvimento econômico. Assim, ao falar de suas aspirações sobre padrão de vida, alemães ocidentais ou estadunidenses se referiam a carros maiores, talvez um barco, oportunidades de viagem ou (nos Estados Unidos) a possibilidade de mandar os filhos a faculdades particulares. Referências à saúde e esperanças de que ela melhorasse também foram mais comuns nas nações prósperas. Os estadunidenses frequentemente mencionaram a expectativa de que seus filhos conseguissem se sair melhor do que seus pais, geralmente com considerável confiança.

A conversa foi muito diferente no Egito, na Nigéria ou na Índia, onde a pobreza mais generalizada claramente restringia as aspirações. Um egípcio observou: "Eu gostaria de ter mais filhos para me ajudar na atividade agrícola". E ele também queria uma vaca. Duas vezes mais indianos do que estadunidenses falaram sobre uma total inadequação ou deterioração econômica. Os indianos mencionaram com frequência a esperança de ter terras suficientes para evitar a fome; um entrevistado foi um pouco mais longe ao mencionar a conveniência da água encanada e talvez até do acesso à eletricidade. Muitas vezes, essas preocupações modestas, embora totalmente compreensíveis, espalhavam-se por outros domínios. Os indianos entrevistados, por exemplo, expressaram poucos medos ou esperanças específicos em relação aos filhos, pois as questões imediatas pareciam mais urgentes. Nas Filipinas, comentários ou expectativas em relação à saúde foram muito raros em comparação com a predominância de referências à economia ou à família. Não foram incomuns declarações fatalistas como "Só espero que Deus me ajude".

Posturas importantes nos países comunistas situavam-se entre o que se costumava chamar de "primeiro" e "terceiro" mundos, refletindo sua posição intermediária no desenvolvimento econômico. Os poloneses falaram sobre a esperança de moradia melhor em vez de discutir a fome ou a necessidade de um carro maior. Eles tinham o cuidado de observar que haviam feito grandes progressos nos cinco anos anteriores e esperavam mais nos cinco seguintes, embora reconhecessem que ainda faltava muito.

Dito isso, a conclusão mais impressionante a tirar dos estudos da equipe de Cantril é a verdadeira imprevisibilidade de muitas das posturas cruciais, ou seja, a falta de correspondência absoluta com qualquer escala de desenvolvimento econômico. Uma série de contrastes importantes, principalmente dentro da categoria de nações ricas, intermediárias ou mais pobres, destacaram as preferências culturais independentemente dos padrões materiais.

Assim, as referências ao papel da família na felicidade variavam bastante, sendo muito mais comuns nos Estados Unidos do que na Alemanha Ocidental e mais na Polônia ainda católica do que na Iugoslávia, mais secular. Dentro da categoria de países menos desenvolvidos economicamente, apenas no Egito e nas Filipinas uma grande minoria de pessoas relatou que valorizava a riqueza em si, em vez de vinculá-la a outros objetivos.

E a imprevisibilidade mais importante relacionou-se à esperança. Os nigerianos, recém-independentes, embora muito pobres em média, esperavam grandes avanços pessoais e nacionais no futuro. Indianos e brasileiros, ao contrário, pareciam apáticos e resignados. Eles transmitiam pouca sensação de progresso individual ou social. Os indianos, em particular, costumavam recorrer a referências religiosas para explicar como devem aceitar seu destino na vida durante sua encarnação atual.

Os níveis de aspiração variavam – outro elemento na definição das esperanças. Os estadunidenses eram muito mais complacentes do que os alemães ocidentais, os iugoslavos ou os nigerianos. Não eram apáticos, mas sim satisfeitos. Discutiam o progresso em suas vidas pessoais, mas basicamente o consideravam algo natural. Iugoslavos, que viviam sob uma liderança comunista incomumente competente, israelenses, nigerianos e alemães ocidentais eram mais esperançosos e ambiciosos.

Repetindo, esse estudo não tratava diretamente da felicidade. Pode-se debater qual é a melhor medida de felicidade: a complacência ou a esperança de um futuro melhor? Mas as diferenças que o grupo de Cantril descobriu, e sobretudo as áreas onde as distinções nacionais refletiam claramente alguns fatores políticos ou culturais especiais, destacam as complexas variáveis envolvidas em atitudes e expectativas pessoais.

Olhando para o ano 2000

Um grupo de cientistas sociais pesquisou dez países no início da década de 1970, perguntando às pessoas o que elas imaginavam para o novo século que se aproximava, dali a apenas 25 anos. Duas questões explicitamente relacionadas à felicidade revelaram muito sobre as expectativas, apresentando mais evidências sobre o papel complexo da esperança.

Assim, na Índia, 52% dos entrevistados afirmaram que a felicidade seria maior em 2000 do que era naquele momento, e 46% disseram que o presente era tão infeliz que só o futuro importava. Em contraste, os tchecoslovacos sob o regime comunista, embora ainda mais esperançosos quanto ao futuro (57%), eram visivelmente menos taciturnos sobre o presente (31% disseram que as coisas estavam tão ruins no presente que apenas o futuro importava).

Por sua vez, britânicos, noruegueses e holandeses eram menos focados no futuro, o que era previsível devido à maior prosperidade média. Apenas 10% dos noruegueses, por exemplo, achavam que a felicidade seria maior dali a um quarto de século. Mas muito poucos desse grupo se sentiam decepcionados com o presente: apenas 17% dos noruegueses disseram que as coisas estavam tão ruins que tudo o que podiam fazer era pensar no futuro.

Dados desse tipo não são totalmente claros. Será que a maioria dos indianos era realmente otimista naquele momento (em contraste com a apatia que parecera prevalecer, no estudo de Cantril, apenas 15 anos antes)? Ou suas expectativas sobre 2000 refletiam principalmente a sensação de que as coisas estavam muito ruins naquele momento? Em outras palavras: como o otimismo e o pessimismo se equilibravam?

Estariam os noruegueses menos convencidos de que o futuro seria melhor porque estavam muito satisfeitos com o presente ou porque tinham mais dúvidas sobre se as novas tecnologias e o maior desenvolvimento econômico haviam mesmo trazido progresso? Os estudiosos envolvidos no projeto se perguntaram se as pessoas em algumas sociedades altamente desenvolvidas, como a Noruega, tinham reduzido um pouco suas perspectivas mágicas sobre as tecnologias do futuro.

Os dados sobre o Japão sugeriram um papel mais complexo do desenvolvimento econômico na definição das avaliações de felicidade. Embora tenham manifestado mais esperanças para o futuro do que os europeus ocidentais (com 36%), os japoneses estavam bastante desconfortáveis com o presente, apesar do rápido crescimento econômico ao seu redor. Um grupo quase tão grande quanto na Índia, com 42%, disse que a situação era tão ruim que apenas o futuro importava, o que levanta o mesmo questionamento da Índia, sobre se os índices realmente refletiam otimismo ou os altos níveis de inquietação contemporânea.

Os estudos de Cantril e o sobre o ano 2000 já têm mais de meio século. Eles não refletem as realidades materiais ou culturais de hoje. Muita coisa se alterou desde então, e já sabemos que visões sobre a felicidade podem mudar, às vezes de forma bastante rápida. Mas vale a pena relembrar os dados como uma espécie de referência que pode ser usada para avaliar situações nacionais específicas mais de perto – por exemplo, o complexo tema da felicidade no Japão – e como um lembrete mais amplo de que não existe fórmula pronta que possa prever totalmente os valores e expectativas nesse aspecto da experiência humana. As condições regionais, apresentando combinações distintas de visões e padrões de vida, continuam moldando as avaliações de felicidade, mesmo em um mundo globalizado.

A FELICIDADE NA ÍNDIA

Desde que a Índia conquistou a independência, em 1947, sua história contemporânea tem sido marcada por considerável sucesso.

Exceção entre as ex-colônias, a nação preservou formas democráticas, tornando-se a maior democracia do mundo. Apesar da continuidade da desigualdade, proibiu-se o sistema de castas e foram empreendidos esforços consideráveis para desfazer seu legado. As condições das mulheres melhoraram, apesar de continuar havendo problemas; por exemplo, houve queda nos índices de casamento infantil. Embora persista uma quantidade considerável de trabalho infantil, os níveis caíram e a educação se disseminou. A economia se expandiu. A produção agrícola agora limita o risco de fome generalizada e, nas últimas décadas, os índices gerais de crescimento econômico dispararam, criando uma grande classe média. O país evitou guerras de grande porte.

É claro que o desenvolvimento da Índia foi mais modesto do que o da vizinha China. O crescimento urbano é considerável, mas o país mantém uma maioria rural. Os níveis de pobreza caíram e o acesso a confortos modernos, como eletricidade e água encanada, melhorou, mas ainda há problemas profundos. As tensões políticas endêmicas incluem relações difíceis entre a maioria hindu e uma grande minoria muçulmana.

A trajetória da Índia nas últimas décadas levanta algumas perguntas básicas sobre a felicidade: as melhorias nos níveis de satisfação resultaram das mudanças substanciais que ocorreram, ou estas foram rápidas demais ou não foram rápidas o suficiente? De que forma as tendências contemporâneas interagem com visões mais tradicionais sobre a felicidade, incluindo aquelas defendidas por pessoas como Mohandas Gandhi nas décadas anteriores à independência? A interpretação é ainda mais difícil em função do tamanho do país e das diferenças regionais e sociais internas entre a população. Não é surpreendente que não haja respostas que sirvam para todas as perguntas.

Hedonismo

Todas as sociedades, a partir da formação da civilização, ofereceram oportunidades de prazer material, principalmente, é claro, para as classes superiores. Apesar de suas profundas tradições religiosas, a Índia não foi exceção. Na verdade, a Índia clássica produziu um manual excepcionalmente elaborado sobre o prazer sexual, o *Kama Sutra*, e houve filósofos que defenderam prazeres sensuais. A região também gerou algumas das tradições culinárias mais sofisticadas do mundo.

Nas últimas décadas, a urbanização e o desenvolvimento econômico proporcionaram oportunidades mais amplas de prazer. A Índia não é líder mundial em consumismo, mas os interesses dos consumidores se ampliaram, principalmente nas crescentes classes médias. Houve considerável sucesso na importação de novos costumes, como concursos de beleza, que também atraíram críticas de tradicionalistas.

Além disso, a Índia gerou a maior indústria cinematográfica do mundo, principalmente em torno das produções conhecidas coletivamente como Bollywood, e, embora os filmes indianos sejam bastante variados, tem predominado um tom visivelmente escapista desde que a indústria começou a se estabelecer no período entreguerras. Bollywood geralmente combina música, ação e romance (muitas vezes com níveis consideráveis de sexualidade), adaptando histórias hindus tradicionais a um contexto moderno. Os filmes atraem grandes públicos, ávidos por receber aquilo pelo que pagaram, em sessões que muitas vezes duram três horas. As pessoas geralmente são recompensadas com histórias de heroísmo individual, parceiros românticos infelizes e trilhas sonoras atraentes. A importância dessa forma de prazer se traduz em muita fama e riqueza considerável para as principais estrelas de Bollywood, sejam homens ou mulheres.

Mais recentemente, a televisão ampliou alguns dos prazeres disponíveis quando se vai ao cinema. Em 1990, apenas 10% dos domicílios indianos tinham um aparelho de TV, mas, em 1999, após uma década de rápido crescimento econômico, esse número subiu para 75%. O leque de opções de entretenimento se ampliou para incluir uma ampla variedade de filmes de Hollywood dublados, que provocam uma mistura de deleite e desaprovação. Curiosamente, refletindo o consumismo cada vez maior, as propagandas na Índia têm ainda mais probabilidade do que as do Ocidente de alegar que seus produtos aumentarão a felicidade.

Nas últimas décadas, várias iniciativas procuraram combinar o consumismo indiano com formas de entretenimento mais tradicionais. A adoção de enredos mais antigos por parte de Bollywood é um exemplo disso. Vários programas voltados a aumentar a felicidade mostram apresentações populares de estilos tradicionais de música e dança. É claro que algumas iniciativas fracassam, por exemplo, uma tentativa de combinar um concurso de beleza com conhecimentos de cultura regional não deu certo porque as pessoas que conheciam a cultura se recusavam a competir pela beleza, enquanto os concorrentes que se apresentaram conheciam pouco sobre a cultura. Mas a combinação funcionou bem em outros casos e pode fazer a mediação entre novas formas de prazer e valores mais antigos.

Temas tradicionais

Os compromissos profundos da maioria dos indianos com o hinduísmo oferecem oportunidades para a afirmação vigorosa de ideias mais antigas de felicidade, de uma variedade de pensadores e divulgadores. Com frequência, elas se contrapõem aos confortos da modernidade, insistindo em que a felicidade não vem da mobilidade social nem dos prazeres do consumo, e sim deve estar focada no crescimento espiritual. De fato, vários defensores afirmam que os valores indianos oferecem inspiração internacional para o verdadeiro bem-estar, contra as ideias mais superficiais de felicidade geradas pelas sociedades de consumo.

Citações de vários ensaios recentes sobre felicidade refletem o panorama hindu. "A felicidade reside profundamente dentro de nós, no âmago do nosso ser. A felicidade não existe em nenhum objeto externo, mas apenas em nós, que somos a consciência que vivencia a felicidade." "Qualquer que seja a turbulência em nossa mente, no centro de nosso ser sempre há um estado de paz e alegria perfeitas, como a calma no olho de um furacão [...]. A felicidade é, portanto, um estado de espírito – um estado em que a agitação habitual da nossa mente se acalma." Ideias desse tipo, que transmitem explicitamente os valores expressos nos grandes épicos hindus, têm um público grande na Índia e, também, em outros lugares. Os temas do desapego das ilusões em relação ao mundo exterior e da importância do cultivo interior continuam enfatizados por uma série de pensadores indianos.

Essa abordagem também destaca a importância do bem-estar coletivo, e não apenas saúde e felicidade para uma pessoa. Todos devem ter a oportunidade de uma vida feliz, e não simplesmente alguns líderes mais espirituais. Assim, uma oração tradicional ganha um novo olhar: "Que todos sejam felizes, que todos estejam livres de doenças; que todos percebam o bem e não sofram de tristeza".

A centralidade da família

Um recente estudo antropológico sobre a felicidade na Índia, de Steve Derné, enfatiza a forte influência de um compromisso bastante tradicionalista com a família e, embora isso não esteja desconectado da abordagem mais espiritual, apresenta diferentes ênfases e tensões. O foco aqui está no apoio e na conexão de grupo, fortemente centrado nos relacionamentos entre filhos adultos e seus pais. As evidências desse estudo específico vêm de hindus de classe alta, e não se sabe até onde suas conclusões são representativas. A família feliz, de acordo com esses entrevistados, é baseada em uma abordagem distinta – ou pelo menos decididamente não ocidental – do amor. As famílias são formadas por um sentido de dever, e o amor deriva disso, e não o contrário. O amor tampouco se concentra apenas no cônjuge. Na verdade, o cônjuge pode não parecer ter qualquer qualidade especial, mas serve para ancorar uma família que é julgada principalmente pela forma de agradar aos pais de mais idade. É perigoso haver muito amor puramente conjugal, pois ele pode induzir um casal a se tornar "descuidado" e "esquecer seus deveres para com suas famílias (mais amplas)". Além disso, o amor envolvido não se limita à família, e sim transborda em amor pela sociedade como um todo. Há sempre uma preocupação permanente com a forma como o comportamento da pessoa será julgado pelas outras, principalmente pelos membros mais velhos da família. Como disse um homem, nada deve ser feito "sem perguntar ao pai". "Achamos, em princípio, que todos os problemas são resolvidos da maneira que o pai diz."

Essa abordagem à felicidade prioriza explicitamente o costume e a aprovação do grupo, sem qualquer interesse na autorrealização individual. O casamento arranjado e aprovado pelos pais permanece central, e pesquisas mostram que mais de dois terços dos indianos acreditam em casamentos arranjados, incluindo a maioria das pessoas das classes mais baixas, embora, em uma sociedade em processo de urbanização, nem sempre seja fácil achar os pares certos. Alguns homens, mesmo afirmando francamente que não gostam das esposas que seus pais encontraram para eles, dizem que estão felizes porque estão cumprindo seu dever para com os mais velhos. De maneira mais geral, muitos indianos se sentem bastante desconfortáveis em situações que não envolvam autoridades superiores ou em que não é possível saber se elas os apoiam. No máximo, admite-se que os desejos individuais não podem ser controlados em sua totalidade, que uma pessoa deve ser capaz de tomar algumas decisões por conta própria (um exemplo usado foi querer ir ao cinema, com ou sem a aprovação dos pais).

A definição de felicidade centrada na família permite que muitos indianos façam uma triagem na oferta de entretenimento agora disponível, possibilitando que vários temas de Hollywood, como a sexualidade desenfreada, sejam ignorados ou reprovados. Como disse um homem em 2001: "Casamentos por amor são apenas histórias de filmes. Eles não são possíveis na vida real [...]. Eu sei que eu vou me casar de acordo com o desejo dos meus pais". Ao mesmo tempo, existe uma preocupação real de que a programação de TV agora disponível prejudique os valores familiares. E isso pode gerar protestos explícitos, como nos tumultos que expulsaram de um restaurante casais que tentavam comemorar o Dia dos Namorados (uma óbvia importação estrangeira). Em uma sociedade em processo de mudança, a abordagem indiana à felicidade e à família pode se tornar uma fonte de ansiedade ou contestação.

O quebra-cabeça

Quando começaram a ser realizadas pesquisas internacionais sobre felicidade, no século XXI, foi impressionante – e para alguns, muito surpreendente – que a Índia obtivesse uma classificação extremamente baixa. Em 2019, ela estava no 140º lugar entre os 156 países avaliados, um pouco acima de sociedades em crise aberta como Síria ou Sudão do Sul. Obviamente, estava bem abaixo dos níveis de países que, em outros aspectos, poderiam parecer mais ou menos comparáveis em termos de desenvolvimento econômico, como China ou Rússia.

A maioria dos observadores que tentaram interpretar os resultados tendeu a se concentrar em questões de curto prazo, principalmente em uma série de novos problemas da Índia (taxa de crescimento em desaceleração, novos níveis de turbulência política em torno de um presidente polêmico, embora popular) que pressionavam as já baixas classificações do país ainda mais para baixo (de 133º para 140º nas pesquisas mais recentes).

No entanto, a recente deterioração foi muito menos significativa do que a posição inferior em si, o que nos traz de volta a alguns dos problemas básicos da interpretação do caso indiano. É possível que os atrasos no desenvolvimento da Índia simplesmente não correspondessem às expectativas de segmentos fundamentais da população, os quais podiam ver sociedades que mudavam mais rapidamente, como a vizinha China, saindo-se melhor (lembremo-nos de como a maioria dos indianos, em meados da década de 1970, havia presumido que a felicidade seria maior em 2000). Ou, a mudança que estava ocorrendo parecia grande demais para muitos indianos, dadas as ideias mais tradicionais de felicidade – havia muita pressão sobre os valores familiares e muita distração em relação aos antigos ideais de desenvolvimento espiritual. Ou, ainda, a variedade de ideias indianas sobre felicidade talvez não se ajustasse bem a um questionário com base em referências internacionais, que tendia a destacar o estado de espírito de um indivíduo – caso em que os resultados da pesquisa, embora interessantes, não eram indicativos reais da felicidade indiana. Seria esse, fundamentalmente, mais um caso de abordagem válida e diferenciada à felicidade, que simplesmente não se ajusta às noções convencionais atuais?

Para um estudioso da felicidade, é frustrante não poder fazer uma escolha definitiva entre essas opções. Seria muito mais claro poder dizer que 35% do atraso da Índia resulta da inadequação das pesquisas, 35%, da modernização inadequada e o restante, da modernização excessiva. Obviamente, esse tipo de precisão é impossível. É claro que a Índia mantém uma abordagem diferente da felicidade ao mesmo tempo que compartilha alguns dos novos interesses globais, e também parece haver questões importantes sobre os níveis de satisfação que resultam hoje em dia.

JAPÃO

No Japão, vários alicerces para a felicidade já estavam claramente definidos antes de 1945, embora as perdas devastadoras na guerra tenham gerado novos desafios inevitáveis (incluindo uma queda nos níveis de felicidade no pós-guerra). Os japoneses já haviam adotado uma abordagem menos individualista da felicidade do que os países ocidentais. No entanto, como envolvia uma forte ênfase no nacionalismo, essa alternativa teve que ser repensada depois de 1945, quando a derrota na guerra levantou questões inescapáveis sobre as prioridades da nação. Além disso, a exposição maior à influência dos Estados Unidos durante a ocupação do pós-guerra e, ainda mais, o avanço constante da economia japonesa, que criou mais oportunidades para o consumismo, também introduziram novos fatores.

Há poucas dúvidas de que os ajustes do pós-guerra incentivaram várias mudanças evidentes na cultura japonesa. O declínio do nacionalismo agressivo não eliminou o orgulho nacional – ainda há grande comemoração, por exemplo, pelo sucesso em competições esportivas internacionais –, mas houve ajustes e, certamente, o sistema militar de valores refluiu bastante. A religião também mudou. Os regimes japoneses anteriores à guerra enfatizavam muito a religião xintoísta tradicional, mas naquele momento ela estava parcialmente desacreditada. Embora tenham surgido vários grupos budistas fortes, e os japoneses em geral continuassem adotando os rituais budistas e xintoístas para ocasiões como os funerais, a religião passou a desempenhar um papel menos importante na vida cotidiana. Mudanças desse tipo podem muito bem impactar a felicidade, afetando potencialmente algumas opções importantes.

Por fim, conforme discutido no primeiro capítulo, o recente advento das pesquisas globais sobre a felicidade destaca outro parâmetro: o fato de que os japoneses, apesar de suas conquistas econômicas e políticas nos últimos 70 anos, tendem a pontuar na faixa intermediária, visivelmente abaixo do esperado. Como no caso da Índia, não é fácil determinar o quanto esses resultados são significativos, mas eles sugerem, de outro ângulo, uma visão japonesa diferenciada em relação à felicidade.

O conceito de ikigai

Ao tentar explicar a relação entre as abordagens japonesas da felicidade e os padrões dos Estados Unidos ou do Ocidente de forma mais geral, um antropólogo enfatizou a importância central do termo *ikigai*, que está relacionado à pergunta sobre o que faz com que a vida de alguém valha a pena ser vivida e que busca identificar o enfoque da vida que cria esse sentido. Os japoneses costumam discutir mais esse termo do que a felicidade propriamente dita, resultando em afirmações como "meu *ikigai* é a minha família" ou "o meu é o alpinismo". O termo aparece com frequência em títulos de livros e revistas nas décadas posteriores à Segunda Guerra Mundial, e também é assunto de pesquisas nacionais, como quando 24% de todas as mães afirmam que seus *ikigai* são seus filhos.

A palavra sugere uma espécie de tensão entre um sentimento de realização individual e outro, mais amplo, de obrigação. Assim, muitos japoneses professam que o trabalho é seu *ikigai*, mas, embora em alguns casos isso signifique que eles consideram o trabalho gratificante, provavelmente reflete uma profunda lealdade à empresa que os emprega. Da mesma forma, as mulheres costumam se dedicar à família, sobretudo em termos de cumprimento de um sentido de dever ou obrigação nessa função específica. É desse modo que a abordagem japonesa à felicidade tem menos probabilidade de refletir um desejo de autoexpressão do que no Ocidente. Ao mesmo tempo que envolve o cumprimento de um dever, o *ikigai* indica um compromisso com o grupo e suas normas, um tema mais antigo que persiste na cultura japonesa atual. É relativamente fácil, por exemplo, constranger um trabalhador para que fique até tarde fazendo hora extra mencionando sua lealdade. Por outro lado, é importante observar que as pessoas têm alguma possibilidade de escolha ao decidir seu *ikigai*, muitas vezes bem cedo na vida, embora algumas escolhas – como o foco predominante no trabalho para os homens – sejam incentivadas socialmente. Esse tipo de tensão entre a realização individual e as normas do grupo remonta ao período Meiji.

No Japão do pós-guerra, é raro o *ikigai* ter qualquer conotação religiosa, diferentemente, por exemplo, das definições de felicidade de muitos estadunidenses, que costumam ter um forte componente desse tipo. Também nesse caso, a dependência japonesa de um sentido de pertencimento e aprovação do grupo é bem forte, substituindo a necessidade de validação religiosa.

Durante a maior parte do pós-guerra, as expressões predominantes de *ikigai* eram altamente específicas em termos de gênero. Os homens escolhem o trabalho, o que significa dedicação abundante ao empregador e, normalmente, jornadas muito longas, claramente em detrimento de muita convivência em família. E embora os níveis salariais não sejam irrelevantes, há um foco maior no desempenho do grupo, o que contrasta com as abordagens mais ambivalentes e frequentemente instrumentais ao trabalho que são comuns no Ocidente. As mulheres, por sua vez, concentram-se na família e nos muitos deveres de uma boa mãe, que envolvem não apenas a criação dos filhos, mas o acompanhamento cuidadoso de seu progresso educacional. Desnecessário dizer que esse contraste homem/mulher pode gerar tensões importantes dentro da própria família, onde esposas irritadas têm que aceitar o fato de que seus maridos estão comprometidos com outras coisas.

Prazeres

As satisfações no Japão não são captadas apenas pelo *ikigai*. O país oferece oportunidades robustas de diversão, que vão desde canais um tanto tradicionais e diferenciados, como os famosos banhos públicos, até algumas das atividades mais padronizadas de uma sociedade de consumo. Não é por acaso que o país, junto com os Estados Unidos, foi líder mundial por muitas décadas na criação de novos brinquedos e jogos para crianças ou foi pioneiro em formas lúdicas de animação. Muitas crianças japonesas, cuidadosamente estimuladas a ter um bom desempenho na escola, costumam ter longos períodos para brincar como forma de compensação.

Algumas características diferenciadas se aplicam até mesmo nesta categoria. Os japoneses são consumidores fervorosos, mas também economizam mais do que os estadunidenses. Beber tem um papel de destaque na cultura masculina do país. Os banhos japoneses têm poucos equivalentes em outros lugares, e um estudo afirma que eles envolvem prazeres sensoriais mais agudos do que a maioria dos ocidentais busca, e certamente dão oportunidades para o envolvimento familiar, como quando os pais brincam com os filhos em um banho público. Conforme observado antes, até mesmo a compra de presentes pode expressar valores um tanto distintos. Ao visitar a loja da Disneylândia perto de Tóquio, os japoneses costumam comprar presentes para amigos e familiares; os estadunidenses, na Califórnia ou na Flórida, compram coisas para si mesmos.

Ainda assim, é importante não exagerar nas diferenças. O Japão desempenha um papel importante na cultura de consumo global, o que significa que compartilha e ajuda a orientar formas muito populares de entretenimento. Um estudo realizado por volta de 2010 mostrou que os japoneses atribuíam ao entretenimento uma prioridade um pouco maior do que os britânicos, embora ambos ficassem abaixo dos estadunidenses. O foco na família é outra característica bastante comum, apesar das distinções de gênero. Embora esse mesmo estudo de 2010 tenha mostrado o casamento ou o amor romântico como uma prioridade muito menos importante no Japão, o compromisso com a família em si era quase tão forte quanto no Ocidente (em todos os lugares, encabeçava a lista de fatores considerados essenciais para a felicidade).

Deterioração?

No início do século XXI, 65% dos japoneses se consideravam felizes ou um pouco felizes, em comparação com 84% das pessoas no Reino Unido e 88% nos Estados Unidos. Havia uma lacuna semelhante e reveladora com relação à esperança: 49% dos japoneses, mas 60% e 65% dos britânicos e dos estadunidenses, respectivamente, disseram estar esperançosos sobre o futuro, e havia disparidades ainda maiores no grau de confiança na concretização dessas esperanças.

Algumas dessas distinções podem ser facilmente explicadas. Os mais baixos níveis de religiosidade no Japão contrastam com o papel da religião na sustentação das esperanças dos estadunidenses, e vimos que a relação difícil entre *ikigai* e felicidade compromete os resultados das pesquisas sempre que o Japão está envolvido.

Porém, quase todos os observadores acreditam que os níveis de felicidade no Japão vêm caindo nas últimas décadas, apesar de o país ser rico e ter algumas das mais altas expectativas de vida do mundo. Dois ou três fatores estão envolvidos.

Primeiro, a economia japonesa entrou em uma prolongada estagnação nos anos 1990, após décadas de ganhos, o que limitou objetivamente os padrões de vida e abalou qualquer otimismo em relação ao futuro. Mesmo uma sociedade ainda próspera, na era industrial, pode depender de uma sensação de avanço contínuo.

Em segundo lugar, muitos japoneses estão repensando o *ikigai* ou redirecionando-o a um sentido maior de autorrealização. Embora a jornada de trabalho dos homens continue longa, o estresse causado se tornou mais visível. Além disso, na economia em crise, mais empregadores estão oferecendo apenas empregos de curto prazo, em vez de garantias vitalícias. Por que, então, o sentido de obrigação das pessoas deveria ser comprometido com a empresa? Por sua vez, cada vez mais mulheres rejeitam a ideia de compromissos familiares essenciais. Elas procuram empregos, costumam relutar em ter filhos, e muitas até evitam o casamento, tudo para ter oportunidades de seguir seu próprio rumo na vida.

Terceiro, o rápido envelhecimento do Japão cria suas próprias tensões. Muitos idosos, tendo dedicado a vida adulta ao trabalho ou à família, acham difícil definir felicidade depois que sua fase ativa termina. E muitos deles estão simplesmente sozinhos, em uma sociedade que valoriza o contexto de grupo.

O resultado geral visível é uma sociedade que está reavaliando o que é a vida, e isso, mais do que qualquer deterioração objetiva, parece ser responsável pelas dificuldades da felicidade. Veremos que algumas dessas questões também valem para outras sociedades industriais avançadas, mas são particularmente marcantes no Japão.

* * *

Quatro questões surgem claramente de um enfoque nas abordagens regionais da felicidade, além do fato óbvio de que seria bom se conseguíssemos incluir ainda mais partes do mundo nesse tipo de análise.

Em primeiro lugar, como já observado, é muito difícil lidar com a felicidade de forma transcultural, justamente pelas diferenças cruciais em termos de língua e sentido. As comparações são reveladoras, mas também mostram como é difícil avaliar definições de felicidade que não são conhecidas, como acontece com o componente familiar diferenciado nas avaliações indianas ou na ideia de *ikigai*, no Japão. Mesmo em meio à globalização, continua havendo diferenciações regionais fundamentais.

Em segundo lugar, a felicidade não tem uma correlação exata com critérios objetivos, como o Produto Interno Bruto, embora eles sejam relevantes na análise comparativa, até certo ponto. Quase todo estudioso da felicidade sabe disso, mas é importante enfatizar, dada a importância que muitos economistas continuam a dar ao que parece fácil de mensurar.

Terceiro, simplesmente não está claro se é útil comparar os *níveis* de felicidade. O estudioso Eunkook Suh, comparando o Leste da Ásia e o Ocidente, afirma explicitamente que os ocidentais são mais felizes, e não há dúvida de que eles dizem que sim, segundo pesquisas comparativas. Mas a maioria dos antropólogos é mais cautelosa.

Quarto, aumentando o desafio: a felicidade não fica parada, em nenhuma região do mundo atual. Realmente parece que a felicidade japonesa está enfrentando novos desafios, o que pode, entre outras coisas, aumentar sua diferenciação em relação a países como os Estados Unidos (embora a felicidade estadunidense provavelmente também esteja se tornando menos consistente). Os indianos se esforçam de várias maneiras para acomodar novas influências enquanto mantêm contato com o pensamento mais tradicional. Os diferentes níveis de esperança que foi possível identificar em dados de pesquisas meio século atrás não descrevem mais a realidade contemporânea. A análise da mudança deve ser considerada em qualquer comparação que for feita.

Para todos os desafios, no entanto, a análise comparativa se mantém essencial, precisamente porque os contextos regionais continuam importantes. Não é possível elaborar fórmulas abrangentes, mas a análise empírica pode detectar diferenças identificáveis em torno de componentes comuns da felicidade, como família, religião ou esperança e aspiração. A questão da combinação de fatores culturais e materiais é mais difícil do que a do padrão de vida em si, mas pode ser abordada. E mesmo o difícil tópico dos *níveis* de felicidade, embora inquestionavelmente complexo, merece atenção. Observando de perto, uma apreciação de diferentes abordagens regionais oferece uma perspectiva sobre nossas próprias ideias de felicidade, um dos benefícios típicos das reflexões comparativas. A própria globalização, foco do capítulo "A felicidade se globaliza", promove uma mistura de influências regionais no que diz respeito à felicidade.

LEITURAS COMPLEMENTARES

Sobre os dados clássicos de pesquisas de opinião:

Hastorf, Albert H., and Hadley Cantril. "They Saw a Game: A Case Study." *Journal of Abnormal Psychology* 49, no. 1 (January 1954): 129-134.

Ornaver, Helmut, Haykan Wiberg, Andrzej Sicinsky, and Johan Galtung, eds. *Images of the World in the Year 2000* (Berlin: Walter De Gruyter Inc, 1976).

Sobre as tradições indianas:

Kumar, S. K., "An Indian Conception of Well-being." In J. Henry (Ed.), *European Positive Psychology Proceedings* (Leicester: British Psychological Society, 2003).

Sobre as famílias indianas:

Derné, Steve. *Culture in Action: Family Life, Emotion, and Male Dominance in Banaras, India* (Albany: State University of New York Press, 1995).

Freeman, James M. *Untouchable: An Indian Life History* (Stanford, CA: Stanford University Press, 1979).

Moore, Erin. "Moral Reasoning: An Indian Case Study." *Ethos* 23, no. 3 (September 1995): 286-327.

Osella, Filippo, and Caroline Osella. "From Transience to Immanence: Consumption, Life-Cycle and Social Mobility in Kerala, South India." *Modern Asian Studies* 33, no. 4 (October 1, 1999): 989-1020.

Sobre o Japão:

Genda, Yuji. "An International Comparison of Hope and Happiness in Japan, the UK, and the US." *Social Science Japan Journal* 19, no. 2 (2016): 153-172.

Hendry, Joy, and Gordon Mathews. "What Makes Life Worth Living? How Japanese and Americans Make Sense of Their Worlds." *The Journal of the Royal Anthropological Institute* 3 (June 1, 1997).

Kavedzija, Iza. "The Good Life in Balance: Insights from Aging Japan." *HAU: Journal of Ethnographic Theory* 5, no. 3 (January 1, 2015): 135-156.

Kitanaka, Junko. *Depression in Japan: Psychiatric Cures for a Society in Distress* Princeton, (Princeton, NJ: Princeton University Press, 2012).

Mathews, Gordon, and Bruce White. *Japan's Changing Generations Are Young People Creating a New Society?* (London: Routledge Curzon, 2004).

Roberson, James, and Nobue Suzuke, eds. *Men and Masculinities in Contemporary Japan: Dislocating the Salaryman Doxa* (London: Routledge, 2002).

Com relação a Índia e Japão, veja:

Mathews, Gordon, and Carolina Izquierdo, eds. *Pursuits of Happiness: Well-Being in Anthropological Perspective* (New York: Berghahn Books, 2009).

Roland, Alan. *In Search of Self in India and Japan: Toward a Cross-Cultural Psychology* (Princeton, NJ: Princeton University Press, 1988).

Veja também:

Baumeister, Roy F. *Meanings of Life* (New York: Guilford Press, 1991).

Diener, Ed, and Eunkook M. Suh, eds. *Culture and Subjective Well-Being.* (Cambridge, MA: The MIT Press, 2000).

A sociedade ocidental na história contemporânea: cada vez mais feliz?

Uma recente pesquisa internacional, publicada em 2015, perguntou a pais de vários países qual era o objetivo mais importante quando se tratava de seus filhos? As sociedades ocidentais responderam uniformemente, com maiorias substanciais, que era a felicidade. A França liderou, com 86% optando pela felicidade, o Canadá, com 78%, e os Estados Unidos, com 73%. Outras sociedades fizeram escolhas diferentes: México e Índia classificaram o sucesso em primeiro lugar, e os pais e mães chineses optaram pela boa saúde. Robin Berman, especialista em educação de filhos que viaja muito pelos Estados Unidos, confirma a preferência daquele país. "Quando dou palestras para pais e mães em todo o país, sempre pergunto ao público: 'O que você quer para seus filhos'? A resposta quase universal que eu recebo é: 'Eu só quero que meus filhos sejam felizes'".

Os objetivos relacionados à felicidade na cultura ocidental estão vivos e passam bem. A revolução da felicidade avança, com alguns recursos a mais, mas sem muitas direções novas. As hesitações que surgiram nas décadas de guerra e Depressão foram postas de lado em grande parte, pelo menos até recentemente, e a busca por uma alternativa fascista foi abandonada. Como sugere a pesquisa sobre a educação dos filhos, o compromisso ocidental não apenas ampliou as tendências anteriores – mas se distanciou, pelo menos em certa medida – das abordagens de muitas outras sociedades. Junto com condições econômicas e políticas básicas, a combinação de continuidade cultural e aprimoramento explica prontamente a posição distinta do Ocidente nas pesquisas internacionais sobre a felicidade.

Ao mesmo tempo, o interesse generalizado pela felicidade começou a trazer à tona algumas questões novas ou, pelo menos, a chamar mais atenção para elas. Várias características do compromisso ocidental contemporâneo geraram algumas restrições preocupantes. Embora não tenham desalojado a cultura básica, os problemas envolvidos levantaram dúvidas importantes para o futuro.

SINALIZAÇÃO

Vários indicadores confirmaram o compromisso ocidental com a felicidade a partir das décadas do pós-guerra, e muitas vezes sugeriram ainda mais intensificação. Livros e artigos incentivando a felicidade e apontando caminhos infalíveis para alcançá-la proliferaram de forma constante, principalmente nos Estados Unidos. Os títulos contavam muito de sua história: *The Ladder Up: Secret Steps to Happiness* (*A escada que sobe: passos secretos rumo à felicidade*), *33 Moments of Happiness* (*33 momentos de felicidade*), *One Thousand Paths to Happiness* (*Mil caminhos para a felicidade*), *Baby Steps to Happiness* (*Passos de bebê rumo à felicidade*) e *Everlasting Happiness*

(*Felicidade eterna*). Duas fontes de orientação sobre a felicidade foram particularmente interessantes e às vezes se sobrepuseram: muitos líderes protestantes agora diziam ter as chaves do reino da felicidade, como aconteceu com o guru evangélico Billy Graham e seu *O segredo da felicidade*. Os defensores dos empreendimentos afirmavam que o caminho que propunham era o certo, assim como no caso de *As sete estratégias para a prosperidade e a felicidade*, do "principal filósofo de negócios dos Estados Unidos".

Foram muitas as conexões com domínios específicos. As pessoas que buscassem orientação no campo da sexualidade podiam recorrer a *Os prazeres do sexo*; os gourmets tinham o best-seller *A alegria de cozinhar*. Os adolescentes tinham livros especiais que os ensinavam a ser felizes, e o mesmo aconteceu com os afro-americanos.

Embora essa literatura variada oferecesse uma ampla gama de recomendações que iam da fé religiosa à importância do vegetarianismo ou do *feng shui*, elas tendiam a concordar que os indivíduos poderiam e deveriam criar felicidade por conta própria, ou seja, a felicidade não era uma questão de sorte ou seleção divina, nem do ambiente social mais amplo. Norman Vincent Peale, evangelizador de rádio, foi um porta-voz particularmente importante desse tipo de pensamento, e seu livro, *O poder do pensamento positivo* (1952), foi muito influente, vendendo milhões de cópias. A mensagem central era clara: "Nossa felicidade depende do hábito mental que cultivamos. Portanto, pratique o pensamento feliz todos os dias. Cultive o coração alegre, desenvolva o hábito da felicidade e a vida se tornará um banquete contínuo". Às vezes, os conselhos de Peale lembravam abordagens filosóficas anteriores, quando ele insistia na importância das expectativas modestas, da humildade e da capacidade de apreciar pequenos prazeres e cultivar a "paz interior". Em outros momentos, no entanto, ele era menos cauteloso: "Não importa o quanto as coisas pareçam estar difíceis ou realmente estejam, levante seus olhos e enxergue as *possibilidades* – enxergue-as, pois elas estão sempre lá". "*Se pintar em sua mente* um quadro de *expectativas brilhantes e felizes*, você *se* coloca em uma condição propícia ao seu objetivo." Obviamente, quem "pensa positivo" pode esperar sucesso financeiro. Felicidade e ambição mundana eram perfeitamente compatíveis. Mas a questão principal era o poder e a responsabilidade do indivíduo sobre a conquista da felicidade.

É claro que os livros, os artigos de revistas e os programas de rádio não eram os únicos sinais de que o compromisso com a felicidade estava sólido. O império Disney ampliou seu alcance com uma série de parques temáticos, modestamente proclamando que um deles era "o lugar mais feliz do planeta". Os programas de televisão ganharam popularidade com títulos como *Happy Days*. Os bares passaram a ter "*happy hours*", um momento para beber antes do jantar ou como transição do trabalho para casa. A ideia da *happy hour* pode ter se originado em torno das bases navais dos Estados Unidos já em 1913, mas ganhou muito mais notoriedade com uma série de artigos na imprensa popular na década de 1950, sobre hábitos de beber entre os militares. A ideia da *happy hour* se espalhou amplamente no mundo anglófono durante as últimas décadas do século XX, embora também tenha atraído esforços de regulamentação, por exemplo, na Irlanda, na esperança de conter o excesso.

Felicidade e publicidade tornaram-se indissociáveis. Estudos realizados no início do século XXI sugeriram que de 7% a 12% de todos os anúncios impressos e televisivos vinculavam produtos e serviços relacionados à felicidade de forma explícita. Ela podia vir do investimento em uma banheira nova, da colocação de uma dentadura adequada, da aquisição de um carro novo ou da compra de roupas da moda ou cosméticos. No Reino Unido, a rede de lojas de departamentos John Lewis patrocinava regularmente anúncios de felicidade antes do Natal, atraindo muita atenção.

A partir da década de 1980, foi estabelecida uma grande variedade de Fundações da Felicidade. Algumas tinham vínculos religiosos específicos com movimentos como a Cientologia; outras visavam conscientizar sobre os perigos do álcool ou tinham algum outro objetivo. A questão óbvia era a tentação aparentemente irresistível de associar uma gama considerável de causas à ideia de alcançar a felicidade.

Em 1963, um executivo do setor de publicidade nos Estados Unidos, chamado Harvey Ball, criou a imagem de felicidade do rosto amarelo sorridente, que se tornou um sucesso internacional instantâneo. O ano não foi particularmente feliz nos Estados Unidos, pois o assassinato de Kennedy e o crescente envolvimento na Guerra do Vietnã não eram fatores animadores. Mas essa nova imagem sugeria que a felicidade estava disponível mesmo assim; um indivíduo podia expressá-la usando o ícone, e a imagem, por sua vez, poderia espalhar alegria para outras pessoas. Por volta de 1971, eram vendidos mais de 50 milhões de broches do *smile* por ano, e a imagem se espalhou também para camisetas e outros objetos. Embora Ball não tenha registrado os direitos autorais de sua criação, uma organização chamada World Smile Corporation entrou em cena para preencher o vazio. No século XXI, os rostos felizes (com até três dezenas de versões disponíveis) se tornaram os emojis mais populares para comunicações on-line, ocupando pelo menos quatro dos dez primeiros lugares; em 2019, um símbolo de "lágrimas de alegria" foi o número um.

A felicidade se tornou onipresente. Quase qualquer pessoa no Ocidente contemporâneo encontrava-se cercada por oportunidades de obter felicidade de várias maneiras, de expressar felicidade e, é claro, de se perguntar se seria feliz o suficiente.

CONSUMISMO E O FASCÍNIO POR MAIS

A conexão ocidental entre felicidade e consumismo não era nova, mas é certo que ganhou uma importância renovada à medida que o crescimento econômico criou "sociedades afluentes" em quase todo o mundo ocidental entre as décadas de 1950 e 1980. Especialmente digna de nota foi a capacidade de muitos trabalhadores da indústria de conquistar elevados padrões de vida. Estudos sobre "trabalhadores afluentes" mostraram que o instrumentalismo avançava para novos níveis, com a aceitação de condições de trabalho difíceis em troca de estilos de vida cada vez mais baseados no consumo. Nos Estados Unidos, as oportunidades de criar condições de trabalho mais interessantes foram rejeitadas, às vezes, porque poderiam restringir altos salários. Em outro nível social, o final do século XX assistiu ao surgimento de um grupo chamado *"yuppies"* – jovens profissionais urbanos, geralmente em casamentos em que ambas as pessoas trabalhavam, focados em estilos de vida abastados e elegantes. Um curioso estudo britânico, *The Symmetrical Family,* afirmou que o propósito da vida em família (muitas vezes, sem filhos) agora se centrava em um compromisso com o consumismo, compartilhado pelos membros.

O crescente apego ao consumismo se revelou de muitas maneiras, à medida que mais e mais pessoas conseguiam explorá-lo como um caminho para a felicidade. Para muitos trabalhadores, motocicletas e automóveis começaram a substituir os deslocamentos a pé ou em transporte coletivo. Na Europa, a participação em reuniões sindicais começou a decair, entre outras razões, porque muitas pessoas estavam fazendo horas extras para pagar seu veículo ou aproveitando o veículo em si. As férias tornaram-se mais sofisticadas. Nas décadas do pós-guerra, surgiram novas organizações na Europa, como o Club Med, para facilitar férias mais exóticas, principalmente para destinos tropicais, e cada vez mais era possível desfrutar de comodidades de estilo ocidental, da Malásia ao México.

O surgimento do shopping center foi um símbolo do mais novo estágio do consumismo nas sociedades industriais avançadas. Além das lojas de departamentos, os shoppings ofereciam uma gama inédita de produtos e serviços, combinando alimentação e compras, muitas vezes incluindo uma sala de cinema, e permitindo, então, que as pessoas fossem absorvidas no processo de compra durante o dia inteiro. Já no século XXI, o aumento das oportunidades on-line, embora tenha reduzido o ritual da experiência de compra, tornou os produtos mais rapidamente acessíveis do que nunca.

Grande parte do novo consumismo envolvia simplesmente mais quantidade. Entre a década de 1960 e o ano 2000, os gastos com presentes de Natal aumentaram mais que o dobro nas sociedades ocidentais. As famílias de baixa renda nos Estados Unidos comprometiam até 5% da renda total em presentes de aniversário, enquanto, na extremidade mais abastada, os convites para festas de aniversário de algumas crianças no ano 2000 especificavam que presentes abaixo de 35 dólares seriam inaceitáveis. Nesse meio tempo, uma série de organizações surgiu, principalmente para atender a festas mais elaboradas. O tamanho médio das casas aumentou 55% nos Estados Unidos entre 1971 e 2000, apesar do baixo índice de natalidade e redução no tamanho das famílias. As chamadas McMansões ofereciam espaços enormes, às vezes para casais que trabalhavam por tantas horas que, na prática, não ficavam muito em casa na maior parte dos dias. O interesse por móveis cresceu na mesma proporção. Um editor da revista *House and Garden* procurou explicar o que estava acontecendo: "Claro, fazer compras e organizar (e acumular) são atividades materialistas, mas também se conectam a paixões mais profundas [...], alimentam nossas almas". Muitos dos envolvidos acreditavam claramente que estavam buscando a felicidade. Sempre uma opção nas discussões sobre felicidade, o materialismo estava mais forte do que nunca.

Inovações

Novos produtos foram vitais para essa etapa do consumismo, e alguns deles mudaram os ritmos fundamentais da vida. Ver televisão regularmente se tornou uma forma básica de lazer a partir da década de 1950, e o leque de opções de entretenimento e esportes foi se ampliando de forma contínua. Ainda mais do que o rádio, a televisão possibilitava aos espectadores uma profunda associação com alguns de seus programas favoritos, sentindo medo nos onipresentes programas sobre crimes, mas desfrutando da alegria terceirizada em um mundo de faz de conta no qual os finais geralmente eram felizes.

Com o surgimento da internet a partir da década de 1990, além de uma legislação cada vez mais permissiva, a pornografia foi ficando mais disponível do que nunca, e essa forma de prazer sexual sem dúvida assumiu um papel maior na vida de muitas pessoas. Quando chegou o século XXI, a indústria pornográfica era uma operação de 12 bilhões de dólares, apenas nos Estados Unidos, e de 95 bilhões em todo o mundo.

O crescimento do apego aos animais de estimação foi outra manifestação interessante do aumento do consumismo, profundamente ligado às noções de felicidade, principalmente em sociedades com índices de natalidade em queda. Os gastos com animais de estimação cresceram constantemente, envolvendo brinquedos cada vez mais elaborados, "hotéis" e outros equipamentos. A expansão dos cemitérios para esses animais foi mais um sinal do crescente comprometimento emocional – o outro lado da felicidade proporcionada por eles durante a vida. No século XXI, um terço dos donos de animais de estimação nos Estados Unidos dizia preferi-los a crianças. A partir de um grande furacão em 2005, profissionais da ajuda humanitária em desastres descobriram que as pessoas relutavam cada vez mais em abandonar seus animais de estimação, mesmo em nome da segurança pessoal, e os procedimentos de evacuação no país tiveram que ser alterados como resultado disso. O surgimento da ideia de animais de companhia, vitais para o bem-estar emocional, ampliou ainda mais o significado dos animais de estimação para muitas pessoas, e nesse caso, as leis também tiveram que mudar, por exemplo, para acomodar amigos peludos em aviões.

A explosão do mercado de produtos eletrônicos, a partir da década de 1990, foi a última nova categoria a atrair atenção crescente dos consumidores, colaborando para o aumento do envolvimento das pessoas com o consumismo. A necessidade de ter os aparelhos do último tipo e o aumento da atenção dedicada a esses aparelhos tornaram-se um elemento básico da vida no século XXI, já a partir da infância.

Sempre, com produtos novos e antigos, sentia-se uma necessidade constante de ter mais. Em 1995, 66% de todos os domicílios nos Estados Unidos tinham pelo menos três televisores, geralmente um para cada filho. Os computadores domésticos foram complementados pelos laptops, mais portáteis. O impulso por ter mais, e da versão mais recente, sempre fez parte do consumismo moderno, mas foi se tornando cada vez mais intenso. Uma das razões para o aumento do tamanho das moradias foi acomodar a grande quantidade de coisas, e, mesmo assim, um estudo feito na Califórnia revelou que um número crescente de pessoas tinha que estacionar o carro na rua porque usava a garagem para guardar pilhas de bens de consumo, incluindo brinquedos e jogos.

É claro que o consumismo contemporâneo não foi uma experiência uniforme em todo o mundo ocidental. Os padrões de vida continuaram variando muito conforme a classe social e, em muitos países, as desigualdades aumentaram após a década de 1980. Mesmo assim, as preferências pessoais variavam muito. Uma das maneiras fundamentais pelas quais o consumismo poderia se conectar com a felicidade eram as oportunidades de satisfazer gostos pessoais específicos, embora houvesse alguns interesses bastante compartilhados, como a torcida apaixonada por esportes. Famílias e regiões também variavam no grau em que modificavam o consumismo usando suas economias pessoais. Nos Estados Unidos, os consumidores eram conhecidos especificamente por sua disposição de contrair dívidas pesadas para ter acesso aos prazeres do consumo.

A divisão mais interessante pode ter sido a escolha entre coisas e experiências, embora a maioria das famílias de consumidores gostasse de um pouco de cada. Os padrões europeus de consumo apresentaram um aumento considerável no tempo de férias após 1945, muitas vezes, para mais de cinco semanas por ano em muitos setores das classes média e trabalhadora. Esse tipo de crescimento do lazer não se espalhou para os Estados Unidos, onde o tempo formal de férias aumentou muito pouco durante as mesmas décadas e o compromisso com as aquisições materiais parecia exigir maior atenção.

Sexualidade e drogas

O interesse crescente no prazer sexual ampliou o consumismo ao enfatizar o aspecto hedonista da felicidade contemporânea. Vários eventos se combinaram nessa esfera. Uma série de especialistas, e algumas feministas, enfatizavam cada vez mais a capacidade das mulheres de ter prazer, contrariando o puritanismo mais tradicional. Novos produtos contraceptivos, principalmente a pílula anticoncepcional, aumentaram as possibilidades do sexo puramente recreativo. As restrições religiosas e jurídicas à sexualidade diminuíram, embora continuasse havendo um esforço para promover a abstinência entre os jovens nos Estados Unidos. Mais importante, os comportamentos mudaram. A chamada Revolução Sexual dos anos 1960 diminuiu a idade média da primeira experiência sexual, uma mudança marcante principalmente para as mulheres. O sexo antes do casamento tornou-se cada vez mais comum. E, embora as evidências sejam menos claras, as expectativas sexuais dentro do casamento também aumentaram. Do mesmo modo, as representações da sexualidade na mídia popular ficaram cada vez mais explícitas, independentemente da pornografia em si. Esses eventos acrescentaram um componente importante às expectativas das pessoas comuns em relação à felicidade.

Da década de 1960 em diante, uma série de grupos da sociedade ocidental também experimentou drogas destinadas a produzir picos de felicidade. No século XXI, aumentaram as pressões para legalizar a maconha. Até mesmo os governos podiam entrar em ação, patrocinando eventos médicos sobre tópicos como "Para além da terapia: biotecnologia e busca da felicidade". Essa foi outra fronteira um pouco complicada.

Emoções do consumidor: solidão, inveja, tédio – e felicidade?

Vimos que o consumismo sempre teve componentes emocionais, além da busca pela felicidade, mas muitos deles aumentaram após 1945, ou pelo menos se tornaram mais óbvios. Muitos levantavam questões desafiadoras sobre a associação contínua entre consumismo e felicidade.

Os relatos sobre solidão começaram a aumentar, principalmente no início do século XXI. Um setor crescente voltado à velhice ajudou a explicar a nova preocupação, pois alguns idosos viveram mais do que seus parentes mais próximos ou simplesmente foram negligenciados. Mas as mudanças no consumismo também contribuíram. A televisão tornou a experiência do espectador mais isoladora para alguns, em comparação com a sociabilidade anterior, à medida que diminuía a participação em grupos voluntários. A dependência cada vez maior em relação às redes sociais, substituindo os contatos pessoais, também parece ter promovido a solidão a partir da década de 1990.

A inveja, que há muito faz parte do pacote do consumo, tornou-se mais desagradável para alguns. A frase *"keeping up with the Joneses"* ("não ficar atrás dos vizinhos") foi introduzida na língua inglesa no início do século XX, mas ganhou um sentido novo, principalmente na década de 1970, para se referir ao consumismo competitivo nos bairros de classe média. Ainda mais interessante foi o impacto das redes sociais sobre a inveja no século XXI, ao revelar um aspecto perverso do compromisso com a felicidade. No Facebook e em outros sites, as pessoas estavam ansiosas para destacar a própria felicidade quando se mostravam, incluindo a *selfie* sorridente. E quem olhava, ciente dos problemas em sua própria vida, às vezes achava essa ênfase desanimadora, pois era fácil pensar que os amigos ou conhecidos eram mais felizes.

Ainda mais interessante e potencialmente problemático foi o aparente aumento do tédio. Essa é outra emoção moderna ligada ao consumismo desde meados do século XIX, mas que agora se torna mais comum e mais premente. As referências à palavra *boredom* (tédio) aumentaram constantemente. Um estudo de 1986 afirmou que o tédio se tornou "a doença número um nos Estados Unidos". A crescente disponibilidade de entretenimento quase constante parece ter aumentado a impaciência com qualquer monotonia.

Depois, o advento de dispositivos como telefones celulares, instantaneamente acessíveis, agravou ainda mais o problema. Uma nova ideia de "microtédio", em breves intervalos entre jogos ou contatos entre as pessoas, sugeria o novo padrão. As diferenças geracionais aumentaram. Pais e mães de gerações mais recentes, ensinados a considerar o tédio como um desafio para encontrar algo criativo a fazer, ficavam perplexos com as reclamações dos filhos. Dizer "não tenho nada para fazer", na verdade, tornou-se uma arma infantil, agora sugerindo que algum adulto (pai, mãe, professores) deveria propor algo divertido (Figura 1).

Como sempre, a relação entre tédio e felicidade era uma faca de dois gumes, como acontece com tantos aspectos do consumismo. Por um lado, sugeria o desejo de mais, de algum meio de obter ainda mais diversão e felicidade; por outro, principalmente à medida que os níveis de tédio pareciam aumentar, podia sugerir uma insatisfação que superava a felicidade.

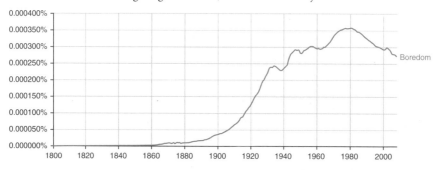

Figura 1 – Frequência da palavra "*boredom*" em inglês, 1800-2008, Google Ngram Viewer, acessado em 15 de junho de 2020.

Em 2020, em meio a regulamentações limitando a interação social estabelecidas em resposta a uma pandemia global, alguns observadores afirmaram que os indivíduos ocidentais, sobretudo nos Estados Unidos, enfrentaram dificuldades incomuns para lidar com a crise, porque muitos se entediavam com facilidade, buscando válvulas de escape em bares e festas, apesar dos perigos de contágio. De forma mais ampla, a aparente intensificação do tédio traduzia uma preocupação clássica com a felicidade (a de que as expectativas podem dificultar o encontro da felicidade) em alguns elementos novos, aqui relacionados à necessidade de entretenimento constante. Como no caso da inveja e da solidão, as ramificações emocionais mais amplas do consumismo contemporâneo implicaram novas preocupações. As mudanças nesse caso poderiam estar relacionadas a alguns problemas mais abrangentes na versão ocidental contemporânea da felicidade.

PSICOLOGIA POSITIVA E BEM-ESTAR

O consumismo e o desejo de entretenimento constante não foram as únicas consequências da crescente ênfase na felicidade no mundo ocidental. Profissionais da Psicologia industrial e de Gestão de recursos humanos continuaram refletindo sobre maneiras de fazer do trabalho uma experiência mais feliz. As iniciativas para promover o moral do trabalhador e reduzir o estresse continuaram. Dedicou-se muito esforço à proteção do "equilíbrio entre trabalho e vida pessoal". Vários programas permitiam que alguns funcionários trabalhassem em casa pelo menos um dia por semana para possibilitar uma mudança de ritmo. A ampla adoção das "*casual Fridays*" ("sextas-feiras casuais") reduziu as obrigações que costumavam existir com relação à roupa apropriada para usar no trabalho. Uma tendência crescente a se referir aos empregados como "associados" tentava dar uma cara mais feliz às desigualdades no local de trabalho.

Faculdades e universidades, principalmente nos Estados Unidos, aumentaram seus investimentos em programas destinados a fazer da educação uma experiência mais feliz, embora os estudantes universitários há muito consigam combinar estudos e diversão. O número de funcionários dedicados à assistência estudantil aumentou. As orientações ficaram mais complexas, apresentando uma variedade de jogos e até experiências de acampamento (com pouca referência à educação). Várias dezenas de *campi* nos Estados Unidos construíram paredes de escalada e, em geral, as entidades representativas dos estudantes se aperfeiçoaram como parte da concorrência pelo interesse deles. No início do século XXI, várias faculdades passaram a permitir cachorrinhos no *campus* durante os períodos de exames, para proporcionar tranquilidade aos estudantes.

Como aconteceu com os experimentos relacionados ao trabalho, nem sempre ficou clara a eficácia dessas iniciativas, e os relatos de ansiedade e estresse por parte dos alunos continuaram aumentando. Mas não há dúvidas de que vários órgãos estavam dispostos a ampliar a promoção da felicidade de maneiras novas, para além dos tipos mais restritos de hedonismo.

Campanhas para o bem-estar

A mudança específica mais importante nesse contexto surgiu a partir de 1998, com a introdução do que se chamou de psicologia positiva. Esse movimento se baseava no impulso mais geral em direção ao "pensamento positivo" e em um interesse anterior pela psicologia "humanista" dentro da própria disciplina. Conforme anunciado em um discurso de 1998 por um líder do novo movimento, Martin Seligman, a psicologia positiva visa usar pesquisas cuidadosas para potencializar a compreensão das maneiras pelas quais os indivíduos podem aprender como aumentar sua própria felicidade. Um novo conjunto de especialistas e divulgadores trabalhou arduamente para redirecionar as iniciativas da disciplina, passando de um foco em problemas como doenças mentais para novas oportunidades de construir o que muitos deles chamavam de "positividade". No processo, também procuraram ampliar a atenção para incluir uma definição mais ampla de felicidade, afastando-se de uma ênfase básica no hedonismo. Embora tenha sido particularmente forte nos Estados Unidos, a psicologia positiva logo gerou entusiasmo na Europa Ocidental, no Canadá e na Austrália.

O movimento variava em seu uso da palavra felicidade. Declarações de pessoas como Seligman enfatizavam o interesse no "estudo científico do florescimento humano". A expressão "bem-estar" muitas vezes soava melhor do que felicidade, uma vez que esta parecia se concentrar em prazeres materiais cujos efeitos podiam ser um tanto fugazes. Mas, na verdade, havia um foco razoavelmente claro em um conceito amplo de felicidade. Seligman falava em promover uma "vida boa", definida em termos de "felicidade autêntica e abundante gratificação". A ênfase nas emoções positivas envolvia contentamento com o passado, felicidade no presente e esperança com relação ao futuro.

Sempre apoiadas por projetos de pesquisa explícitos, as recomendações para que indivíduos ampliassem seu bem-estar tinham vários componentes. Com frequência, a orientação repetia ideias que remontavam aos filósofos clássicos. A importância da atenção à saúde física e da moderação, por exemplo, reiterava conselhos antigos. Seligman e outros, embora admitindo a importância dos prazeres encontrados no entretenimento ou nos relacionamentos, insistiam que os prazeres transitórios eram a parte menos importante da felicidade real – outro caso em que uma conclusão formulada pela primeira vez pelos filósofos clássicos era situada em um contexto contemporâneo. Além disso, a noção básica de que os indivíduos podem e devem promover sua própria felicidade confirmava temas mais antigos na história da felicidade.

Outras descobertas traduziram o interesse em um tipo de felicidade amplo e durável em algumas ênfases mais recentes. Um estudo, por exemplo, concluiu que, embora os filhos possam dar sentido à vida, não é necessário tê-los para ser feliz. Essa afirmação estava em sintonia com o comportamento contemporâneo e o forte interesse nas decisões individuais sobre a felicidade, mas dificilmente se tratava de uma sabedoria tradicional. Vários psicólogos positivos também convidavam as pessoas a prestar mais atenção às experiências do que à aquisição de objetos materiais se quisessem maximizar a felicidade, um alerta novo e interessante para uma sociedade de consumo.

A psicologia positiva dava muita ênfase a incentivar as pessoas a identificar suas qualidades e aprender a explorá-las, em vez de gastar muito tempo tratando dos defeitos. Isso era coerente com a ênfase na importância do comportamento moral e generoso, mas, novamente, afastava-se um pouco das ideias anteriores sobre felicidade, que geralmente envolviam maior atenção ao aprimoramento do caráter.

As posturas em relação à gratidão eram reveladoras, e a pesquisa em psicologia positiva enfatizou sua importância para a melhoria do bem-estar, ajudando a pessoa a identificar as coisas boas que acontecem na vida. Mas a gratidão podia ser implementada de algumas formas novas. As pessoas eram incentivadas a manter "diários de gratidão", registrando coisas pelas quais eram gratas diariamente. Também aqui, a ênfase em uma abordagem individual para definir e promover a felicidade era muito forte. Os pesquisadores concordaram que expressões mais convencionais de gratidão, agradecendo a outras pessoas, podem ser ainda mais eficazes, mas esse tipo de interação ficava em segundo plano em relação ao que um indivíduo poderia fazer por conta própria – parte de uma onda maior da ênfase no individualismo em detrimento da conexão social.

Os críticos costumam afirmar que os psicólogos positivos são demasiadamente otimistas, minimizando problemas reais que tornam algumas pessoas infelizes ou deprimidas em sua insistência de que os indivíduos podem criar uma vida mais feliz. Também existe a preocupação de que o movimento exagere a importância de buscar explicitamente a felicidade, do planejamento ativo, em contraste com simplesmente tentar viver uma vida boa e útil. O movimento da psicologia positiva não monopoliza as discussões sobre felicidade no mundo contemporâneo.

Em resposta, os defensores insistem em reconhecer que a verdadeira felicidade deve envolver uma gama de emoções, incluindo tristeza de tempos em tempos. E apontam para resultados de pesquisas que parecem confirmar a alegação de que a busca por uma agenda de psicologia positiva tem efeitos mensuráveis, incluindo a redução da incidência de depressão.

A psicologia positiva estimulou programas que vão além do estudo estritamente acadêmico ou de abordagens baseadas em terapia individual. Desde 2000, o campo tem contribuído ativamente com os esforços de muitos empregadores e administrações universitárias para desenvolver programas que aumentem a felicidade em suas áreas de atuação.

Assim, um estudo de 2019 concluiu que o número de empresas que oferecem programas de bem-estar nos Estados Unidos dobrou nas décadas anteriores. Os empregadores estavam cada vez mais ansiosos para usar esses programas não apenas para reduzir os custos de saúde, mas também para melhorar o moral e a produtividade dos funcionários. Vários empregadores descobriram que tais programas eram fundamentais para atrair e reter uma mão de obra talentosa.

Muitas universidades também aderiram avidamente a uma visão baseada no bem-estar, o que aumentou o interesse em fazer da vida universitária uma experiência mais agradável. Várias universidades e escolas privadas de ensino médio na Austrália, por exemplo, passaram a destacar uma ênfase no bem-estar. Instituições de diversos países começaram a tentar medir o bem-estar de alunos e funcionários – a Organização Gallup até desenvolveu um "localizador de bem-estar" – e a implementar programas que iam desde a melhoria da saúde física até a introdução de técnicas de atenção plena e meditação. Para o público de estudantes, parecia particularmente importante promover decisões que maximizassem a felicidade de longo prazo em vez de satisfações de curto prazo.

O movimento do bem-estar não transformou as abordagens contemporâneas à felicidade nem as restrições contemporâneas, mas acrescentou um novo componente importante, com sua mistura intrigante de abordagens clássicas e inovadoras.

PROBLEMAS: TRISTEZA E FRUSTRAÇÃO

No final do século XX, vários observadores começaram a identificar diversas limitações claras na abordagem ocidental da felicidade, que refletiam complicações importantes da experiência contemporânea. Uma delas envolvia uma falta visível de correlação entre ganhos econômicos e felicidade percebida; a outra, mais problemática, destacava uma tensão crescente entre felicidade e tristeza. Essas questões se desenvolveram junto com o crescente interesse acadêmico pelo bem-estar, embora profissionais da psicologia positiva também as tenham reconhecido. Determinados problemas intensificaram a preocupação de que muitos contemporâneos na sociedade ocidental, incluindo alguns no campo da psicologia positiva, davam uma ênfase indevida à importância de lutar pela felicidade.

O paradoxo de Easterlin

A crescente prosperidade após a Segunda Guerra Mundial gerou uma lacuna visível entre melhorias objetivas na condição humana – nas condições de saúde e também nos padrões de vida – e o nível de felicidade identificado em pesquisas de opinião e outros tipos de estudos de autoavaliação. Os ocidentais não estavam tendo ganhos de felicidade tão rapidamente quanto se esperava.

Usando dados sobre os Estados Unidos entre a década de 1940 e meados dos anos 1970, o economista Richard Easterlin afirmou que, embora o aumento da renda média tenha gerado melhorias mais ou menos equivalentes na felicidade informada pelas pessoas, essa correlação cessou depois de um tempo. No caso dos Estados Unidos, mesmo com o aumento da prosperidade, a felicidade informada estagnara ou diminuíra ligeiramente. No século XXI, essa conclusão foi confirmada durante um longo período para aquela nação e também para outros países desenvolvidos. Vários críticos tentaram contestar a conclusão, inclusive alguns psicólogos ansiosos por enfatizar as melhorias na felicidade, mas, no geral, ela se sustentou bastante bem. Crescimento econômico gera maior felicidade, mas não constantemente, e a relação entre uma coisa e outra se enfraquece com o tempo.

Vários fatores contribuem para esse importante alerta sobre a felicidade contemporânea. Primeiro, a desigualdade muda o quadro, pois índices nacionais médios ocultam grandes disparidades e os ressentimentos que podem resultar disso. Em segundo lugar, as memórias das pessoas desaparecem. Uma geração não se lembra das condições de um século atrás e, portanto, não consegue avaliar o quanto as coisas estão melhores em sua época. O mesmo se aplica às memórias dos ganhos em termos de saúde: quantas pessoas hoje em dia se recordam realmente de um tempo, há pouco mais de um século, em que quase todas as famílias vivenciavam a morte de um bebê? O resultado é uma espécie de falta de gratidão. Em terceiro lugar, as pessoas muitas vezes dão mais importância à esperança de novas melhorias nos padrões de vida e à frustração de que essas melhorias não estejam chegando mais rapidamente do que aos níveis atuais. Esse é um velho dilema no campo da felicidade. Por fim, as correlações frágeis nos lembram que, depois de certo ponto, as pessoas não definem a felicidade principalmente em termos de padrões materiais, e sim olham para outros critérios. Esses quatro fatores podem se combinar facilmente.

Avaliações semelhantes à conclusão de Easterlin também foram aplicadas a indivíduos. Em 2010, a revista *Time* destacou outro relatório de pesquisa que afirmava que, quando a pessoa atingisse um nível de renda de 75 mil dólares por ano, outros aumentos não lhe trariam mais felicidade. Isso confirmou que, até certo ponto, salários mais altos geram mais felicidade em função do orgulho pela conquista e da valorização pelos bens e serviços disponíveis. Mas, repetindo, a partir de um determinado patamar, a busca da felicidade se volta mais a outros critérios: às frustrações de que os salários não estejam subindo ainda mais rápido, ao ressentimento por um colega de trabalho ter um salário ainda mais alto ou a alguma combinação dos itens acima. E está claro que a maioria das pessoas que ganham 75 mil dólares ainda quer mais, o que aumenta a complexidade quando se tenta interpretar os níveis de felicidade envolvidos.

O patamar de 75 mil dólares foi questionado de forma ainda mais ampla do que o paradoxo de Easterlin. Uma revista sofisticada, *Town and Country*, fez seu próprio cálculo do que é preciso para ser feliz (que incluía um avião particular) e concluiu que uma pessoa realmente feliz precisava de pelo menos 100 milhões de dólares. Outro crítico sugeriu de forma mais sensata que a renda necessária para a felicidade variaria de pessoa para pessoa. E, ao olhar para a felicidade nacional de forma mais geral, é importante lembrar que a maioria das pessoas nos Estados Unidos jamais ganhou 75 mil dólares por ano.

Ainda assim, os dados nacionais e individuais sugerem que a correlação entre renda e felicidade é real, mas incompleta, e que, principalmente na história contemporânea, as tendências em termos de felicidade costumam ser mais estáveis do que as informações econômicas poderiam sugerir. Nas sociedades mais ricas do mundo, o consumismo e o conforto cada vez maiores tiveram mais impacto em períodos anteriores do que nas últimas décadas. Muitas pessoas querem algo a mais, ou algo diferente, e nem sempre encontram.

Tristeza

A segunda vulnerabilidade das abordagens ocidentais contemporâneas da felicidade é a pressão que as expectativas exercem sobre a avaliação da tristeza. A pediatra Robin Berman afirma que o maior problema da educação dos filhos nos Estados Unidos está na relutância dos pais a tolerar uma criança triste ou períodos em que muitas crianças ficarão naturalmente tristes. Os padrões culturais levam os pais a acreditar que uma criança triste é um mau indicador em relação a eles (um bom pai e/ou uma boa mãe devem ter filhos sempre felizes). Ou, para desviar sua própria culpa, os pais podem supor que a criança triste deve estar doente, precisando de cuidados médicos e, muitas vezes, algum tipo de medicamento.

A questão pode ir além da educação dos filhos. A constante intensificação da cultura ocidental da felicidade pode fazer com que a tristeza, ou mesmo reduções temporárias na felicidade, pareçam um fracasso pessoal. Embora reconheça que, em princípio, a tristeza é normal, a psicologia positiva pode potencializar a visão de que qualquer indivíduo bem equilibrado deve ser capaz de gerar felicidade. Vimos que, já no início do século XX, novas tensões começaram a incidir sobre as expressões de luto. Em outra frente, algumas categorias de prestadores de serviço, como comissários de bordo, relataram que as pressões para mostrar um rosto alegre para clientes rudes acabaram deixando-os confusos com relação a suas próprias emoções. Em outras palavras, os padrões de felicidade podem ser intolerantes, dificultando a gestão de um déficit real ou imaginário de felicidade.

Não há dúvida de que, desde a década de 1930, os índices de depressão psicológica têm aumentado na sociedade ocidental, afetando um número cada vez maior de indivíduos. Na década de 1990, até 15% de todos os estadunidenses informavam ter tido pelo menos um episódio depressivo em suas vidas. Esses índices certamente refletem o crescente interesse clínico pela depressão, aumentando a frequência dos diagnósticos. Eles também parecem resultar de algumas das tensões mais intensas da sociedade industrial urbana; pelo menos até recentemente, as regiões rurais parecem gerar índices mais baixos. Mas as expectativas de felicidade também podem entrar em cena, fazendo com que algumas pessoas acreditem que estão deprimidas quando simplesmente não conseguem se enquadrar, levando os médicos a identificar mais prontamente como doenças as inadequações com relação à felicidade. Um estudo de 2008 concluiu que até 25% de todos os diagnósticos de depressão nos Estados Unidos envolviam, na verdade, um nível não clínico de tristeza que, em uma cultura de felicidade, não poderia ser aceito facilmente.

* * *

Os desdobramentos da história contemporânea demonstram a forte influência da "revolução da felicidade" sobre a cultura ocidental. Muitas das características fundamentais da sociedade de consumo continuaram se baseando em afirmações e expectativas de felicidade. Isso inclui vendedores entusiasmados... A sociedade ocidental testemunhou tensões entre o hedonismo e uma abordagem mais ampla da felicidade, em uma nova versão de um dilema identificado pelos filósofos há muito tempo. O surgimento da psicologia positiva obviamente refletiu um desejo de encontrar novas maneiras de ampliar as abordagens da felicidade. A descoberta de novos e preocupantes subprodutos do compromisso com a felicidade – do tédio crescente ao desafio da tristeza – confirma esse compromisso característico por parte do Ocidente, mas também destaca algumas complicações preocupantes.

LEITURAS COMPLEMENTARES

Sobre a afluência dos consumidores:

Goldthorpe, John H. *The Affluent Worker in the Class Structure* (London: Cambridge University Press, 1969).
Lebergott, Stanley. *Pursuing Happiness: American Consumers in the Twentieth Century* (Princeton, NJ: Princeton University Press, 2014).
Samuel, Lawrence. *Happiness in America: A Cultural History* (Lanham, MD: Rowman and Littlefield, 2018).
Stearns, Peter N. *Satisfaction Not Guaranteed: Dilemmas of Progress in Modern Society* (New York: New York University Press, 2012).
Young, Michael Dunlop, and Peter Willmott. *The Symmetrical Family*. (New York: Pantheon Books, a Div. of Random House, 1973).

Sobre o paradoxo de Easterlin:

Easterbrook, Gregg. *The Progress Paradox: How Life Gets Better While People Feel Worse*, 1st ed. (New York: Random House, 2003).
Easterlin, Richard A., Holger Hinte, and Klaus F. Zimmermann. *Happiness, Growth, and the Life Cycle* (Oxford: Oxford University Press, 2010).
Stevenson, Betsey, and Justin Wolfers. "Economic Growth and Subjective Well-Being: Reassessing the Easterlin Paradox." *Brookings Papers on Economic Activity* no. 1 (2008): 1-87.

Sobre tédio e solidão:

Alberti, Fay. *A Biography of Loneliness: The History of Emotion*. (Oxford: Oxford University Press, 2019).
Dalle Pezze, Barbara, and Carlo Salzani. *Essays on Boredom and Modernity* (Amsterdam: Rodopi, 2009).
Fernandez, Luke, and Susan J. Matt. *Bored, Lonely, Angry, Stupid: Changing Feelings about Technology, from the Telegraph to Twitter* (Cambridge, MA: Harvard University Press, 2019).
Putnam, Robert D. *Bowling Alone: The Collapse and Revival of American Community* (New York: Simon and Schuster, 2000).

Uma história do movimento pelo bem-estar:

Horowitz, Daniel. *Happier?: The History of a Cultural Movement That Aspired to Transform America* (New York: Oxford University Press, 2018).

Sobre bem-estar:

Compton, William. *Introduction to Positive Psychology*, 1st ed. (Boston, MA: Cengage Learning, 1994).
Seligman, Martin E. P. *Flourish: A Visionary New Understanding of Happiness and Well-Being* (New York: Free Press, 2011).

Sobre as restrições emocionais dos trabalhadores do setor de serviços:

Hochschild, Arlie Russell. *The Managed Heart: Commercialization of Human Feeling* (Berkeley: University of California Press, 1985).

Sobre tristeza:

Berman, Robin. *Unhappiness: The Keys to Raising Happy Kids* (Santa Monica, CA: Goop, 2016).

Sobre depressão:

Good, Byron, and Arthur Kleinman. *Culture and Depression: Studies in the Anthropology and Cross-Cultural Psychiatry of Affect and Disorder* (Berkeley: University of California Press, 1985).

A felicidade se globaliza

A aceleração da globalização, principalmente na última metade do século passado, promoveu um aumento do interesse pela felicidade em uma série de grupos e países. É claro que as profundas distinções culturais não foram apagadas e, embora as desigualdades econômicas regionais tenham diminuído, ainda há enormes diferenças nos padrões de vida. No entanto, surgiram algumas características globais da felicidade, envolvendo mais do que a importação de padrões ocidentais por outras sociedades, embora isso tenha ocorrido só até certo ponto. Elas também refletiram algumas reações típicas à urbanização e às melhorias nos padrões de vida e saúde, e destacaram as contribuições de outras regiões às ideias sobre a felicidade, oriundas principalmente do Sul da Ásia, que enriqueceram cada vez mais as discussões globais e até ampliaram as recomendações emanadas da psicologia positiva.

Qualquer estudioso sério da globalização deve observar a combinação, muitas vezes intrincada, de forças regionais e globais, e isso certamente se aplica à felicidade; dito isso, não restam dúvidas de que tem surgido um padrão único global de felicidade. Além disso, os aspectos políticos da felicidade global contemporânea são um fator de complicação a mais. Um amplo leque de governos nas últimas décadas achou útil falar sobre suas contribuições para a felicidade; aliás, a felicidade passou a ser uma parte mais explícita do que nunca de muitas agendas políticas, mesmo em comparação com o século XVIII, e em uma diversidade regional mais ampla. Esse é, em si, um fenômeno global interessante, mas também envolve muita manipulação política, com governos estabelecendo novos programas e compromissos sem dar muita atenção às definições e experiências de felicidade da população em geral. Ao mesmo tempo, a promoção política não é a única característica das abordagens globais à felicidade. Compromissos mais amplos com o consumismo, com as boas festas e até mesmo com experiências de programas de bem-estar sugerem outros interesses. Vários indivíduos e sociedades estão se esforçando para descobrir em que consiste a felicidade na vida contemporânea e tentando fazer com que ela avance.

O "DIA MUNDIAL DA FELICIDADE" E A PROMOÇÃO GLOBAL DA FELICIDADE

Em 2012, a ONU estabeleceu o 20 de março como o Dia Internacional da Felicidade, que pretendia ser uma celebração anual global. "Cientes de que a busca da felicidade é um objetivo humano fundamental [...]. Reconhecendo também a necessidade de uma abordagem mais inclusiva, equitativa e equilibrada ao crescimento econômico, que promova o desenvolvimento sustentável, a erradicação da pobreza, a felicidade e o bem-estar de todos os povos", a Assembleia Geral manifestou a esperança de que o dia fosse reconhecido por meio de programas voltados à conscientização geral.

A data foi ideia de Jayme Illien, que nasceu no sul da Ásia em 1980, ficou órfão e foi criado nos Estados Unidos. Illien liderou um movimento que defendia o *"happytalism"*, insistindo na importância de uma abordagem ampla ao desenvolvimento econômico, que teria como objetivo e resultado a máxima felicidade pública. O Relatório sobre a Felicidade Mundial, um documento anual, também lançado em 2012 e mencionado no primeiro capítulo, foi uma consequência do mesmo impulso básico.

Com todos os seus aspectos espetaculosos, o movimento buscava reconhecer as mudanças importantes na estrutura econômica global que ocorriam à medida que mais e mais sociedades se industrializavam, mas também se certificar de que elas se juntassem com uma apreciação das peças mais amplas da felicidade humana. A combinação de motivos: propaganda política, influência ocidental – incluindo a noção da busca da felicidade em si –, mas também a necessidade de reconhecer outras abordagens da felicidade, estão na base de grande parte do compromisso global com a felicidade que surgiu no início do século XXI. A felicidade começou a ser considerada meta política apropriada e a verdadeira medida do progresso humano.

Programas e agências

Foram muitas as novas iniciativas, em várias regiões do mundo. Em 2000, a revista científica *Journal of Happiness Studies* foi fundada por um grupo de psicólogos dos Estados Unidos e da Holanda, com o objetivo de promover pesquisas na área. Uma iniciativa separada, lançada em 2006 e chamada Índice Planeta Feliz, visava usar o impacto ambiental como critério básico de felicidade, gerando um conjunto de classificações internacionais muito diferente daquele apresentado pela ONU ou pela organização Gallup. David Cameron, primeiro-ministro britânico em 2010, instruiu seu governo a criar novas maneiras de medir a felicidade, para além do Produto Interno Bruto. Vários autores e políticos britânicos abordaram regularmente o que chamaram de "agenda da felicidade", geralmente buscando promover diversas políticas conservadoras, inclusive limitações à imigração. Por outro lado, foi outro governo conservador, apenas alguns anos depois, que criou dentro de um dos ministérios britânicos um amplo programa para lidar com a solidão. A felicidade estava no ar, mas abrangia uma diversidade de objetivos.

Em 2019, a Nova Zelândia fez uma ação ainda mais explícita, revelando seu primeiro "orçamento de bem-estar". As metas incluíam saúde mental, pobreza infantil e direitos dos povos indígenas, além do desenvolvimento de uma economia de baixa emissão de carbono e da promoção do florescimento humano na era digital.

Iniciativas desse tipo eram bastante experimentais. Muitos governos ocidentais ainda tinham que aceitar a ideia de promover o bem-estar, e mantinham as definições mais antigas e puramente econômicas de política nacional. Os Estados Unidos estavam claramente nessa categoria, com foco em critérios como Produto Interno Bruto e índices do mercado de ações, apesar de importantes iniciativas do setor privado.

Por outro lado, o interesse agora se espalhava muito além das sociedades ocidentais. Em 2016, os Emirados Árabes Unidos criaram um Ministério da Felicidade, vinculado a iniciativas empresariais. Ohoud Al Floumi, a primeira pessoa nomeada para ocupar o ministério, declarou: "Qual é o propósito do governo se ele não trabalhar pela felicidade do povo?" Alegando que a felicidade era uma "ciência", afirmava que havia relação com "medicina, saúde, ciências sociais". "Estamos tentando trazê-la de uma estrutura ampla para a prática cotidiana em nossa sociedade." A operação trabalhou de forma muito próxima com o Instituto de Pesquisa da Felicidade da Dinamarca, embora os resultados tenham sido, na melhor das hipóteses, um tanto vagos. "Medidores de felicidade" foram instalados em locais de trabalho para que as pessoas registrassem seus níveis de felicidade, enquanto os policiais distribuíam distintivos de bem-estar aos bons motoristas em vez de se concentrarem em aplicar multas aos maus.

Órgãos semelhantes foram criados em outros lugares, alguns deles claramente voltados a fins de propaganda local e no exterior, como na Venezuela em 2013, quando o país estava em queda livre econômica. Governos diferentes, no entanto, consultaram especialistas dinamarqueses e de outros países, na esperança sincera de descobrir programas que pudessem abordar questões regionais relevantes para a felicidade. Assim, a Coreia do Sul buscou orientação sobre como lidar com sua taxa de suicídio que se mantinha alta – e que persistiu apesar de seu rápido crescimento econômico, ou por causa dele. Embora o governo chinês continue traçando um caminho próprio, seu interesse explícito pela felicidade se encaixa no padrão internacional em alguns aspectos.

Seja para fazer propaganda ou para distrair a atenção, ou por preocupação verdadeira, ou ainda, a partir de algum sentido de competição global em torno do compromisso com a felicidade e suas classificações, os políticos dedicavam mais atenção à felicidade do que nunca na história mundial.

Iniciativas de bem-estar

O crescente interesse internacional pela psicologia positiva foi causa e sintoma de um novo foco global, pois os programas de bem-estar se espalharam muito além das sociedades ocidentais. Em 2018, o governo de Nova Délhi, na Índia, lançou uma série de "aulas de felicidade" para crianças de 11 anos, buscando redirecionar o foco exclusivo no desempenho escolar para incluir o bem-estar emocional. A autoridade encarregada observou que a Índia há muito gera profissionais de primeira linha, mas agora precisava se concentrar em formar também seres humanos de primeira linha. Depois da primeira aula, um aluno da sétima série observou: "Devemos trabalhar com alegria. Quando você trabalha triste, seu trabalho não será bom".

A Universidade Tecmilenio, um grande sistema privado do México, introduziu um sofisticado programa de bem-estar em 2016. O reitor percebeu que a formação para o trabalho não era suficiente, e que uma universidade também deveria contribuir para uma formação voltada a um propósito positivo e para a felicidade na vida. Todos os alunos do primeiro ano começaram a cursar uma disciplina de bem-estar voltada a enfatizar qualidades de caráter e a "atenção plena", e cada um deveria ser capaz de responder a uma pergunta sobre seu propósito na vida.

Programas desse tipo, espalhando-se em algum grau pela maioria das principais regiões do mundo, combinavam o reconhecimento da importância crescente da felicidade e as medidas que os psicólogos reivindicavam para potencializá-la, com preocupação específica sobre os níveis de estresse e ansiedade entre os alunos. Os problemas, e pelo menos algumas das soluções possíveis, agora pareciam globais.

CONTEXTO: PADRÕES DE VIDA

O crescente interesse na felicidade se baseou em mudanças importantes nas condições materiais de grande parte da população mundial, principalmente após a década de 1980. A rápida industrialização em lugares como China e Brasil associou-se com oportunidades econômicas cada vez maiores para muitas pessoas na África Oriental ou no Sudeste Asiático. A melhoria das medidas de saúde pública também se espalhou amplamente.

Os melhores anos da história mundial?

Já no início do século XXI, a rápida redução da pobreza, da mortalidade infantil, do trabalho infantil e de outros empecilhos tradicionais levaram alguns observadores a afirmar que o progresso global estava ocorrendo em um ritmo inédito. Os dados eram impressionantes.

Assim, entre 1990 e 2018, a mortalidade infantil caiu 59% em nível global e, em 2018, menos de 4% de todas as crianças nascidas morriam antes de completar 5 anos de idade. Entre 2000 e 2016, a expectativa de vida melhorou em 5 anos e meio, também em nível global, atingindo uma média inédita de 72 anos. As melhorias nos serviços de saúde a essa altura garantiram que a saúde fosse melhor no meio urbano do que em zonas rurais, e, pela primeira vez na história, a maioria da população mundial vivia em cidades.

A pobreza diminuiu. Uma estimativa sustentou que 137 mil pessoas superavam o nível de pobreza extrema, *por dia*, todos os anos desde 1990. O acesso à água encanada, banheiros e eletricidade aumentou rapidamente. A fome crônica diminuiu, exceto em algumas regiões, e a estatura média das pessoas aumentou – outro sinal de maior acesso a uma oferta viável de alimentos.

Afirmações desse tipo certamente mascaram as contínuas desigualdades regionais. A expectativa média de vida na África, de 62 anos, ficou abaixo do padrão global, mas os índices de melhoria foram bastante elevados, justamente em algumas das regiões mais desfavorecidas. As desigualdades globais diminuíram, com exceção de algumas regiões que passavam por crises terríveis.

Esse tipo de ganho – nem sempre compreendido de forma ampla, em meio às crises que dominaram a mídia e um certo grau de pessimismo que está na moda entre muitos acadêmicos – levou alguns observadores a afirmar que as previsões iluministas de progresso estavam finalmente se realizando.

Consumismo global

As evidências da expansão do consumismo como um todo combinaram-se com os índices básicos de progresso material, pelo menos para uma classe média global em processo de crescimento. O turismo se expandiu, à medida que massas de chineses e russos se juntaram aos fluxos mais estabelecidos do Ocidente e do Japão. Em 2019, estimava-se que 5 bilhões de pessoas em todo o mundo (a ampla maioria da população) tinham telefones celulares. O interesse pelos chamados esportes com público cresceu enormemente, graças ao acesso instantâneo proporcionado pela televisão por satélite, mas também à disseminação de equipes profissionais. O basquete se tornou o segundo esporte mais visto no mundo, depois do futebol, com redes de times profissionais na Turquia, na China e outros lugares.

O aumento do interesse e do investimento emocional em animais de estimação foi outro acontecimento global curioso. A posse de animais de estimação pelos japoneses foi particularmente impressionante, com rápida expansão tanto em número quanto nos gastos com conforto. A devoção a esses animais também se espalhou na China e em outros lugares.

Algo como uma cultura jovem global se expandiu com base nos interesses comuns dos consumidores. Hip-hop, K-pop e outros estilos musicais se espalharam muito. Em 2000, uma nova palavra, "*teen*", foi introduzida na língua vietnamita para designar os jovens dedicados a música popular, *fast-food*, jeans e outros itens básicos, e logo uma segunda palavra, "*teen-teen*", foi acrescentada para destacar aqueles que eram especialmente fanáticos.

Boas festas

Um interesse cada vez maior em enfatizar as "boas festas" (de fim de ano) foi outro sinal de mudança global. Desprovida de conotações religiosas, a celebração do Natal como um evento de consumo se espalhou em lugares como os Emirados Árabes Unidos ou a Turquia. A palavra "feliz" foi cada vez mais aplicada a festas cujos significados originais eram muito diferentes. Assim, em inglês, *Ramadan Mubarak*, ou "Ramadan abençoado", é cada vez mais traduzido como "Feliz Ramadã", embora o mês sagrado na verdade enfatize o autossacrifício, e a prática de enviar cartões comerciais de saudação para acompanhar o Ramadã se difundiu muito. O Chanucá foi sendo incrementado entre os judeus dos Estados Unidos para proporcionar uma sensação de felicidade parecida com a do Natal. Os feriados mais recentes, como o reconhecimento cada vez maior do *Juneteenth*, o 19 de junho como celebração do fim da escravidão nos Estados Unidos, quase sempre desde o início trazem o adjetivo *feliz* incluído.

O mais revelador foi a internacionalização cada vez maior do aniversário como momento de celebração e entrega de presentes para crianças e adultos, geralmente acompanhada pela tradução da música "*Happy Birthday*" (que está disponível em pelo menos 30 idiomas; "Parabéns a você", no Brasil). No Cairo, em Xangai e em Dubai surgiram empresas se oferecendo para ajudar a organizar festas de aniversário.

O que se pode chamar de consumismo feliz era muito mais comum nas cidades do que no campo, atraindo pessoas particularmente abertas às influências do Ocidente. Mas os estilos ocidentais agora se combinavam com especificidades mais locais: os restaurantes do McDonald's ofereciam uma ampla gama de opções vegetarianas na Índia, refeições *Iftar* no Marrocos, vinho e cerveja na França, e hambúrgueres teriyaki no Japão. As inovações de consumo em lugares como Japão e Coreia do Sul, em termos de música e animação, rivalizavam com as iniciativas ocidentais. A ligação entre consumismo e expectativas de felicidade se tornava cada vez mais global.

SINCRETISMO

Assim como aconteceu com o consumismo, as iniciativas globais de felicidade iam combinando temas de inspiração ocidental com influências de outras regiões. Essa mistura de conceitos, chamada de sincretismo, tornou-se um aspecto cada vez mais importante das discussões sobre felicidade, entre especialistas, como os profissionais da psicologia positiva, e também em setores mais amplos do público em geral. Continua sendo válido ver muitos dos temas da felicidade na história mundial contemporânea como uma extensão de prioridades desenvolvidas primeiro no Ocidente, mas a história não se resume a isso. As próprias autoridades ocidentais valorizavam cada vez mais outras práticas à medida que buscavam enriquecer sua própria abordagem e modificar a associação de felicidade com hedonismo.

Sul da Ásia

As práticas hindus e budistas representavam um componente cada vez mais importante das iniciativas globais de felicidade. O interesse pela espiritualidade indiana como meio de enriquecer ou mesmo substituir uma abordagem ocidental se desenvolveu cedo, tornando-se uma característica importante da rebelião da juventude da década de 1960 contra os valores ocidentais. Em 1968, a famosa banda Beatles fez uma peregrinação à Índia para aprender mais sobre meditação transcendental, em uma viagem que simbolizava e promovia um interesse mais amplo. Por sua vez, vários líderes espirituais indianos desenvolveram centros e programas de formação em muitas partes do mundo.

A *Mindfulness* e a meditação foram os temas que ganharam interesse especial, cada vez mais incorporados a uma variedade de iniciativas de bem-estar no Ocidente e em outros lugares. Ambas envolviam práticas destinadas a concentrar a mente em um pensamento específico, melhorar a consciência e alcançar um estado emocional calmo e estável. Os valores e técnicas envolvidos não eram novos, mas contrastavam com ideias ocidentais de felicidade, com alguns impulsos materialistas e voltados para a ação. Muitas pessoas descobriram que a meditação, associada ou não a interesses religiosos, proporcionava tranquilidade e até uma sensação de êxtase. Seguindo a tradição indiana, muitos praticantes do bem-estar começaram a recomendar no mínimo duas sessões de meditação de 20 minutos por dia. Em 2017, de acordo com um estudo, pelo menos 10% dos estadunidenses praticavam meditação regularmente (com uma série de técnicas específicas).

Butão

Essa pequena nação dos Himalaias adquiriu um importante papel global nas discussões sobre felicidade ao defender medidas nacionais de bem-estar que iam além dos critérios puramente econômicos (nos quais o país, pequeno e relativamente pobre, não tinha bom desempenho). De 1971 em diante, os líderes butaneses começaram a defender uma medição da Felicidade Interna Bruta (FIB) que levaria em consideração fatores espirituais, sociais e ambientais. A ideia de que o bem-estar deve ter precedência sobre o crescimento econômico não chegou a ser aceita de forma universal, pois a maioria dos países em desenvolvimento continuou expandindo a indústria e o comércio, mas conseguiu chamar cada vez mais atenção. Muitas das iniciativas de felicidade privilegiadas pelos governos no século XXI – da Grã-Bretanha aos Emirados – refletiam interesse substancial além do padrão material, sobretudo devido à percepção cada vez maior de que padrões de vida e felicidade não estavam totalmente correlacionados. E enquanto o governo dos Estados Unidos se manteve afastado da questão da felicidade, concentrando-se mais convencionalmente nos critérios econômicos, os programas de bem-estar do país adotaram ativamente a agenda mais ampla.

Os valores do Butão também chamaram a atenção como parte da crescente preocupação com a deterioração ambiental. Seu ministro da educação expressou isso da seguinte forma:

> Acreditamos que não se pode ter uma nação próspera no longo prazo que não preserve seu meio ambiente natural ou cuide do bem-estar de seu povo, o que vem sendo comprovado pelo que acontece no mundo lá fora.

Alguns professores butaneses afirmaram que o compromisso com a FIB deveria ir além das preocupações ambientais e proporcionar uma "filosofia de vida". Como esperado, as escolas do Butão incluem períodos regulares para meditação, música suave em substituição ao badalar dos sinos da escola e outras iniciativas voltadas a promover a serenidade.

O modelo butanês não conseguiu conquistar o mundo. O próprio país lutava contra a pobreza e as crescentes mudanças ambientais que ameaçavam os recursos hídricos, com um futuro incerto. Mas a ideia de um modelo alternativo ganhou atenção global. Visões butanesas específicas – como a de que não se pode viver uma vida verdadeiramente feliz sem pensar na morte pelo menos cinco vezes por dia – geraram pequenas iniciativas em outros países, incluindo aplicativos on-line como o WeCroak, que manda lembretes sobre temas mais profundos da vida.

Japão

O sul da Ásia não foi a única região a contribuir para o aumento da diversidade global de ideias sobre felicidade. Os principais movimentos budistas no Japão lançaram mensagens globais para promover a paz mundial e o desarmamento nuclear, muitas vezes destacando seu compromisso com programas que permitiriam às pessoas encontrar "prosperidade e felicidade".

Outra iniciativa envolvente surgiu em 2011 e logo atraiu atenção global. Uma mulher chamada Marie Kondo, há muito fascinada pela importância da limpeza e influenciada também pelo serviço que conheceu em um santuário xintoísta quando era jovem, publicou a primeira de várias discussões sobre o que chamou de método Konmari. O método tratava de incentivar as pessoas a reunir todos os seus bens, em categorias relevantes, e então decidir quais objetos realmente "despertavam alegria", enquanto se livravam do resto. Kondo afirmava que limpar e organizar as coisas transmitia adequadamente os valores espirituais do xintoísmo, que podem ser compartilhados de maneira mais ampla. "Valorizar o que você tem, tratar os objetos que você possui como descartáveis, mas valiosos, não importa qual seja o seu valor monetário real, e expor os objetos de forma que você possa valorizar cada um deles são essencialmente modos de vida xintoísta." Aqui estava uma nova visão da felicidade e da alegria na era do consumo.

As publicações de Marie Kondo, rapidamente traduzidas para outros idiomas, foram seguidas por uma série de aparições na televisão e uma enxurrada de iniciativas adotadas por famílias nos Estados Unidos e em outros países. Em 2019, uma série da Netflix obteve muito destaque.

* * *

As contribuições globais para as discussões sobre felicidade têm dois lados. Elas podem se opor diretamente às abordagens à felicidade predominantes no Ocidente, incluindo o consumismo. Mas também podem combinar, no Ocidente e em outros lugares, visões potencialmente enriquecedoras da felicidade ao introduzir outros valores e práticas. Uma variedade de vozes estava contribuindo para um diálogo cada vez mais global, embora diverso.

TENDÊNCIAS DA FELICIDADE: A PESQUISA MUNDIAL DE VALORES

Na melhor das hipóteses, medir a felicidade global não é uma ciência exata e, para o bem ou para o mal, não é algo que se faça com muita frequência. Os capítulos anteriores discutiram algumas iniciativas relevantes das décadas de 1960 e 1970, bem como o recente esforço da ONU, decorrente das discussões em torno do Dia Internacional da Felicidade, o qual fornece alguns dados comparativos desafiadores. Apenas um projeto cobriu um período suficiente para permitir generalizações sobre tendências ao longo do tempo, dentro do período contemporâneo, enquanto também apresenta evidências comparativas. A Pesquisa Mundial de Valores (*World Values Survey*, WVS) divulga um material interessante, junto com explicações que, como acontece com qualquer empreendimento ambicioso sobre a felicidade global, precisam de uma avaliação cuidadosa.

A pesquisa

A Pesquisa Mundial de Valores é uma ambiciosa iniciativa internacional de Ciências Sociais, com sede na Suécia, mas com pesquisadores em um número cada vez maior de países. A Pesquisa visa especificamente identificar tendências nacionais em direção a mais democracia, e a felicidade não é o foco principal. Mas ela gerou conclusões sobre a felicidade ao longo do tempo, desde seu início, em 1981, e também explicações para tendências e diferenças comparativas.

As principais conclusões são as seguintes: os valores humanos em todos os países se dividem em dois eixos. Um deles compara a conexão básica à tradição, incluindo a religião, com o compromisso com uma abordagem secular-racional mais moderna; o outro compara sociedades ou grupos que enfatizam a sobrevivência e a segurança com aqueles mais ávidos por autoexpressão, com elevados níveis de tolerância e confiança. Os níveis de felicidade são mais baixos em sociedades onde tradição e busca da sobrevivência se combinam e são mais altos no grupo secular/racional com autoexpressão. Algumas sociedades ficam no meio, por exemplo, são secular-racionais, mas se preocupam com a segurança.

Os estudiosos da WVS destacam ainda que, embora essas divisões possam ser encontradas dentro das sociedades, como acontece com os grupos mais pobres que priorizam a sobrevivência em vez de pessoas mais abastadas com foco na autoexpressão, as divisões *entre* os países são muito mais fortes. Em outras palavras, as combinações culturais exercem uma influência poderosa sobre sociedades inteiras.

Implicações para a felicidade: comparações

Os resultados dessa análise ambiciosa geram padrões comparativos muito semelhantes aos da Pesquisa de Felicidade Mundial, o que é um tanto tranquilizador, exceto para os críticos que simplesmente desconfiam dos resultados das pesquisas. Os países mais felizes incluem os escandinavos e outros semelhantes, de tradição protestante, com profundo impacto do iluminismo e industrialização avançada. Muitos países do Oriente Médio têm classificações baixas devido à combinação de tradição e preocupações com a sobrevivência. A China se sai um pouco melhor nessas classificações do que na Pesquisa da Felicidade, enquanto a Índia permanece em uma posição bastante baixa.

Vários países latino-americanos – México, Brasil, Argentina – têm desempenho melhor do que o esperado. Suas economias vêm melhorando, pelo menos até recentemente, mas eles também gozam de maior democracia e tolerância. No entanto, a socióloga Marita Carballo observa que eles também valorizam a religião, e essa combinação cultural (moderna, embora religiosa) pode ser uma vantagem quando comparada, digamos, a casos como a China, onde predomina um maior secularismo.

Tendências

A conclusão mais importante é que a grande maioria dos países no grupo inicial de 54 viu os níveis de felicidade melhorarem muito entre 1981 e 2007. Apenas 12 ficaram para trás, e estavam concentrados na Europa Oriental, onde a queda do comunismo introduziu uma preocupação esmagadora com sobrevivência/segurança.

A maioria dos países gerou melhorias, seja no Ocidente, na Ásia, na América Latina ou em partes da África. E os estudiosos da WVS se apressam em enfatizar a combinação dos fatores envolvidos. O desenvolvimento econômico – industrialização – é o que mais incentiva um afastamento em relação ao tradicionalismo, em direção a valores seculares/racionais. Mas, junto a isso, a democratização e a tolerância crescentes promovem uma sensação de liberdade e agência, e oportunidades para a autoexpressão. Uma variedade mais ampla de sociedades passou para o lado positivo da contabilidade de valores, embora as diferenças comparativas ainda apontem o contraste entre os níveis de felicidade em regiões como a América Latina ou a China com os do Ocidente. Mas as diferenças podem estar diminuindo – como tem acontecido no desenvolvimento econômico.

Advertência

É preciso ter cautela com essas conclusões intrigantes, que são as melhores evidências disponíveis sobre as tendências das últimas décadas. A cultura moderna pode fazer com que as pessoas acreditem que devem *dizer* que são felizes, principalmente quando tantos governos diferentes estão tentando promover a felicidade como objetivo político. Se elas realmente o são pode ser outra questão, embora até mesmo uma tendência a tentar afirmar que se é feliz já seria um sinal interessante de mudança.

O viés da WVS com relação aos valores ocidentais pode ser preocupante – um problema que já encontramos antes, ao lidar com casos como o do Japão. Alguns países, que em outros aspectos são "modernos", podem simplesmente dar menos importância à autoexpressão e à agência individual do que os ocidentais ou latino-americanos, mas ter suas definições alternativas de felicidade, que não aparecem tão claramente em uma pesquisa global.

A advertência mais importante, no entanto, envolve questões sobre o que tem acontecido, globalmente, desde 2007. A Grande Recessão de 2008 atrasou o crescimento econômico em alguns países, embora não em todos. Por essa e outras razões, várias sociedades se tornaram menos democráticas e tolerantes, e mais autoritárias, no mesmo período recente: China, Turquia, Brasil, Estados Unidos e Rússia, porém em graus variados. A felicidade também padeceu dos mesmos problemas?

Além disso, vários países, incluindo Estados Unidos e Grã-Bretanha, experimentaram outros retrocessos em relação à felicidade mensurável nos últimos anos. A estagnação da renda em partes dos Estados Unidos reduziu a esperança, e a felicidade moderna pode depender muito da crença na possibilidade de alcançar progresso pessoal e social. Sintomas como o uso crescente de opioides e o aumento dos índices de suicídio, independentemente da desordem política, sugerem que algo está errado. Ainda mais recentemente, em 2020, o desafio da pandemia do coronavírus e a desorganização econômica reduziram ainda mais os níveis de felicidade, embora o retrocesso possa ser temporário. Ou seja, 2020 não foi um ano feliz. Esses eventos devem ser considerados em toda equação que defenda a existência de um padrão global definitivo de aumento da felicidade.

* * *

Várias vertentes globais ao longo do último meio século ou mais produziram um padrão – confuso, mas provavelmente um padrão. O interesse global na felicidade aumentou, por parte dos governos, mas também de empresas e universidades. Isso pode gerar mais felicidade real ou, pelo menos, uma crença maior de que a felicidade deve ser enfatizada. As definições de felicidade se ampliaram em alguns casos, graças a uma mistura de influências globais. O desenvolvimento econômico e as melhorias na saúde são uma base plausível para se esperar cada vez mais satisfação. E um grande esforço de trabalho com dados – a Pesquisa Mundial de Valores – sugere que, de modo geral, as tendências ao longo do tempo confirmam os resultados esperados: a felicidade vem aumentando.

Nada disso deve fazer com que descuidemos da variedade, que continua existindo. Alguns países, dilacerados pela guerra e pelos danos ambientais, viram a felicidade diminuir, como observou com tristeza um refugiado iraquiano em 2018: "Eu esqueci o que é felicidade".

Fatores culturais, bem como diferenças nos níveis de desenvolvimento econômico, continuam a complicar o quadro. A Europa Oriental se tornou um quebra-cabeça, com um crescente afastamento regional dos padrões de democracia liberal e com as classificações de felicidade situadas no segundo quartil, em termos internacionais. Mas partes do Ocidente, incluindo os Estados Unidos, também estão gerando novas questões, com a felicidade já estagnada, apesar do avanço econômico, e com novas dificuldades nas últimas décadas, que começaram a pressionar os níveis para baixo. Uma pesquisa de 2020 (refletindo os problemas adicionais resultantes da pandemia do coronavírus e do colapso econômico) encontrou níveis de felicidade nos Estados Unidos mais baixos do que em qualquer momento desde 1972.

Mesmo para os observadores que se sentem confortáveis com as tendências globais contemporâneas, certamente seria precipitado fazer projeções sobre o futuro. Houve mudanças globais nas últimas décadas? Certamente. Criou-se um padrão mensurável pelo menos até muito recentemente? Provavelmente. Um claro caminho à frente? Esperemos para ver.

LEITURAS COMPLEMENTARES

Sobre iniciativas relacionadas à felicidade global:

Boddice, Rob. *A History of Feelings*, 1ˢᵗ ed. (London: Reaktion Books, 2019).

Dados sobre progresso material:

Pinker, Steven. *Enlightenment Now: The Case for Reason, Science, Humanism, and Progress* (New York: Viking, an imprint of Penguin Random House LLC, 2018).
Roser, Max. "Economic Growth." Publicado online em OurWorldInData.org (2013).

Sobre meditação:

Shear, Jonathan, ed. *The Experience of Meditation* (New York: Paragon House, 2006).

Sobre tendências e comparações globais:

Carballo, Marita. *La Felicidad de Las Naciones*, 1ˢᵗ ed. (Buenos Aires: Sudamericana, 2014).
Welzel, Christian. *Freedom Rising: Human Empowerment and the Quest for Emancipation* (New York: Cambridge University Press, 2013).

Conclusão

A felicidade mudou muito ao longo da história humana, embora de maneiras diferentes em diferentes regiões. Não há dúvida de que a análise histórica melhora nossa compreensão dessa emoção humana, mesmo para observadores interessados principalmente em padrões contemporâneos. As pessoas podem ter sempre desejado ser felizes, mas o que elas querem dizer com isso e a forma como elas conseguem configurar suas experiências variam muito e dependem de circunstâncias históricas específicas. Atualmente, a felicidade é o produto das religiões do passado, do iluminismo, do capitalismo comercial e da imensa indústria do entretenimento moderno, do aconselhamento psicológico, além de todas as possíveis variáveis pessoais, familiares e locais adicionadas à mistura.

COMPLEXIDADES

A história da felicidade é inquestionavelmente complexa: não existe uma narrativa geral organizada para traçar uma evolução constante em qualquer direção particular. Nem mesmo a pergunta "Você é feliz?" faria sentido em determinadas culturas e épocas. A seguir alguns dos principais problemas encontrados neste esboço histórico:

As pesquisas históricas relevantes ainda são muito dispersas, com foco desproporcional no Ocidente. A conclusão, por exemplo, de que altos níveis de felicidade relatados na América Latina resultam de uma combinação única de ideias iluministas com apoio religioso contínuo é interessante, mas é necessário fazer muito mais trabalho histórico para detalhar como essa combinação se desenvolveu após o final do período colonial. Muitas outras regiões importantes estão mal servidas e, mesmo para o Ocidente, existe um amplo espaço para pesquisas muito mais explícitas. Há uma série de oportunidades convidativas, mas, nesse meio-tempo, as conclusões comparativas devem permanecer no plano especulativo. Isso porque a grande variedade de abordagens regionais é um aspecto claramente desafiador da história da felicidade – em qualquer época, incluindo a presente. Enfocar com precisão diferentes sistemas culturais e preferências linguísticas não é tarefa fácil. Principalmente para o período contemporâneo, alguns dos esforços mais ambiciosos para mapear a felicidade, como com a Pesquisa Mundial de Valores, mantêm um viés ocidental preocupante.

Com relação a qualquer período e qualquer região, uma questão fundamental é a tensão entre textos formais sobre felicidade, escritos por filósofos ou autoridades religiosas ou, mais recentemente, psicólogos, e as crenças e práticas populares concretas. É claro que é mais fácil se apossar dos textos, mas é sempre importante observar o que grupos de pessoas mais "comuns" parecem estar dizendo e fazendo. As duas esferas costumam estar relacionadas, como acontece com as ideias e práticas religiosas, mas raramente são idênticas.

Esse desafio pode ser particularmente grande nos períodos históricos mais recentes, embora tenhamos muitas informações mais diretas sobre conceitos populares. Isso porque, do iluminismo em diante, uma série de sistemas trabalhou arduamente para dizer às pessoas que elas deveriam ser felizes e alegres. As grandes empresas promovem trabalhadores aparentemente felizes; a Disney e outras organizações de consumo pregam a felicidade; governos comunistas e, mais recentemente, alguns dos programas de bem-estar nas sociedades contemporâneas avançam na mesma direção. Tudo isso cumpre um papel relevante na história da felicidade, mas também pode distorcer os resultados, mesmo em termos de dados de pesquisas. É difícil separar felicidade atual de um incentivo contemporâneo para parecer feliz – outra complexidade a se ter em conta.

A religião tem um papel claramente central na história da felicidade, mas seu impacto não é fácil de determinar. Ela pode passar da felicidade nesta vida para as esperanças na próxima ou pode promover o medo, a melancolia ou o autossacrifício total. Mas também pode proporcionar um consolo vital, até mesmo momentos de alegria transcendente. A variedade de abordagens religiosas e as mudanças nas principais religiões, como a adesão cristã moderna à felicidade, complicam o quadro. No período contemporâneo, os dados disponíveis sobre a relação entre religião e felicidade apontam em várias direções. Diversas sociedades altamente religiosas não obtêm bons resultados em relatórios sobre a felicidade, e algumas sociedades seculares encabeçam a lista. As tentativas de explicar essas disparidades são úteis, mas não totalmente satisfatórias. Assim, países seculares ricos, como os escandinavos, partem de prosperidade, democracia e tolerância para sustentar a felicidade sem muita necessidade de religião, enquanto as sociedades religiosas, mas pobres, têm resultados compreensivelmente piores. Em outras palavras, o desempenho econômico não é a variável central, nem a religião. Porém, essa distinção pode deixar passar o papel especial da religião na felicidade relatada pelas pessoas nos Estados Unidos e, principalmente, na América Latina, ou, por sua vez, a complexa combinação de religião, desenvolvimento econômico e classificações internacionais baixas em vários países islâmicos prósperos ou na Índia. Ao mesmo tempo, diversos estudos continuam citando a religião como um fator positivo para a felicidade, principalmente *dentro* de cada sociedade, e muitas práticas religiosas, como a meditação, adquirem nova ênfase. Mais uma vez, é difícil generalizar, havendo diferentes padrões regionais e mudanças significativas ao longo do tempo.

Por fim, não se pode estabelecer nenhuma tendência dominante para uma história mundial da felicidade. Alguns otimistas, no iluminismo e novamente por volta de 1900, tentaram argumentar que a felicidade havia aumentado constantemente do passado para o presente (talvez fazendo uma reverência a uma primitiva Era de Ouro), mas esse esquema não se encaixa nos fatos disponíveis. Em lugar das trajetórias regulares, as flutuações podem captar melhor a realidade, principalmente em um momento, em 2020, quando a felicidade parece estar despencando em muitas sociedades.

TEMAS RECORRENTES

A partir dos filósofos clássicos, e até os dias de hoje, vários temas gerais se entrelaçaram com a história da felicidade, inclusive em nível popular, e isso pode dar alguma coerência ao assunto em várias épocas.

A tensão entre as definições hedonísticas de felicidade e aquelas que buscam outros temas, possivelmente mais profundos, tem afetado as discussões sobre o assunto e as escolhas propriamente ditas, desde as primeiras civilizações. Ela continua sendo um tópico animado, como sugerem os esforços dos defensores do bem-estar, mas também afetou o equilíbrio entre as ênfases religiosas e os prazeres mais populares em períodos importantes. Um tema relacionado, novamente recorrente tanto em abordagens filosóficas quanto na vida real, equilibra prazeres de curto prazo, às vezes intensos, com um foco em satisfações mais duradouras ao longo da vida, ou possivelmente esperanças de ter mais felicidade em uma vida futura ou em um mundo pós-revolucionário.

Outro dilema, observado desde o início, envolve os níveis de aspiração. Vimos que os grupos de caçadores-coletores podem parecer especialmente felizes por viverem no aqui e agora. Da mesma forma, muitas autoridades das primeiras civilizações em diante insistiram nas expectativas modestas como um componente crucial da felicidade. Por outro lado, algumas pessoas sempre buscaram mais do que têm no momento, seja em termos de posição material e social ou de realização espiritual, e esse também pode ser um componente fundamental da felicidade (ou da infelicidade). As escolhas, nesse caso, podem ter se tornado mais prementes naquelas sociedades em que a ideia de progresso pessoal ou social é exaltada, mas também implica maiores frustrações potenciais. Os indivíduos podem mirar alto demais, e o mesmo pode acontecer com alguns movimentos sociais, como o comunismo. Talvez os filósofos tivessem ficado surpresos com essas características, mas teriam reconhecido o problema.

Um tópico diferente, mas também recorrente, compara sorte com agência humana na busca pela felicidade. Também nesse caso, o debate envolve detalhes variados, e certas culturas preferiram uma opção à outra. Alguns observadores argumentam que grupos ou regiões que hoje demonstram um interesse incomum em jogos de azar são mais uma indicação contemporânea de uma ênfase mais antiga na sorte como único caminho real para a felicidade. A cultura ocidental moderna tende a defender mais a atuação pessoal. Mas isso pode fazer com que alguns indivíduos se convençam de que, de alguma forma, são culpados por sua infelicidade. E novos dados, tais como a genética, complicam essa discussão em curso de outras maneiras.

A família tem um papel importante na maioria das definições populares de felicidade. Esse é um aspecto sobre o qual os filósofos, às vezes, tinham menos a dizer e do qual alguns estudiosos contemporâneos da felicidade também se desviam. A maioria das pesquisas internacionais explícitas sobre a felicidade, por exemplo, evita questões relacionadas à família, mas ela é muito importante nas avaliações da felicidade na vida real. Dito isso, a variedade de ênfases familiares complica qualquer generalização fácil. Em muitas sociedades agrícolas, o simples tamanho da família parece ter sido o componente mais óbvio da felicidade (pelo menos na retórica dominada pelos homens), e os filósofos também por vezes mencionam isso. Em muitos contextos contemporâneos, a satisfação emocional mais explícita ou os interesses compartilhados dos consumidores desempenham um papel mais relevante. A importância do vínculo com os pais representa mais uma abordagem à felicidade familiar, aparentemente relacionando valores tradicionais com outros, mais contemporâneos, em algumas sociedades regionais. Também já vimos que as ideias sobre a felicidade das crianças e suas brincadeiras constituem outra variável importante ao longo do tempo.

Temas desse tipo ajudam a organizar comparações entre diferentes visões da felicidade ou mudanças de um período ao outro, embora não produzam fórmulas organizadas. Eles também destacam a importância das escolhas. Uma maneira de avaliar a felicidade hoje, assim como no passado, é considerar se diferentes indivíduos e grupos poderiam optar por uma versão dela que melhor se adequasse à sua situação e seu temperamento, mesmo que outros, na mesma região e na mesma época, tivessem outras preferências. Ainda hoje, por exemplo, em sociedades que, em sua maioria, não associam felicidade familiar a ter muitos filhos, alguns casais dizem optar deliberadamente pelo padrão mais antigo. Sociedades atuais bastante tolerantes também acrescentaram opções para escolher entre visões religiosas e seculares da felicidade, o que também pode contribuir para um resultado geral positivo.

PRINCIPAIS MUDANÇAS NA HISTÓRIA DA FELICIDADE

Neste momento de nossa compreensão histórica, e na tentativa de desenvolver um marco histórico mundial que seja relevante, não é possível demarcar períodos cronológicos organizados para cada etapa na história da felicidade. No entanto, houve alguns pontos de inflexão particularmente importantes.

A transição das sociedades de caçadores-coletores para a agricultura, e, depois, o advento das civilizações formais, denotam claramente um grande divisor de águas. Quaisquer que sejam as conclusões sobre os níveis de felicidade nas sociedades de caçadores-coletores, não há dúvida de que as civilizações agrícolas introduziram várias questões novas e desafiadoras na definição e na conquista da felicidade, razão pela qual os filósofos começaram a dedicar tanto tempo ao assunto, e novas palavras para a felicidade tiveram que ser introduzidas. Níveis elevados de doença e morte, pobreza frequente, maiores demandas de trabalho, sistemas de gênero de base patriarcal – todos agravaram as complicações. Em contraste com o período da industrialização (pelo menos no Ocidente), não haviam surgido novas atitudes em relação à felicidade para amortecer o impacto das inovações ou desestruturações da agricultura.

No longo período agrícola, o advento das religiões mais complexas, a maioria delas oriunda da Índia ou do Oriente Médio, sugere outro conjunto de ajustes. A cronologia aqui varia, mas após o colapso das civilizações clássicas, ou seja, a partir do século V ou VI e.c., as religiões assumiram um papel particularmente poderoso na definição da felicidade em grande parte da Ásia, da Europa e de partes da África. A religião nunca foi o único fator de felicidade, exceto para alguns indivíduos, e teve que ser equilibrada com outros aspectos da cultura popular, mas certamente foi capaz de estabelecer direções e restrições.

A "revolução da felicidade" no Ocidente destaca grandes mudanças, a partir do século XVIII. Esse foi um importante ponto de partida em muitos aspectos, de uma alegria sorridente a definições de felicidade familiar e novos desafios para conciliar felicidade e morte. Ela precisa ser alvo de uma reflexão cuidadosa, tanto porque não apagou abordagens anteriores no Ocidente quanto porque sua influência global foi gradual e permanece incompleta até hoje. Do comunismo russo aos programas contemporâneos de bem-estar no Oriente Médio, e ações como o Dia Internacional da Felicidade e a própria ideia de tentar medir a felicidade globalmente, no entanto, alguns temas da revolução da felicidade acabaram tendo amplo impacto.

O desafio da industrialização

O advento da sociedade industrial, primeiro no Ocidente e agora de forma mais ampla, levanta uma questão fundamental sobre a felicidade e a mudança histórica: se a civilização agrícola reduziu ou complicou a felicidade de maneiras fundamentais em comparação com as sociedades humanas anteriores, o que dizer da industrialização em comparação a sua predecessora agrícola?

A resposta não é simples, em parte devido ao impacto de diferentes culturas regionais: por exemplo, o Japão industrial comparado com os Estados Unidos industrializados ou a Índia em industrialização em comparação com a China. Mas é possível arriscar algumas sugestões, e otimistas recentes, como Steven Pinker, argumentaram que a industrialização e as mudanças culturais que ela promoveu plausivelmente aumentam a felicidade humana, embora não tanto e sem tanta firmeza como seria de esperar de uma simples comparação baseada em padrão de vida entre uma sociedade industrial madura e sua antecessora agrícola. É claro que esse argumento pode ser contestado. Muitos historiadores evitariam uma grande generalização desse tipo, afirmando que a realidade histórica contemporânea é mais complexa, sobretudo considerando-se a dificuldade de encontrar uma definição consensual de felicidade. Outros apontariam para as misérias e injustiças inegáveis no mundo contemporâneo, incluindo o racismo persistente, e negariam qualquer otimismo geral; o próprio Pinker foi atacado de forma explícita em 2020 justamente por esses motivos.

Ainda assim, é possível apresentar evidências relevantes para a felicidade sem negar problemas persistentes. Com certeza, depois de algumas dores do crescimento, a industrialização corrige determinados danos causados pela agricultura: melhora a qualidade da oferta de alimentos, a estatura média aumenta e a diferença entre as classes altas e baixas diminui, a saúde e a expectativa de vida aumentam muito e as doenças contagiosas diminuem, e reduz-se a desigualdade de gênero. A jornada de trabalho diminui bastante, embora essa categoria seja complicada porque o ritmo e, às vezes, a monotonia se intensificam.

Certamente, alguns problemas persistem desde a era agrícola: a desigualdade social e econômica, por exemplo, não diminui muito, persistindo apesar dos novos sistemas sociais. A vida familiar e de lazer muda – a exemplo do declínio dos festivais e da redução das brincadeiras espontâneas para as crianças. Mas avaliar a qualidade dos resultados não é uma questão simples, embora a maioria das pessoas hoje, facilmente entediadas, provavelmente acharia difícil se adaptar aos ritmos mais ocasionais da tradição dos festivais. Por outro lado, existe o tema vago dos "bons tempos de antigamente" na cultura contemporânea, que sugere algumas dúvidas sobre as tendências recentes da vida familiar ou do entretenimento.

Inquestionavelmente, também foram sendo acrescentadas algumas novas questões à medida que a sociedade industrial amadurecia. A religião não desapareceu, mas inegavelmente ficou mais complexa em uma estrutura mais secular, e isso pode ter afetado a felicidade de alguns. Acomodar a morte em um contexto mais moderno pode gerar novas tensões. Mudanças ambientais podem afetar a felicidade, e isso tende a aumentar no futuro próximo.

É quase certo que as sociedades industriais geram novos níveis de estresse. Na sociedade ocidental, esse problema começou a ser percebido no final do século XIX, sob vários nomes, e certamente se manteve. As sociedades industriais também estimulam mudanças culturais que, por sua vez, promovem mais expectativas (de mobilidade social, de mais riqueza, de uma sociedade melhor), e isso pode levar a vários sinais de frustração. Particularmente na cultura ocidental, a pressão para parecer feliz pode gerar tensão, principalmente ao não conseguir acomodar a tristeza. Essas são algumas das razões pelas quais a felicidade não aumenta tão constantemente quanto se poderia esperar, junto ao fato de que as pessoas, compreensivelmente, não conseguem se lembrar das condições do passado, em relação às quais o presente pode ser avaliado.

Com tudo isso, e com a devida cautela sobre o uso de dados de pesquisas de opinião, estudos sugerem de forma bastante constante que as sociedades mais felizes são aquelas em que os níveis industriais foram alcançados e aceitos, em que uma cultura incentiva o reconhecimento e a expressão de felicidade (mas não, talvez, da alegria indevida), e nas quais medidas de bem-estar e altos níveis de confiança social contribuem para um ambiente protetor – uma combinação que, deve-se acrescentar, nem todas as sociedades industriais alcançam plenamente. E as classificações comparativas não parecem mudar com muita rapidez, mesmo que os relatos globais de felicidade possam ter melhorado de maneira geral.

Por fim, a história da felicidade também nos lembra da fragilidade. Filósofos clássicos e autoridades religiosas há muito alertam a esse respeito com relação aos indivíduos. Os defensores do bem-estar, tentando promover atitudes que possam superar reveses, fazem o mesmo no contexto contemporâneo. Mas a fragilidade se aplica tanto às sociedades quanto aos indivíduos. Grandes colapsos políticos, uma onda epidêmica, as consequências de uma guerra destrutiva – eventos desse tipo têm interrompido repetidamente a felicidade geral, tanto nas sociedades agrícolas quanto nas industriais.

Em um ano – 2020 – em que algumas sociedades importantes foram atingidas por doenças, colapso econômico e intensos protestos sociais em uma combinação realmente incomum de crises, e no qual a felicidade está visivelmente em declínio em muitos lugares, parece apropriado finalizar com uma advertência. Várias sugestões, ao longo dos últimos 3 mil anos, podem ajudar as pessoas a definir a felicidade de maneira construtiva e trabalhar para alcançá-la. A História nos ajuda a compreender de onde vêm nossas ideias específicas sobre a felicidade e quais são alguns de seus pontos fortes e limitações em comparação com outras abordagens. Mas a felicidade também depende do ambiente social e de se prestar atenção ativamente ao bem maior. É aí que reside o desafio, para o futuro previsível.

O autor

Peter N. Stearns formou-se em História em Harvard e é professor de História na George Mason University, nos Estados Unidos. Escreveu muito sobre história mundial e sobre o campo cada vez mais importante da História das emoções e ministra disciplinas em ambas as áreas regularmente. Desde cedo se destacou pela atividade docente (trabalhou na Universidade de Chicago, Rutgers, entre outras) e pelo empenho em escrever livros, tanto para especialistas, quanto para um público mais amplo. Foi editor de importantes publicações especializadas nos EUA, como o *Journal of Social History*. Sua preocupação com a história mundial e seu empenho em mostrar práticas sociais em diferentes culturas orientaram a escrita de importantes livros, como *A infância*, *História das relações de gênero* e *História da sexualidade*, publicados pela Contexto.

Agradecimentos

Várias pessoas ajudaram muito a encontrar materiais importantes: no campo da História, Benedict Carton, Joan Bristol, Brian Platt, Marcus Collins e Peter Mandaville; na Psicologia, Deborah Stearns, Yulia Chenstova e Kostadin Kushlev. Sou muito grato a Jack Censer e Darrin McMahon, por suas sugestões sobre o manuscrito; a leitura de Jack Censer foi excepcionalmente cuidadosa; o trabalho pioneiro de Darrin McMahon no campo foi uma verdadeira inspiração. Patricia Mikell deu uma contribuição inestimável à pesquisa e fez comentários construtivos, enquanto ajudava na preparação do manuscrito. Agradeço também a Kimberley Smith, editora da Routledge, que incentivou o projeto. Por fim, grande parte do livro foi escrito durante a quarentena da covid-19, o que é um pouco irônico, e eu agradeço à minha esposa, Donna Kidd, que participou da experiência, muitas vezes demonstrando estar bastante feliz, e a meus filhos e netos, que contribuíram de longe.

GRÁFICA PAYM
Tel. [11] 4392-3344
paym@graficapaym.com.br